◆ 国家社会科学基金项目（项目批准号：12XFX032）

地方政府融资平台债务风险防控法律机制研究

刘蕾 著

中国社会科学出版社

图书在版编目（CIP）数据

地方政府融资平台债务风险防控法律机制研究／刘蕾著. —北京：中国社会科学出版社，2018.3

ISBN 978-7-5203-2183-9

Ⅰ.①地… Ⅱ.①刘… Ⅲ.①地方财政—融资—法律—研究—中国 Ⅳ.①D922.280.4

中国版本图书馆 CIP 数据核字（2018）第 045692 号

出版人	赵剑英
责任编辑	孔继萍
责任校对	冯英爽
责任印制	李寡寡

出　版	中国社会科学出版社
社　址	北京鼓楼西大街甲 158 号
邮　编	100720
网　址	http://www.csspw.cn
发行部	010-84083685
门市部	010-84029450
经　销	新华书店及其他书店
印　刷	北京明恒达印务有限公司
装　订	廊坊市广阳区广增装订厂
版　次	2018 年 3 月第 1 版
印　次	2018 年 3 月第 1 次印刷
开　本	710×1000　1/16
印　张	21
字　数	301 千字
定　价	89.00 元

凡购买中国社会科学出版社图书，如有质量问题请与本社营销中心联系调换
电话：010-84083683
版权所有　侵权必究

目 录

绪 论 …………………………………………………………（1）
  一 研究背景与研究意义 ………………………………（1）
  二 文献综述 ……………………………………………（4）
  三 研究思路 ……………………………………………（15）
  四 研究方法 ……………………………………………（17）
  五 创新之处 ……………………………………………（18）

第一章 地方政府融资平台债务风险防控法律机制的
      基本理论 ………………………………………………（20）
  一 地方政府融资平台及其债务属性的法律界定 …………（20）
  二 地方政府融资平台债务风险的成因及类型 ……………（25）
  三 地方政府融资平台债务风险防控法律机制的理论基础
      与制度框架 …………………………………………（35）
  四 我国关于地方政府融资平台债务风险防控的规范性
      基础 …………………………………………………（37）

第二章 对我国地方政府融资平台债务风险的评估 …………（54）
  一 从地方政府债务角度对融资平台债务风险评估 ………（57）
  二 从企业债务的角度对融资平台债务风险评估 …………（92）

第三章　地方政府融资平台债务规模控制法律机制……（102）
　　一　地方政府融资平台债务规模控制的法律机理……（102）
　　二　地方政府债务规模控制的制度规范……（108）
　　三　我国地方政府融资平台债务规模控制中存在的
　　　　法律问题……（112）
　　四　我国地方政府融资平台债务规模控制的法律途径……（115）

第四章　地方政府融资平台债务资金运行管理法律机制……（125）
　　一　地方政府融资平台债务融资法律规制……（125）
　　二　地方政府债券法律制度……（133）
　　三　地方政府融资平台债务资金支出管理法律制度……（146）

第五章　地方政府融资平台债务处置法律机制……（158）
　　一　地方政府融资平台债务法律属性的认定……（158）
　　二　地方政府融资平台纳入预算管理的法律问题……（166）
　　三　地方政府融资平台存量债务置换中的法律问题……（174）
　　四　地方政府融资平台在建项目增量债务的法律处置……（184）
　　五　地方政府融资平台债务违约的法律处置……（191）

第六章　地方政府融资平台债务风险预警法律机制……（201）
　　一　地方政府融资平台债务风险预警体系……（202）
　　二　地方政府债务风险预警法律机制的域外考察……（214）
　　三　我国融资平台债务风险预警法律机制的现状及
　　　　完善措施……（220）

第七章　地方政府融资平台债务监管法律机制……（226）
　　一　我国地方政府融资平台债务监管主体及其法律
　　　　职能……（226）

二　我国地方政府融资平台债务监管中存在的法律
　　问题……………………………………………………（230）
三　地方政府债务监管法律机制的域外考察……………（233）
四　完善我国地方政府融资平台债务监管法律
　　机制的举措……………………………………………（239）

**结语　地方政府融资平台债务风险防控的二元化法治
　　　路径**………………………………………………………（245）
一　预算管理框架下地方政府债务风险防控的法律
　　途径……………………………………………………（245）
二　公司治理框架下企业债务风险防控的法律途径………（250）

附录　美国 50 个州宪法关于政府债务管理的规定…………（254）

参考文献………………………………………………………（292）

后　记…………………………………………………………（322）

表目录

表 1—1　中央和地方一般公共预算收入和一般公共预算支出情况（1994—2015 年）……………………（27）

表 1—2　国务院及其各部委关于融资平台的相关政策法规……………………………………（39）

表 1—3　各省份关于融资平台的地方政策法规…………（51）

表 2—1　2016 年底全国 31 个省份融资平台数量及占比情况……………………………………………（55）

表 2—2　2010 年底全国地方政府性债务举借主体情况………（57）

表 2—3　2013 年 6 月底全国地方政府性债务举借主体情况……………………………………………（57）

表 2—4　全国地方政府性债务余额情况（1997—2015 年）……（61）

表 2—5　全国地方政府 GDP、一般公共预算收入、一般公共预算支出、政府性债务余额情况（1997—2015 年）……………………………（63）

表 2—6　全国地方政府 GDP 增长率、财政收入增长率、财政支出增长率、政府性债务余额增长率情况（1997—2015 年）……………………（64）

表 2—7　中国、美国全国地方政府负债率（2010—2015 年）……………………………………（66）

表 2—8　全国 31 个省份和 5 个计划单列市政府性债务情况
　　　　（2014—2015 年）……………………………………（69）

表 2—9　全国 31 省份和 5 个计划单列市 GDP 增长率与政府
　　　　债务增长率情况（2014—2015 年）………………（71）

表 2—10　全国 31 省份和 5 个计划单列市一般公共预算收入
　　　　　增长率、政府性基金收入增长率、政府债务增长
　　　　　率情况（2014—2015 年）………………………（72）

表 2—11　2013 年 6 月底 31 个省份和 5 个计划单列市融资
　　　　　平台债务情况…………………………………（74）

表 2—12　全国地方政府、31 个省份和 5 个计划单列市
　　　　　负债率情况（2014—2015 年）…………………（76）

表 2—13　美国 50 个州政府负债率情况
　　　　　（2014—2015 年）………………………………（78）

表 2—14　全国 31 个省份和 5 个计划单列市政府债务率
　　　　　情况（2014—2015 年）…………………………（81）

表 2—15　全国地方政府性债务构成情况
　　　　　（2010—2015 年）………………………………（83）

表 2—16　2013 年 6 月底各省地方融资平台债务构成
　　　　　情况……………………………………………（84）

表 2—17　全国 31 个省份和 5 个计划单列市或有债务占比
　　　　　情况（2014—2015 年）…………………………（85）

表 2—18　2010 年底全国地方政府性债务资金来源情况……（87）

表 2—19　2013 年 6 月底全国地方政府性债务资金来源
　　　　　情况……………………………………………（88）

表 2—20　2013 年 6 月底地方政府性债务余额未来偿债
　　　　　情况……………………………………………（90）

表 2—21	2010 年底全国地方政府性债务余额层级分布情况	(91)
表 2—22	2013 年 6 月底地方各级政府性债务规模情况	(92)
表 2—23	全国城投债发行与偿还情况（2013—2016 年）	(93)
表 2—24	31 个省份城投债净融资额占发行量比重（2013—2016 年）	(94)
表 2—25	31 个省份城投债发行量情况（2013—2016 年）	(96)
表 2—26	31 个省份城投债偿还情况（2013—2016 年）	(97)
表 2—27	31 个省份城投债净融资额情况（2013—2016 年）	(98)
表 4—1	美国 50 个州债券信用评级级别统计	(142)
表 4—2	2010 年底全国地方政府性债务余额支出投向情况	(150)
表 4—3	2013 年 6 月底地方政府性债务余额支出投向情况	(151)
表 6—1	政府债务风险预警指标	(208)
表 6—2	债务风险预警指标区间值	(210)
表 6—3	《385 号法律》规定的债务风险预警指标区间	(216)
表 6—4	《795 号法律》规定的债务风险预警指标区间	(217)

图目录

图 0—1 研究思路 …………………………………（16）
图 1—1 地方政府融资平台债务风险防控法律机制的
　　　　逻辑机理 ………………………………（36）
图 2—1 2016 年底全国融资平台在东中西部
　　　　地区的分布情况 …………………………（56）
图 2—2 全国地方政府性债务余额和增长率情况
　　　　（1997—2015 年）………………………（62）
图 2—3 中国、美国全国地方政府负债率
　　　　（2010—2015 年）………………………（66）
图 2—4 2013 年各省份城投债发行与偿还情况 ………（99）
图 2—5 2014 年各省份城投债发行与偿还情况 ……（100）
图 2—6 2015 年各省份城投债发行与偿还情况 ……（100）
图 2—7 2016 年各省份城投债发行与偿还情况 ……（101）

绪　　论

一　研究背景与研究意义

地方政府融资平台是我国特定历史条件下的必然产物。改革开放以来，我国经济发展水平不断提升，随之而来的是城镇化的快速发展。1994年开始实行分税制改革的财政体制之后，我国中央政府与地方政府之间建立起财政收入划分、事权划分等相关制度。分税制改革虽然改变了中央政府财力不足的局面，但导致了地方的财权与事权严重不匹配的问题。地方政府为了满足地方经济发展和基础建设增加的需求，创新融资途径，通过设立融资平台进行表外融资。2008年全球性的金融危机爆发，中央政府推出了前所未有的4万亿投资计划，以减弱此次危机对我国的影响，同时稳定中国经济，其中要求地方政府进行资金配套。囿于当时《预算法》制约，地方政府不能自行发债。加之中央发文支持有条件的地方政府组建融资平台，拓宽政府项目配套资金的融资渠道。在这样的背景下，为落实中央政策，地方政府纷纷组建融资平台，加大基础设施建设，一时间融资平台债务规模激增，2009年全国地方政府性债务增长率为61.92%，而当年全国地方政府GDP增长率和一般公共预算财政收入增长率仅为9.6%和13.8%。

融资平台在应对金融危机、扩大内需、保障经济保持平稳较快发展方面发挥了积极作用。同时融资平台作为地方筹集资金的工具，有效缓解了地方政府财政支出压力，促进了当地基础设施建设，满足了当地居民对基础设施的需求，改善了当地的投融资环境，提高了人民生活水平和幸福感，实现了基础设施建设成本与成果在代价之间的均衡分配。不可否认，融资平台在我国经济社会发展中充当了重要角色，发挥了一定的积极作用。但是实践中，融资平台存在举债融资过程不规范、偿债能力弱、政府监管不到位等问题，这些问题如处理不当，极易引发财政风险和金融风险。融资平台债务风险问题引起了中央政府的高度关注，2010年以来中央出台一系列法规政策来规范融资平台举债融资行为，并对融资平台债务增长起到了一定遏制作用，2010—2014年全国地方政府性债务余额增长率保持在20%左右，但融资平台债务仍存在一定的风险隐患。

2015年新《预算法》正式实施，以法律的形式确定了地方政府拥有发债权，规定地方政府只能通过发行地方政府债券的途径举债融资，并彻底剥离了融资平台为政府融资的职能。在此背景下，融资平台不仅要面临如何偿还存量债务问题，还存在在建项目及新增项目的融资压力，因此市场化转型成为融资平台规范发展的必然选择。但在市场化转型过程中，由于长期以来行政干预的运作模式，融资平台资产负债率高、现金流不足、盈利能力低而导致融资平台不能妥善处置其存量债务，同时在地方政府不再为其提供担保的情况下，融资平台没有能力进行市场化融资。因此，地方政府还存在代偿风险。

2016年，中央提出了供给侧结构性改革，去杠杆是供给侧结构性改革中一项重要任务，地方政府债务和非金融机构企业债务是去杠杆的主要对象。融资平台债务作为地方政府债务和企业债务的交叉点，成为去杠杆任务的重中之重。供给侧结构性改革背景下，融资平台债务风险不仅包括存量债务的累积风险，还包括增量债务和改革过程中产生的新增风险。供给侧结构性改革对融资平台债务风险防控又提出了新要求。

本书以新《预算法》的实施和供给侧结构性改革的提出为契机，系统、深入地研究融资平台债务风险防控法律机制，具有一定理论价值和现实意义。

第一，本书以对融资平台不同阶段的债务风险进行分析为前提，从债务规模控制、债务处置、债务风险预警、债务监管等方面建立健全风险防控的体制机制，以约束和规范地方政府融资平台的融资行为、拓宽融资渠道、降低债务杠杆率、切断其对地方政府信用的依赖，有助于增强抵御风险的能力，防范潜在的财政危机和金融危机，更大限度地发挥融资平台在基础设施建设中的积极作用。

第二，本书以新《预算法》的实施为界限，从地方政府债务的角度和企业债的角度对融资平台债务风险进行评估，在此基础上健全我国融资平台债务防控法律机制，可以提高政策的针对性和有效性。

第三，在财政法治框架下探索融资平台债务风险防控路径，有助于规范地方政府及融资平台的融资行为。一方面有助于相关法律制度的完善；另一方面可以增强地方政府财政的民主性与透明度，推动我国财政体制改革，为供给侧结构性改革提供良好的财政环境。

第四，在考察和借鉴国外先进经验的基础上，结合我国国情，对我国相关数据予以整理和分析，揭示我国融资平台举债融资过程中存在的问题，针对我国存在的问题提出解决措施，以此完善我国融资平台债务风险防控机制。

二 文献综述

地方政府融资平台的发展使得其债务风险不断暴露，关于融资平台债务风险的成因、债务风险的防控措施等问题已经成为理论界的研究热点。目前已有的相关研究成果主要集中在以下几方面。

（一）以融资平台的产生背景与根源为视角

在现行财税体制下，中央政府、地方政府间财权和事权划分不合理是导致融资平台债务规模激增的根本原因。分税制改革造成财权上移、事权下移，中央的部分事权下放到地方，使原本由中央政府承担的部分支出责任转移到了地方政府，地方财政收入减少的同时承担了更多的支出责任，这种财权和事权的不平衡导致地方政府出现严重的资金短缺，财政压力增大。但根据旧《预算法》的规定，地方政府没有自行发债的权力，为筹措建设资金，通过融资平台进行融资成为地方政府所偏好的方式（刘颖，2010；薛菁，2011；高旭东、刘勇，2013）。同时，地方政府官员管理体制和政绩考核机制的不合理，使地方政府官员为了提高政绩，唯 GDP 是重，展开融资竞争，从而可以获得更多的资金用于城市基础设施建设。地方政府官员希冀通过这种负债融资提高经济增长数量，提升自己的政绩，这种财政机会主义也是地方政府无限度融资的重要原因（孙晓娟，2011；周孝华、周青，2012；高旭东、刘勇，2013；祝小宇，2014）。

城镇化使基建民生压力增加的同时，也增加了地方政府的财政支出压力。我国城镇化水平每提高 1%，就增加了 1000 万人口的居住和生产压力。城镇化进程加快，使得公共设施建设需求与建设资金短缺之间的矛盾日渐凸显。由于地方政府税收收入来源受到制度限制，无法通过提高税率来实现预算内融资，为保证城市建设的正常运转和经济的长期稳定发展，在预算外融资则成为地方政府解决城镇化压力的重要途径（薛菁，2011；程俊杰，2011）。

基础设施建设项目具有资金投入大、建设周期较长和不确定程度较高等特点，银行往往不愿向私人承包商提供贷款，此时，政府提供担保是私人部门贷款的重要增信方式。《担保法》限制了地方政府担保的主体资格，因此，利用融资平台进行变相融资是可以满足地方政府资金需求的现实选择（刘颖，2010）。通过各种方式快速组建出符合融资标准的企业，包括各种城市建设投资公司、城建开发公司、城建资产经营公司等，以政府为主导，主要负责为地方政府的公共建设项目进行融资（巴曙松，2009；魏国雄，2009；贾银萍，2009；李侠，2010；唐洋军，2011）。除此以外，也负责管理相关的项目资产，具有浓厚的行政色彩（唐洋军，2011）。

（二）以融资平台的设立为视角

融资平台的设立目的在于充分利用社会资本，以较小的投资完成地方政府所承担为社会提供公共物品和公共服务的职能。成立之初，主要是地方政府投入一定的财政资金，再吸引其他资本加入，从而满足融资平台设立所需的资本条件（詹向阳，2010）。地方政府注入的资产包括地方财政的建设资金、国家划拨的专项基金、地方的土地储备以及其他已形成的基础设施存量资产等（田江南，2010）。从出资形式来看，主要有货币、土地使用权、国有股权以及国有资产等形式。从控股股东所属部门来看，大部分融资平台都由地方国资委、财政局或人民政府经营管理，还存在少数由管委会经营管理的情况（周沅帆，2010）。但是，在实践中，融资平台设立中存在很多违法违规行为。有些地方政府以学校、办公大楼等公益性资产作为出资，有的还存在虚假出资、出资不实、抽逃注册资金的行为（祁永忠、栾彦，2012；李蕊，2016）。从融资平台高级管理人员与地方政府的关系看，高管大多由地方政府直接委派，甚至出现融资平台与政府部门"一套人马，两块牌子"的情况（周沅帆，2010；杨松、张永亮，2012）。融资平台虽然在形式上具有国有企业法人的身份，但融资平台不具有完善的法人治理结构，缺乏独立从事法律行为的管理基础，并非实质意义上的独立法人（李慧俊，2012；张宇润、施海智，2015）。因此应该理顺融资平台与地方政府之间的关系，对融资平台主体的法律地位重新界定，使融资平台归位，在政府与融资平台之间建立契约关系。要使融资平台成为独立于政府的企业法人，实现独立运行、风险自担，其债务不再与政府发生直接关系，可以通过法律行为的实施、对无效法律行为进行处置以及建立基础设施产权交易市场等方式来实现上述目的（张宇润、施海智，2015）。但鉴于融资平台具有代表政府履行基础设施建设和公益性项目的公共职能，应该对融资平台进行分别治理，一方面，针对依靠财政资金从事公益性项目的融资平台进行非公司化改造；另一方面，针对有经营能力，能够自负盈亏的融资平台采取公私合作路径进行市场化转型（李蕊，2016）。

（三）以融资平台债务风险的表现为视角

2008年全球金融危机爆发，为应对金融危机，中央政府实施积极的财政政策和适度宽松的货币政策，明确发文支持有条件的地方政府组建融资平台，拓宽政府项目配套资金的融资渠道。地方政府为响应中央政府号召，通过整合各种资源组建融资平台，融资平台迅猛发展。融资平台在防范金融危机、保证经济平稳快速发展方面发挥了重要作用，但由此形成的庞大债务规模存在一定的风险隐患，而融资平台债务资金收益率低，其不具备长期的经营能力与较强的风险抵御能力（张鹏，2015）。因此，融资平台债务风险问题成为全社会关注的热点问题。融资平台债务风险主要分为财政风险、信用风险、银行信贷风险、金融风险、管理风险、合规性风险、宏观调控风险等（秦德安、田靖宇，2010；孙晓娟，2011；梅建明、詹婷，2011；鲍韵、胡佳男，2013；李东，2014）。地方政府通过融资平台融资过程中存在大量的政策性融资，在市场化融资方式较少的情形下，增加了融资平台债务面临的政策风险（梅建明，2015）。从融资平台的债务结构来看，融资平台的债务大多数是银行贷款，造成风险过度集中于银行金融机构，容易引发金融风险（谢新，2015）。融资平台股权融资与债权融资失衡，会使融资平台出现资产负债率过高的情形，在债务规模扩大的背景下，极易引发信用风险（李东兴，2014）。融资平台融资过程中存在不少违规担保行为，此类担保因违反法律规定而无效，会形成法律风险（李敏，2014）。因此，如何有效地化解融资平台乃至地方政府的债务风险、构建融资平台债务风险防控法律机制成为理论上和实践上都亟须研究的重要课题。

（四）以融资平台债务数据为视角

对融资平台债务规模进行统计，是评估和测算融资平台债务风险的前提。以新《预算法》的实施为界限，融资平台债务规模包括存量债务规模和增量债务规模。按照银监会统计口径，从2010年底到2013年底，融资平台数量增幅在60%以上。除此之外还有很多融资平台没有纳入银监会统计范围（成林涛，2015）。2010年银监会、审计署、中国人民银行分别公布了融资平台的贷款余额，有学者对数据进行加权平均后，估算出2010年末融资平台银行贷款额为8.72万亿（武彦民、张丽恒，2012）。目前大多数学者在研究中采用的数据，主要是2011年和2013年审计署对地方政府性债务审计结果中的数据。通过两次审计结果数据可以看出，融资平台是地方政府性债务最主要的融资主体，审计中也指出了融资平台存在设立数量和债务规模不断扩张的问题（马毅鹏，2015）。如果融资平台的债务规模无法得以有效控制，会引发财政风险和金融风险，影响经济稳定发展（孙晓娟，2010）。

（五）以地方政府融资平台融资过程中存在的问题为视角

地方政府、融资平台、金融机构以各自利益为出发点，规避法律和监管政策，放宽信贷条件为融资平台提供贷款，同时在融资平台自身偿债能力不足的情况下，通过平台之间的互相担保来获得信贷资金，存在忽视自身债务风险而盲目融资的问题（秦德安、田靖宇，2010；杨燕虎、刘拴虎，2011）。由于监管约束不到位、地方政府的行政干预，致使银行盲目放贷的情况不断出现（高旭东、刘勇，2013）。

由于地方政府对融资平台债务存在隐性担保，同时经过清理甄别后将一部分融资平台债务认定为地方政府债务，因此对融资平台债务风险的评估应与地方政府性债务管理结合起来。融资平台债务规模的有效控制，有赖于对地方政府债务规模的规范控制，可以从宏观和中观层面建立健全相应的体制及制度进行约束（李东兴，2014；梅建明，2015）。在新《预算法》实施后，融资平台应在化解存量债务的基础上，进行市场化转型，积极引入社会资本共同进行基础设施建设，以此控制融资平台增量债务（马毅鹏，2015；李蕊，2016）。

（六）以地方政府融资平台的融资途径为视角

融资平台融资途径包括银行贷款、BT、债务融资、信托融资等，融资平台还可以运用权益转让融资、股权转让融资、债务融资、基金融资、项目融资、PPP 融资等方式对外融资（田江南，

2010；董仕军，2015），以及对已经完成的可以获得经营收益的公共基础设施通过资产证券化的方式融资（李扬，2015；董仕军，2015）。实践中，融资平台在举债融资过程中存在一些违法违规行为，主要表现为地方政府违法、违规为融资平台提供担保。融资平台在表面上看是独立的法人，具有独立的民事行为能力，应独立地承担责任。但在事实上，却存在地方政府以其财政收入提供担保，为融资平台开具"担保函"、"承诺函"等，承诺在融资平台不能偿还债务时，将承担还款责任（巴曙松，2009）。

融资平台主要是通过间接途径融资，存在融资成本高、融资过程不透明、多头监管等问题。因此，应当通过立法赋予地方政府发行债券的权力，将地方政府债务纳入预算管理，这样既可以拓宽地方政府融资渠道、规范地方政府融资行为，也可以通过债务限额制度控制融资平台的债务规模（卢炯星，2012；张宇润、施海智，2015；华国庆、汪永福，2016）。我国地方政府债券制度从2015年才开始实施，在市场定价、信用评级、信息披露等方面还不完善，因此可以在对美国市政债券制度进行考察的基础上，以此完善我国地方政府债券制度（宋伟健、霍志辉，2016；王震，2014；林立、张自力，2014）。此外，还应该不断创新融资方式和拓宽融资渠道，消除融资平台对地方政府的财政依赖（梅建明、詹婷，2011；张平、张丽恒，2011；鲍韵、胡佳男，2013；张洁梅、张玉平，2016）。

（七）以融资平台债务资金运行管理为视角

融资平台债务资金支出管理也是债务防控机制的重要环节。确保融资平台债务资金支出正确投向，对投资项目进行有效监管，可以防止地方政府片面扩大支出责任、避免项目效率低下。在政府与市场关系的理论中，政府干预的范围仅限于市场失灵领域，因而融资平台的债务支出也应当限定在市场失灵的非竞争领域（赵云旗，2011；曲斌，2013）。代际公平理论在解释债务资金的支出方向时，指出公益性资本支出不仅能使当代人受益，而且也能使后代人从中获益。公共设施的建设，对当代政府而言，前期投资较大，而受益较少，而对于后代而言，只需要承担少量的运营成本，便可从中获利，因而不能仅由政府通过税收一次性支付，而应该通过融资方式进行支付，以预期财政收入还债，实现代际公平（卢兴杰，2012；李东兴，2014）。

新《预算法》规定地方政府债务资金只能用于公益性资本支出。首先，债务资金的支出方向应当具有公益性（李萍、徐洪才、李承，2009；赵云旗，2011；曲斌，2013）。其次，对于债务资金能否用于经常性支出，则存在争议。有学者认为只能用于资本支出项目，不能用于弥补经常性预算缺口（李萍、徐洪才、李承，2009），但也有学者认为债务资金不仅可以用于资本支出，还可以用于经常性支出（赵云旗，2011；曲斌，2013）。在具体的支出投向上，债务资金主要集中投向基础设施、环保、科教文卫体以及教育等领域（李萍、徐洪才、李承，2009；赵云旗，2011；卢兴杰，2012；曲斌，2013）。在这些领域具体项目投资过程中，应严格把关，建立项目管理责任制度和完善竣工验收程序等（赵云旗，2011；袁坤、费婷，2013）。

（八）以融资平台债务处置为视角

2015 年底，地方政府债务余额 16 万亿，或有债务 7 万多亿，其中大多数是地方政府通过融资平台举借的债务，很多债务在 2015 年到期，这些存量债务如何处置对于缓释债务风险、实现经济的可持续发展至关重要。地方政府债务治理是实现融资平台规范化管理的开始。随着债务清理的开展，融资平台与地方政府的权责会更加明晰，今后属于企业的债务由企业偿还，政府不再承担偿还责任（成涛林，2015）。只有理顺二者的关系才能实现融资平台的规范化管理，可以采用对已经形成的债务进行分类登记的方式，明确债务责任主体。属于政府承担的，纳入预算，属于融资平台承担的，按照市场化方式处置（戴传利，2014）。

对融资平台的债务处置，要在区分债务类型的基础上采取差别化方式。按照现金流采用不同的处置方式，对于不产生现金流的纯公益公共产品，纳入政府预算管理；现金流不足以弥补项目预期收益率的项目，引入PPP模式，同时由政府财政予以补贴；一般性项目由融资平台自主经营、自负盈亏（王志、毛忠志，2016）。按照不同的项目收益覆盖率，确定不同的债务属性。项目收益能够覆盖债务本息的城投债转变为真正意义上的公司债；还本付息主要依靠财政资金的城投债，到期后不再继续发行；有收益的项目，可以以项目收益与融资平台所有的资产作为支持，发行资产证券化产品（张宇润、施海智，2015；成涛林，2015）。在处理融资平台的存量债务时，应采取近期措施与长期措施结合的方式。短期保证在建项目的完成，长期实现融资平台的规范化管理（马毅鹏，2015）。

化解认定为地方政府债务的融资平台存量债务，可以通过债务置换的途径。存量债务置换在缓解地方政府偿债压力、缓释债务风险方面起到了积极作用，但是债务置换只是改变了地方政府的负债结构，并没有在实质上改变政府的资产与收入状况。债务置换有一定的行政干预色彩，未触及制度与体制问题，容易诱发道德风险（曹文炼、董运佳，2016）。地方政府直接向市场发行置换债券会使银行的资产收益率下降、资产期限拉长，增加银行的违约风险，带来系统性金融风险。同时，地方政府债券供给量的增加，会导致债券发行利率下降，社会的融资成本增加（詹向阳、郑艳文，2015；殷剑锋、费兆奇、范丽君，2016）。为了防止地方政府到期无力偿还债务，可设立地方政府偿债基金，确保财政资金的偿债能力（张平、张丽恒，2011；鲍韵、胡佳男，2013）。如果地方政府债务到期不能偿还，可以借鉴国外政府破产制度经验，在我国构建政府破产法律制度（李晓新，2012；温来成、彭羽、刘洪芳，2013；赵全厚、王珊珊，2015）。

控制融资平台增量债务，可以通过PPP模式，吸引社会资本参与公共基础设施建设。PPP模式体现了市场机制与政府机制的统一，将PPP用于准公益项目不仅可以化解融资平台债务风险，还可以缓解政府未来的新增债务压力（张洁梅、王玉平，2016；张薇、罗黎平，2016；王治、毛志忠，2016）。但是，在我国PPP模式中，设立机制、退出机制、风险分担机制、监管机制、责任追究机制等方面尚不健全，在运作过程中还存在法律或政策变更风险、政府违约风险、合同条款设置风险等（林华，2016；龚鹏程、臧公庆，2016；王朝才、张学诞、程瑜，2016）。如果PPP制度设计并不能达到风险分担的效果，这些风险会转化为转投资时较高的资金成本，这将会引起银行系统的风险（Vikas Srivastava，2015）。在PPP模式中，特定目的投资基金与PPP结合，能够通过新的资源促进金融工具的发展，在此基础上增强风险抵抗能力（Doris Köhn、Michael Jainzik，2013）。对此，中央明确提出要积极探索财政资金撬动社会资金与金融资本参与政府和社会资本项目合作的有效方式。政府投资基金作为PPP模式的创新形式，是财政资金和社会资本合作的主要方式。财政部于2015年5月和2016年3月先后设立了中央引导示范性PPP基金和政企合作投资基金，河南、江苏、云南等10多个省份也纷纷设立了地方政府投资基金。然而立法不完善、政府和社会资本权利义务不明确等问题成为制约PPP模式中产业基金发展的重要原因（徐琳，2016；林华，2016）。并且在PPP政府投资基金运作中，存在约定固定收益率、到期回购、隐性担保等情形,这种明股实债的行为没有摆脱原有地方政府的融资模式,必须要通过真实的股权投资才能使 PPP 产业基金合法、有效地运作(高礼彦,2015)。

美国在处理市政公司债务方面的经验对我国具有一定的借鉴意义。分担地方政府支出责任的不仅包括市、县、学区等,也包括养老基金、失业保障基金、高速公路管理等机构,这些机构与政府部门一样,能够代理州政府的事务。但从一般企业的债务承担出发进行分析,州政府对其政府部门或代理机构(sub-entities)的债务不承担责任(Isabel Rodriguez-Teiado、John Joseph Wallis,2012)。州政府与政府细分部门的关系类似于母子公司的关系,就像母公司不承担子公司的债务一样,州政府对市政公司、政府部门的债务也不承担责任。虽然州政府有时会基于道德责任,为市政公司偿还债务,但这并不是州政府的法定义务(Richard M. Hynes,2012)。

(九)以融资平台债务风险预警为视角

对债务风险进行定量和定性分析,运用科学的方法进行跟踪、监控,对于债务风险防控是至关重要的,因此有必要建立债务风险预警机制,通过量化的风险指标来防控风险(张梅、辛宁,2015)。融资平台风险预警系统相对于一般公司而言更加复杂,因此应该从宏观层面、中观层面及微观层面建立融资平台风险预警体系(周孝华、周青等,2012)。王冀宁(2010)认为可以从五方面来设计风险控制预警指标体系:一是使用 Alexander Bathory 模型设计财务风险指标;二是针对投融资信用风险引入信用风险动态测量技术;三是以决策理论为基础,设计决策风险指标体系;四是以内部管理制度和流程疏漏为基础,设计经营管理的风险控制与预警指标体系;五是以法律法规为基础,分析政府投融资平台的法律风险指标体系。针对融资平台产生的企业债务,以投资平台的财务风险为研究对象，设计企业财务风险跟踪监督机制和预警体系，达到对其发生和发展进行连续跟踪、识别、评价、预测以及监控的目的（刘颖，2010）。针对融资平台债务中的地方政府债务，可以根据各国立法实践以及国际通行做法，采用负债率、债务率、偿债率、债务依存度、新增债务率、逾期债务率等相关指标体系，以科学的方法测量风险指标控制区间，以达到判断和计算融资平台债务运行状态、风险指数等状况的目的，在结合我国国情的基础上，构建地方政府债务风险预警机制（梅建明、詹婷，2011；程俊杰、唐德才，2011；张平、张丽恒，2011；祁永忠、栾彦，2012；鲍韵、胡佳男，2013）。

（十）以融资平台债务监管为视角

当前，地方政府融资在项目分析、确立、担保主体、项目报批、资金使用以及监督、运作风险等环节，尚未形成科学、完整、统一、规范的监管体系（姚梅芳、贾乐乐，2011）。加强对地方政府融资平台监管，可以规范地方政府融资平台的运作，防控债务风险（张平、张丽恒，2011；鲍韵、胡佳男，2013）。目前，我国对地方政府融资平台的监管存在监管职权界定不清、没有专门的监管部门、信息透明度低等问题。要解决这些问题，应首先将地方政府债务纳入预算管理，对地方政府举债融资行为进行约束，债务资金收入和支出都应该经过立法机关审议程序（张建伟，2012；马海涛、崔运政，2014；熊伟，2014；张宇润，2015）。其次，完善债务信息披露制度，及时公布地方政府财政收支情况、项目建设运行情况等（孙晓娟，2011；梅建明、詹婷，2011）。最后，完善债务问责机制，强化对违法举债行为的追究（宗军，2011；王雍君，2014；王哲，2014；杨国英，2015）。

综上所述，目前关于地方政府融资平台及其地方政府债务风险防控的研究成果大多是在新《预算法》实施前形成的，但众多的前期成果对本书研究仍具有参考价值，同时也为本书的进一步研究提供了契机。首先，《预算法》修改后，关于融资平台债务的问题在立法上有了新动向，对融资平台举债融资行为的法律规制也发生了根本性转变，融资平台债务属性呈现出二元化规制路径。2016年，中央提出了供给侧结构性改革，去杠杆是供给侧结构性改革中一项重要任务。供给侧结构性改革又为融资平台债务风险防控提出了新要求。而已有的研究成果鲜有这方面的研究。其次，以上对融资平台债务风险防控机制的研究成果主要是从财政学、管理学的角度进行探讨分析，从法学角度进行分析的研究成果较少。再次，目前关于全国融资平台债务规模及地方政府性债务规模数据主要来源于2011年和2013年审计署的审计数据和财政部公布数据。各省的数据散见于各省的财政预算报告、财政决算报告、地方政府债券信用评级文件种类多达200多份。由于数据的可得性，已有的研究成果大多是定性研究，而很少采用定量分析的方法。鉴于此，本书研究以新《预算法》实施和供给侧结构性改革提出为背景，依照债务法律属性对融资平台债务进行划分的前提下，以二元化法律治理为路径，在对全国及各省融资平台债务规模进行测算的基础上，对融资平台债务风险进行评估，以债务风险防控机制的逻辑机理为基础，按照事前、事中、事后的时间序列构建我国地方政府融资平台债务风险防控法律机制。

三 研究思路

本书在对地方政府融资平台债务风险防控法律机制研究中贯穿两条线索，相互交叉展开研究：一方面，融资平台债务的法律属性具有二元性，经过清理甄别后，被分为地方政府债务和企业债务。

两者在法律属性上有着本质性区别，其债务风险表现形式及防控机制方面都呈现出差异性，因此本书对融资平台债务风险防控法律机制的研究既包括地方政府债务部分，也包括企业债务部分。

另一方面，以债务风险防控机制的逻辑机理为基础，结合债务风险防控的制度构架，从融资平台债务规模控制、资金运行管理、债务风险预警及债务监管这四个方面对我国融资平台债务风险法律机制进行系统性深入分析，并针对我国存在的问题，提出针对性解决措施。

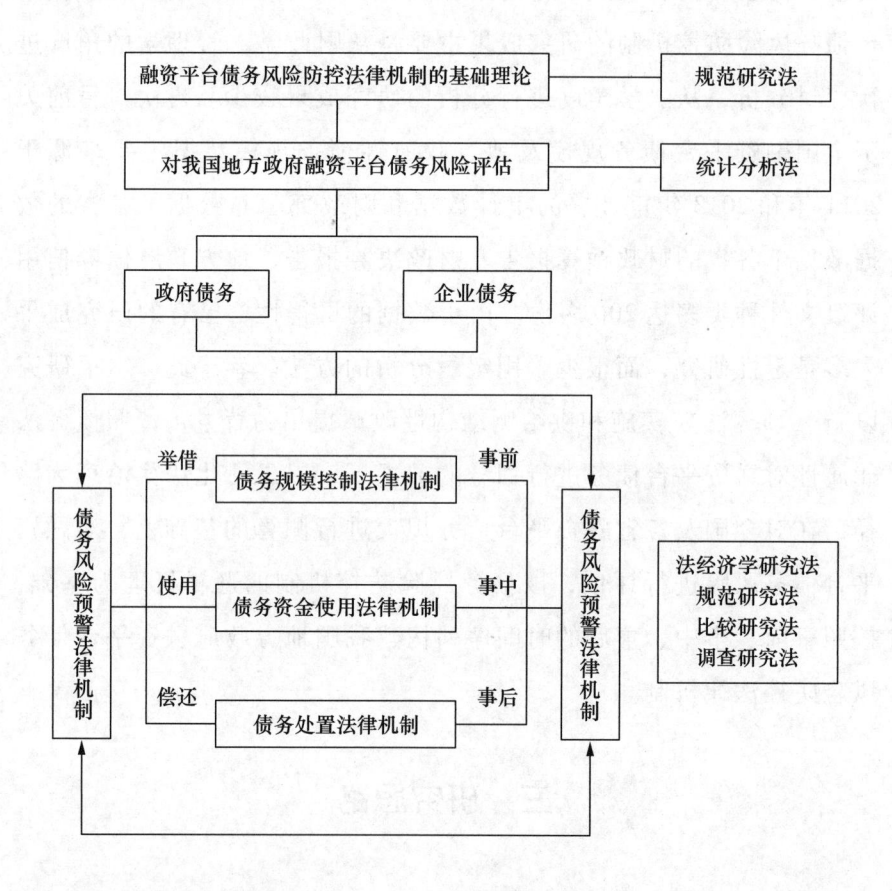

图 0—1 研究思路

四 研究方法

本书在研究过程中，综合运用了法经济学研究法及规范研究法、统计分析法、调查研究法、比较研究法。

第一，法经济学研究法。本书研究采用公共财政、政府干预、代际公平、风险管理等经济学理论和定量分析等研究方法对融资平台债务风险防控法律机制中的相关问题进行论证。

第二，规范研究法。以地方政府债务及风险管理等理论为前提，在对我国地方政府融资平台债务规模进行测算的基础上，对其债务风险进行评估，再运用逻辑演绎揭示我国地方政府融资平台债务风险防控法律机制中存在的问题，以此完善相应机制。

第三，统计分析法。根据国家统计局和2011年、2013年审计署审计结果公布数据，统计1997—2015年期间全国地方政府性债务余额，及截至2010年底和截至2013年6月底的全国地方政府债务余额和融资平台债务余额；根据2014年各省关于地方政府性债务审计结果中公布的数据，统计截至2013年6月底，31个省份和5个计划单列市的地方政府性债务余额及融资平台债务余额；根据2014年、2015年的各省财政预算报告、财政决算报告、地方政府债券发行文件中公布的数据，统计截至2014年底、2015年底的31个省份和5个计划单列市的地方政府性债务余额；根据Wind数据库发布的城投债数据，统计2013—2016年期间融资平台城投债的发行和偿还额情况。根据以上统计数据，对地方政府负债率、债务率、或有债务占比、融资平台债务占比、融资结构、债务期限结构、城投债净融资额进行测算，并对我国融资平台债务风险进行分析和评估。

第四，调查研究法。到财政部门、人民银行、金融监管部门、审计部门、银行机构、证券公司、信托公司、融资平台公司进行调研。从债务资金来源方，调研不同融资渠道的债务规模、债务结构、债务风险等问题。从债务监管部门，调研各地区债务规模、债务管理制度建设、债务风险预警机制构建等情况。本书在调研时获取了很多一手资料，为完善地方政府融资平台防控法律机制提供了实证基础。

第五，比较研究法。对美国、日本、巴西等国家进行考察与比较，为完善我国地方政府融资平台债务风险防控法律机制提供经验。同时，全面掌握地方政府融资平台债务情况，对各地区的债务情况进行分析与比较，既要统筹兼顾又要区别对待，确保债务风险防控机制的合理性和科学性。

五 创新之处

本书的创新之处在于运用定量分析方法，从法学视角对该问题进行了系统性阐述，并提出了二元化路径的新观点。在研究方法、研究内容和主要观点方面有所创新。

首先，本书从2014年31个省份和5个计划单列市关于地方政府性债务审计结果、2014—2016年31个省份和5个计划单列市的财政预算报告、财政决算报告、地方政府债券发行评级文件等200多份资料中，整理有关地方政府融资平台债务规模的各项数据，并进行定量分析，弥补了之前研究成果由于数据搜集、整理、分析方面的欠缺，而只能定性分析的不足。

其次，本书的研究是将融资平台债务风险防控机制的研究从法学视角，将其纳入法治框架，以风险防控机制的逻辑机理为基础，结合债务风险防控的制度构架，从债务规模控制、债务资金运行管理、债务处置、债务风险预警及债务监管这五个方面对我国融资平台债务风险法律机制进行系统研究。

再次，以对融资平台债务法律属性划分为基础，提出了对融资平台债务风险法律治理的二元化路径。被认定为地方政府债务的融资平台债务和属于企业债务范畴的融资平台债务，由于其债务风险形成机理、风险表现形式、风险预警体系、债务管理体制等方面不同，因此要进行二元化治理。属于地方政府债务的，在预算管理的框架下进行债务风险治理。属于企业债务的，在公司治理框架下进行债务风险治理。

此外，本书对美国51个州宪法中关于州政府举债融资的实体性和程序性法律规定进行了翻译和整理，可以为以后相关问题的研究提供基础。

第 一 章

地方政府融资平台债务风险防控法律机制的基本理论

地方政府融资平台是我国市场经济体制下特定历史阶段的特有产物。市场经济体制确立以来,我国经济快速增长、城镇化进程不断加快,而地方政府的财力已经不能满足日益增长的资金需求,融资平台在这样的背景下应运而生。

一 地方政府融资平台及其债务属性的法律界定

(一)地方政府融资平台的法律界定

2009 年,地方政府融资平台数量激增,债务规模迅速膨胀,债务风险凸显,如处理不当,则可能会引发金融风险和财政风险。为有效防范风险,包括国务院、发改委、人民银行、银监会等在内的多个监管机构,陆续出台了多部法律规范,以加强对融资平台的管理。其中,国发〔2010〕19 号文首次对融资平台进行了界定。该文规定:地方政府融资是指由地方政府及其部门和机构等通过财政拨款或注入土地、股权等资产设立,承担政府投资项目融资功能,并拥有独立法人资格的经济实体。国发〔2010〕19 号文对于融平台的界定主要分为四个方面：第一，设立主体。融资平台设立的主体是地方政府及其部门和机构。即可以为地方政府设立，如芜湖市建设投资有限公司，设立主体为芜湖市人民政府；南充发展投资（控股）有限责任公司，设立主体为南充市人民政府。除地方政府外，还有地方政府的职能部门和机构，例如财政部门、土地管理部门、国有资产管理委员会等，也可以设立融资平台，如天津市保障住房建设投资有限公司，其设立主体为天津市土地整理中心；济南西城投资开发集团有限公司，其设立主体为济南市财政局；黄冈市城市建设投资有限公司，其设立主体为黄冈市国有资产经营公司。第二，设立方式。融资平台是通过财政拨款或者注入土地、股权等资产设立的。第三，设立功能。融资平台制度创始的初衷就是为了规避旧《预算法》对于地方政府举债融资行为能力的限制，地方政府设立融资平台，为地方政府进行有效的投融资，是地方政府的工具。有所不同的是，有些融资平台既具有融资功能又具有投资功能，但也存在一些只具有融资功能，而无投资功能的平台。第四，设立类型。地方政府融资平台是具有独立法人资格的经济实体。

财预〔2010〕412号文规定，地方政府融资平台是由地方政府及其部门和机构、所属事业单位等通过财政拨款或注入土地、股权等资产设立，具有政府公益性项目投融资功能，并拥有独立企业法人资格的经济实体，包括各类综合性投资公司，如建设投资公司、建设开发公司、投资开发公司、投资控股公司、投资发展公司、投资集团公司、国有资产运营公司、国有资本经营管理中心等，以及行业性投资公司，如交通投资公司等。国发〔2010〕19号文和财预〔2010〕412号文对融资平台在设立主体、设立方式和设立功能方面的规定都是相同的。与国发〔2010〕19号文不同的是，财预〔2010〕412号文将融资平台类型限定为地方政府融资平台公司，不包括除公司以外的任何经济实体。

银监办发〔2010〕244号文要求对融资平台贷款清理填报时称，融资平台指综合性公司、行业性公司、政府性机构（包括政府及其财政预算拨款的事业单位）、土储性公司（中心）四类。银监办发〔2010〕244号文未对融资平台的概念进行界定，仅指出了融资平台的类型，并扩展了融资平台的类型。银监办发〔2010〕244号文所称的融资平台不仅包括公司类，还包括政府机构类。

根据银监办发〔2011〕191号文中的定义，地方政府融资平台是由地方政府出资设立并承担连带还款责任的机关、事业、企业三类法人。银监办发〔2011〕191号文中规定融资平台的出资主体仅为地方政府，并指出地方政府对其债务具有连带偿还责任的机关、事业和企业法人都被界定为地方政府融资平台。在此，融资平台不仅仅包括企业法人，还包括机关法人和事业法人。

根据银监发〔2011〕34号文的要求，银监会对融资平台实行名单制监管。只有进入银监会名单的，才能被认定为融资平台。银监会对融资平台名单实行动态监管，对不符合监管要求的公司可以移出融资平台名单，退出为一般公司类，监管要求也随之发生相应的变化。从银监会融资平台名单来看，地方政府融资平台大多为地方国有企业，例如：北京轨道交通房山线投资有限责任公司、武汉地铁集团有限公司、南京市鼓楼区城市建设有限公司、陕西华州城市建设投资有限公司等。还包括机关法人，如黑龙江省公路局、临武县财政局、宣城市公路管理局、梅州市公路局、曲靖市麒麟区水务局、滨州市公路管理局。此外还有事业单位法人，如杭州市余杭区第一人民医院、台州市路桥区第二人民医院、呼伦贝尔市蒙医医院、连山壮族瑶族自治县高级中学。

结合相关文件规定、监管政策以及融资平台制度功能来看，地方政府融资平台指由地方政府及其部门或机构等通过财政拨款或注入土地、股权等资产设立，承担政府投资项目融资功能，并拥有独立法人资格的，被纳入融资平台名单的企业法人、机关法人以及事业单位法人。

城投公司是和融资平台紧密关联的一个概念。城投公司并不是一个法律概念，而是指专门从事城市基础设施建设的企业法人，对城投公司进行界定主要是从业务范围来进行的，如上海城投控股股份有限公司、西安城市基础设施建设投资集团有限公司、吉林市城市建设控股集团有限公司等。目前我国尚未有专门的法律规范对城投公司进行规制。而融资平台是一个法律概念，是从监管的层面对其进行界定的。虽然在融资平台中包括很多城投公司，如兰州市城市发展投资有限公司、鞍山市城市建设投资发展有限公司、邯郸城市发展投资集团有限公司、营口市城市建设投资发展有限公司。但是城投公司和地方政府融资平台不是一个可以相互替换的概念，只要从事城市基础设施投资的公司都可以被称为城投公司，但是只有符合法律规定，进入银监会融资平台名单的城投公司才能被界定为融资平台。和城投公司相比，监管部门对融资平台的监管更为严格。在银行贷款方面，银监会要求对融资平台授信审批的权限由一级法人行使，并且融资不能有新增贷款。而对于城投公司，银监会没有相应的监管要求。

（二）地方政府融资平台债务属性的法律界定

国发〔2014〕43号文和新《预算法》的实施，使融资平台发生了根本性转变。在国发〔2014〕43号文和新《预算法》颁布之前，中央对地方政府性债务进行了清理甄别，其中将融资平台债务分为地方政府性债务和企业债务。2015年新《预算法》实施后，融资平台形成的增量债务则全部属于企业债务。

在国发〔2014〕43号文和新《预算法》实施之前，融资平台是地方政府债务的举借主体，全国地方政府性债务50%左右是通过融资平台形成的。融资平台通过银行贷款、BT回购、基建信托、城投债等方式形成的债务是否属于政府债务，没有明确的法律规定。长期以来，在债务人、债权人、担保人的确定上普遍存在地方政府和国有企业权责不分的思维惯式，认为融资平台债务理应属于地方政府债务或至少由地方政府兜底，造成融资平台债务归属不清晰。根据融资平台的法律界定，融资平台包括企业法人、机关法人以及事业单位法人，但大部分为企业法人。这些融资平台以自己的名义从事融资行为，应该独立承担债务偿还责任。但从其支出投向上来看，融资平台主要从事公益性项目，为地方政府提供公共物品和公共服务而举借的债务应当被纳入地方政府债务的范畴，属于政府公共债务。而另一部分从事非公益性项目所产生的融资平台债务应纳入企业债务的范畴，属于企业私人债务。虽然这一部分融资平台债务属于企业私人债务，应该由融资平台承担偿还责任，但是地方政府对其中很多债务提供了担保，或是仍要承担一定的救助责任，因此当融资平台无法偿还这些债务时，地方政府仍需进行偿还。

在《预算法》修改后，除省、自治区、直辖市政府外，其他地方政府及其所属部门不得以任何方式举借债务，也不得为任何单位和个人的债务以任何方式提供担保。从2015年开始，融资平台不得为地方政府融资，其债务不再属于地方政府债务，仅属于企业债务，地方政府以其出资额为限承担有限责任。

根据我国对于地方政府性债务类型的划分，地方政府性债务包括政府负有偿还责任的债务、政府负有担保责任的债务以及政府可能承担一定救助责任的债务。在地方政府性债务中，只有地方政府负有偿还责任的债务才属地方政府债务，纳入预算，在任何情况下，都需要使用财政资金偿还。地方政府负有担保责任的债务和可能承担一定救助责任的债务不属于地方政府债务，地方政府只有在法定情况或其他特殊情况下才需要履行偿还责任。在融资平台债务构成中，既包括地方政府负有偿还责任的债务，同时包括地方政府负有担保责任的债务及政府可能承担一定救助责任的债务。

按照 Hana 的政府财政风险矩阵，以是否有法律依据为标准，政府债务分为显性债务和隐性债务。显性债务是为法律或者合同所确认的政府债务，隐性债务是政府基于社会公共利益而承担的债务。根据发生的原因不同，政府债务被分为直接债务和或有债务。直接债务指在任何情况下地方政府均有偿还责任的债务，或有债务是在满足特定条件时才需要偿还的债务。在融资平台债务中，纳入地方政府债务范畴的融资平台债务是为法律所确认的，地方政府在任何情况下都负有偿还责任的债务，这部分属于地方政府直接显性债务。没有纳入地方政府债务范畴的债务，包括地方政府负有担保责任的和地方政府可能承担一定救助责任的债务则是为合同所确认的，当融资平台不能偿还到期债务时，地方政府才需要履行一定偿还责任的债务，这部分属于政府直接或有债务。

融资平台的债务属性具有二元性，其债务类型与债务构成结构复杂，不同类型的债务具有不同的债务风险，因此对融资平台债务属性的界定与划分是进行融资平台债务风险分析的前提。

二 地方政府融资平台债务风险的成因及类型

（一）地方政府融资平台债务风险成因

1. 地方政府融资平台债务风险的经济原因

我国现行的财政体制是融资平台债务产生的根本原因。1994 年起实行分税制，将财权和事权在中央政府和地方政府间重新配置，基本上是"财权上移，事权下移"。从财权上来看中央政府一般公共预算收入包括中央国内增值税、中央国内消费税、中央进口货物增值税和消费税、中央营业税、中央所得税、中央个人所得税、中央城市维护建设税、中央印花税、中央证券交易印花税、中央船舶吨税、中央车辆购置税、中央关税、中央非税收收入、中央专项收入、中央行政事业性收入、中央罚没收入、中央其他收入。一般公共预算收入包括地方国内增值税、地方营业税、地方企业所得税、地方个人所得税、地方财政资源税、地方城市维护建设税、地方房产税、地方印花税、地方城镇土地使用税、地方土地增值税、地方车船税、地方耕地占用税、地方契税、地方财政烟叶税、地方财政其他税收收入、地方财政非税收收入、地方财政专项收入、地方财政行政事业性收费收入、地方财政罚没收入、地方财政国有资本经营收入、地方国有资源有偿使用收入。从事权和支出责任来看，中央政府负责中央财政一般公共服务支出、中央外交支出、中央对外援助支出、中央国防支出、中央公共安全支出、中央武装警察支出、中央教育支出、中央科学技术支出、中央文化体育与传媒支出、中央社会保障和就业支出、中央财政医疗卫生支出、中央环境保护支出、中央城镇社区事务支出、中央农林水事务支出、中央交通运输支出、中央地震灾后恢复重建支出、中央财政其他支出。地方政府负责地方政府一般公共服务支出、地方外交支出、地方国防支出、地方公共安全支出、地方教育支出、地方科学技术支出、地方文化体育与传媒支出、地方社会保障与就业支出、地方医疗卫生支出、地方节能保护支出、地方城乡社区事务支出、地方农林水事务支出、地方交通运输支出、地方资源勘探电力信息等事务支出、地方金融监管等事务支出、地方商业服务业等事务支出、地方地震灾后重建支出、地方国土资源等事务支出、地方住房保障支出、地方粮油物资储备管理等事务支出。

实行分税制后，中央政府和地方政府财权和事权不匹配的问题一直存在。从一般公共财政收入和一般公共财政支出占比来看，从

1994年以来，地方政府的一般公共预算支出在全国一般公共预算支出的占比越来越高，从1994年的69.7%上升到了2015年的85.5%，但是地方政府一般公共预算收入只占全国一般公共预算收入的50%左右（见表1—1）。可见，在地方政府事权以及支出责任不断扩大的情况下，地方政府的财权并没有随之扩大。因此，地方政府为了履行事权，实现支出责任，必然要通过举债融资的方式来筹集资金。

表1—1 中央和地方一般公共预算收入和一般公共预算支出情况（1994—2015年）   单位：亿元；%

年份	一般公共预算收入 全国	中央 数值	中央 占比	地方 数值	地方 占比	一般公共预算支出 全国	中央 数值	中央 占比	地方 数值	地方 占比
1994	5218.10	2906.50	55.70	2311.60	44.30	5792.62	1754.43	30.3	4038.19	69.70
1995	6242.20	3256.62	52.20	2985.58	47.80	6823.72	1995.39	29.20	4828.33	70.80
1996	7407.99	3661.07	49.40	3746.92	50.60	7937.55	2151.27	27.10	5786.28	72.90
1997	8651.14	4226.92	48.90	4424.22	51.10	9233.56	2532.50	27.40	6701.06	72.60
1998	9875.95	4892.00	49.50	4983.95	50.50	10798.18	3125.60	28.90	7672.58	71.10
1999	11444.08	5849.21	51.10	5594.87	48.90	13187.67	4152.33	31.50	9035.34	68.50
2000	13395.23	6989.17	52.20	6406.06	47.80	15886.505	5519.85	34.70	10366.65	65.30
2001	16386.04	8582.74	52.40	7803.30	47.60	18902.58	5768.02	30.50	13134.56	69.50
2002	18903.64	10388.64	55.00	8515.00	45.00	22053.15	6771.70	30.70	15281.45	69.30
2003	21715.25	11865.27	54.60	9849.98	45.40	24649.95	7420.10	30.10	17229.85	69.90
2004	26396.47	14503.10	54.90	11893.37	45.10	28486.89	7894.08	27.70	20592.81	72.30
2005	31649.29	16548.53	52.30	15100.76	47.70	33930.28	8775.97	25.90	25154.31	74.10
2006	38760.20	38760.20	52.80	18303.58	47.20	40422.73	9991.40	24.70	30431.33	75.30
2007	51321.78	27749.16	54.10	23572.62	45.90	49781.35	11442.06	23.00	38339.29	77.00
2008	61330.35	32680.56	53.30	28649.79	46.70	62592.66	13344.17	21.30	49248.49	78.70
2009	68518.30	35915.71	52.40	32602.59	47.60	76299.93	15255.79	20.00	61044.14	80.00
2010	83101.51	42488.47	51.10	40613.04	48.90	89874.16	89874.16	17.80	73884.43	82.20

续表

指标 年份	一般公共预算收入					一般公共预算支出				
	全国	中央		地方		全国	中央		地方	
		数值	占比	数值	占比		数值	占比	数值	占比
2011	103874.43	51327.32	49.40	52547.11	50.60	109247.79	16514.11	15.10	92733.68	84.90
2012	117253.52	56175.23	47.90	61078.29	52.10	125952.97	18764.63	14.90	107188.34	85.10
2013	129209.64	60198.48	46.60	69011.16	53.40	140212.10	20471.76	14.60	119740.34	85.40
2014	140370.03	64493.45	45.90	75876.58	54.10	151785.56	22570.07	14.90	129215.49	85.40
2015	152269.23	69267.19	45.50	83002.04	54.50	175877.77	25542.15	14.50	150335.62	85.50

资料来源：根据中国统计年鉴和财政部决算报告数据整理及测算。

2. 地方政府融资平台债务风险的政治原因

政府官员考核机制是地方政府融资平台数量及债务规模激增的重要原因。长期以来，在对地方政府官员的考核中，过分强调GDP在考核指标体系中的核心地位，唯GDP是重，导致地方政府片面强调经济增长数量，忽视经济增长质量，大搞政绩工程，在预算内资金不能满足需要时，在预算外变相融资。

我国现行的政治体制下，对于官员政绩的考核主要是看其任职期间内该地区的经济发展状况，通常使用GDP作为衡量指标，GDP指标成为影响官员升迁或任职的重要因素。对于地方政府官员来说，首要目标就是提高当地的GDP总量。政府投资是在短期内快速促进经济增长、提高GDP的重要途径。因此，地方政府迫切进行项目开发，当一家融资平台不能满足融资需求时，再重新设立新的融资平台进行项目融资。由此，融资平台的数量呈井喷式增长、债务规模激增。在实践中不乏地方政府投资的项目越多，融资规模越大，负债越多，政府官员就能越快升迁的现象。这一现象具有传染性，就此演变成为一种地方政府"锦标赛"式的项目投资，因而往往忽略了项目自身的投资价值。为了追求投资数量而忽视投资质量，缺乏对项目可行性的科学论证，盲目投资的项目，不仅浪费了大量的人力、物力、财力，最终还会形成债务风险。

地方政府官员任职期限和项目融资期限错配也是助推地方政府通过融资平台举债融资的重要原因。地方政府官员在其任职期限内，为了追求政绩，不断通过各种渠道融资开发投资项目。而地方政府投资一般大多为基础设施建设，这些项目具有投资大、期限长的特点。当这届政府官员离职后，该项目很可能还没有完成，债务还尚未到偿还期限。因此，在其离任后，即便融资平台不能偿还到期债务，上一届政府也不需要承担相应的责任。这种"只管借钱，不管还钱"、"上一届政府借钱，下一届政府还钱"的现象，助长了地方政府官员通过融资平台举债融资的欲望，增加了融资平台的道德风险。

3. 地方政府融资平台债务风险的法律原因

地方政府举债融资立法不完善，法律制度不健全，缺乏有效的约束机制是融资平台数量和债务规模快速增长的法律原因。长期以来，囿于旧《预算法》的规定，地方政府不得自行举债融资。地方政府为规避旧《预算法》的规定，通过设立融资平台，利用融资平台市场主体的身份举债融资。地方政府的这一变通行为，一直未有法律对其进行规范，缺少法制的约束，而主要依靠行政约束和市场约束。

在行政约束机制方面，地方政府举债融资行为受到中央政府和上级政府的约束。从中央政府的角度来看，2008年为应对全球金融危机，实现政策目标，中央政府起初采取了放任的措施。但到2009年，地方政府融资平台数量和债务规模激增，债务风险凸显，此时中央政府开始重视融资平台债务问题。2011年和2013年审计署对地方政府性债务进行了审计，摸查地方政府性债务情况。在此期间，国务院、财政部、发改委、银监会、证监会等监管部门几度发布行政法规、部门规章规范融资平台债务行为，防控债务风险。但是直到2014年《预算法》修改，才通过立法禁止地方政府通过地方政府融资平台举债融资。

从我国的政治体制和地方政府官员任命机制上来看，直接上级政府对下级地方政府的约束能力是最强的。但是由于上级地方政府和下级地方政府在追逐政绩方面，利益具有统一性，因此直接上级政府对下级地方政府的约束意愿相对较弱。在没有完善地方政府债务监管制度的背景下，导致了对下一级政府财政行为行政约束的弱化，使得融资平台债务风险主要集中于市、县政府。

除中央政府和上一级地方政府对融资平台可以进行行政约束外，融资平台的举债融资行为也应受到市场机制的约束。融资平台作为市场主体通过银行贷款、发行企业债券等方式在金融市场上进行融资时，可以发挥市场机制的作用，根据融资平台的信用情况进行授信审批、债券评级。当融资平台信用减损或恶化、债务偿还能力不足时，融资平台自然丧失融资能力。但长期以来，行政的强制干预导致市场机制不能发挥作用，地方政府通过行政命令或为融资平台增信的方式，强制或引导金融机构向融资平台提供资金。另一方面，在地方政府为融资平台提供"担保函"、"承诺函"的情况下，金融机构认为地方政府会为融资平台债务兜底，从而不顾违规风险和违约风险，忽视融资平台本身的债务偿还能力，盲目扩大对融资平台的资金提供规模，因此导致对融资平台债务的市场约束机制不能发挥应有的作用。

（二）地方政府融资平台债务风险类型

融资平台债务存在合规性风险、信用风险、金融风险、财政风险以及道德风险。这些风险之间具有联动性和传导性，它们之间相互作用，使风险类型叠加、风险程度放大，进而引发系统性风险或危机。

1. 合规性风险

旧《预算法》明确规定，地方政府财政预算不列赤字。根据规定，地方政府不得自行举债融资。为规避《预算法》的规定，地方政府通过设立融资平台变相举债融资，这是与《预算法》的立法目的相违背的。因此，融资平台从设立之初，就存在违规性风险。并且在融资平台设立时，也存在虚假出资、地方政府和部门违规出资、注册资金未到位、抽逃资金等问题，"空壳化"现象严重。

此外，我国《担保法》规定："除经国务院批准为使用外国政府或者国际经济组织贷款进行转贷的以外，国家机关不得成为保证人。"但是在实践中，地方政府或者地方人大通过决议，以"保证函"、"承诺书"、"担保函"等方式为融资平台提供担保，违反《担保法》。很多金融机构在明知该担保方式违法的情况下，基于对地方政府信用的信任，仍然对融资平台提供资金。在对融资平台进行整改的过程中，这种在实践中司空见惯的"承诺函"，由于其违规性而被很多地方政府撤回。财政部一直要求地方政府对融资平台运作中的违法违规行为进行自查，因此很多地方政府在自查过程中，撤回了之前对金融机构提供的融资"承诺函"。2016年，财政部收到关于贵州地区地方政府违规出具担保性文件的举报后，要求贵州各地方政府撤回财政担保性文件，之后贵州地方政府集体撤回了之前出具的"承诺函"。由于"承诺函"被撤销，造成金融机构为融资平台提供的融资丧失了担保，金融机构风险加剧。

2. 信用风险

在融资平台中，存在很多"空壳"平台，这些融资平台只具有融资功能，而不具备投资功能。金融机构由于地方政府为其提供隐性担保而对融资平台提供资金，在法律对地方政府债务和融资平台债务界定清楚之后，地方政府不再为融资平台债务兜底或者提供担保，融资平台必须要以自身资产偿还债务时，空壳公司将无法偿还到期债务。

对于主要承担公益性项目，项目建设70%以上依靠财政资金的融资平台，其自身拥有的现金流半覆盖或者不能覆盖其债务，因此当财政资金不能偿还债务时，融资平台就会发生债务违约。相比之下，有些融资平台现金流则可以全覆盖或者基本覆盖还债本息，但由于融资期限和项目期限错配问题，也存在短期流动性风险。

3. 金融风险

融资平台债务资金主要来自银行贷款、债券融资、信托融资等，其中银行是城投债和信托资金最大的债权人。此外，被纳入地方政府债务范畴的融资平台债务，在债务置换过程中，银行机构依然是最大的债权人。因此，当地方政府不能偿还到期债务时，信用风险集中银行机构，还会将银行风险传染到证券市场，形成金融风险。

按照2013年审计结果显示，地方政府性债务资金56.56%来自银行贷款。地方政府置换债券，通过定向发行，大部分由商业银行持有。在新增地方政府债券发行中，很多地方政府不乏行政干预，通过与财政账户、财政项目挂钩的方式吸引银行购买，但是过程几近摊派。虽然银行持有地方政府债券使风险权重由100%降低到了20%，但是由于无法偿还到期债务而引发的财政风险，会传导到银行机构，形成不良贷款。

根据银监会统计数据显示，截至2016年3月末，全国银行机构不良贷款余额13921亿元，不良贷款率1.75%。银监会国有重点金融机构监事会主席于学军在北京举行的"2016中国银行业发展论坛"中发言时指出："到今年5月末的最新统计，全国银行业金融机构不良贷款余额已经大大地超过两万亿，不良贷款率突破2%，达到2.15%。这个分别比年初新增了2800多亿，提高了0.16个百分点。"但商业银行计提贷款损失准备增速远远小于不良贷款增速。

商业银行拨备覆盖率从 2013 年第二季度开始持续下降，拨备覆盖率从 2013 年第二季度末的 295.51% 下降至 2016 年第一季度末的 175.03%，已经接近银监会监管要求的 150%。商业银行风险抵御能力的弱化会导致金融风险发生概率上升。

4. 财政风险

属于地方政府债务范畴的融资平台债务，被纳入地方政府预算管理，需要使用预算收入进行偿还。其中一般债务由一般公共预算收入偿还。一般公共预算主要由税收构成，而在当前经济增速下降，同时推行税收改革的背景下，政府税收收入增速下降，对一般债务的偿还能力减弱。专项债务由政府性基金收入偿还，其中主要依靠土地出让金收入。目前房地产市场整体疲软，并出现分化现象，很多三线、四线城市房地产市场库存严重，需要去库存，造成土地出让金价格下降，依赖土地出让金收入的政府性基金收入也出现锐减，很多地方的政府性基金收入呈现负增长。在当前经济下行压力大、地方财政收入增速放缓的经济形势下，部分地区财政收入捉襟见肘，一些地方政府财政收入已经无法覆盖到期债务，虽然通过债务置换缓解了部分地区的债务风险，但由于融资平台债务增速过快、结构性矛盾突出，债务违约风险和局部债务风险仍然存在。

此外，融资平台债务违约，会造成金融机构资产的损失，为避免系统性风险，需要在一定程度上对地方政府进行财政补偿。同时，地方政府在处理债务违约行为时也需要大量的财政支出，"由于其内生于政府系统内部，并在各级政府间传递中形成放大机制，对财政构成了极大的支出压力"[①]。

5. 道德风险

融资平台的设立目的是发挥为地方政府融资的功能，并一直扮

---

① 唐云锋：《地方治理创新视角下的地方政府债务危机防范研究》，中国言实出版社 2014 年版，第 105 页。

演着地方政府融资主体的角色。尤其是很多融资平台和地方政府财政部门是"两块牌子，一套班子"，地方财政部门的领导同时也是融资平台的主要负责人。因此，在这种政企不分的运作框架下，融资平台、地方政府、债权人，均认为地方政府会为融资平台债务兜底，如果融资平台无法偿还债务，则由地方政府偿还。尤其在缺乏财政纪律的情况下，下级政府认为上级政府会为其债务兜底，地方政府认为中央政府会为其债务兜底。

兜底本质上就是将自身风险转嫁他人。根深蒂固的兜底思维模式和长期债务处理的兜底模式使地方政府及债权人缺乏主动、积极的风险防控意识，增加了地方政府和债权人的风险偏好。因此，融资平台在融资过程中，就其债权人而言，金融机构往往忽略融资平台本身的债务偿还能力，而主要考虑地方政府是否为其提供隐性担保。金融机构在投资决策中风险防控意识减弱，过度的风险偏好必然会造成违约率提高，不良资产率上升。就融资平台而言，在项目投融资决策中，缺乏严格、科学的论证，盲目投资，造成资金效率低下，致使其偿债困难。地方政府认为中央政府会为其债务兜底，所以展开融资竞争。而忽视地方经济发展对债务规模的承受力以及地方财政收入对到期债务的偿还能力，而无限度地扩大债务融资规模。在2014年底，中央对地方政府债务进行清理甄别时，要求地方政府上报应纳入预算管理的债务，地方政府就应该上报的债务规模反复进行博弈，不断斟酌上报方案，一方面顾忌由于上报规模太大会致使其承担政治责任，另一方面又担心上报规模太小，导致被中央认可的表内债务太少，中央给予的财政支持减少。这种行为就是长期以来兜底思维引发道德风险的集中表现。

三 地方政府融资平台债务风险防控法律机制的理论基础与制度框架

融资平台债务风险是其在整个举债融资过程中危险的不确定性。在举债融资过程中一些事件和行为有可能会导致损害的发生。因此，建立系统完备的融资平台债务风险防控法律机制，可以在法治框架内，规范债务举借、使用、偿还行为，预防债务风险的发生，减少债务危机发生后造成的实际损失和潜在影响，同时实现地方政府债务的可持续发展，保障地方财政预算平衡。

（一）理论基础

对债务风险防控机制的研究源于风险管理理论中的全面风险管理理论被广泛运用于企业部门及政府部门。依据全面风险管理理论，对融资平台债务风险的全面风险管理，是通过建立系统的融资平台债务风险管理体系，对融资平台举债融资全部过程中可能出现的危险进行管理，从而实现融资平台债务管理目标。

债务风险防控是指风险的预防和控制，是债务风险管理的重要方法。风险防控措施主要包括风险避免、损失控制和损失转移。风险避免是指"当损失发生的可能性很大或者损失程度可能很严重时，主动采取放弃原先承担的风险或完全拒绝承担风险的行动方案"，以预防风险的发生。例如，融资平台为地方政府融资的行为形成大量的地方政府债务和或有债务，极易引发金融风险和财政风险，对此新《预算法》明确禁止了融资平台为地方政府举债融资。损失控制是指"有意识地采取行动，防止或减少灾害事故的发生及其造成损失的发生频率或减少损失的幅度来应对风险"。例如，被认定为政府债务的融资平台债务由于集中到期而存在流动性风险，地方政府通过债务置换的方式将到期债务进行债务重组，降低债务成本，延长债务期限。风险转移指将风险造成的损失转移给他人。例如，美国的市政债务保险制度。当投保的市政债券出现违约时，由市政债券保险承担债券偿还责任。又如我国将一部分融资平台债务认定为地方政府债务，其本质就是通过债务杠杆转移，将融资平台债务风险交由地方政府承接。

融资平台债务风险防控法律机制的逻辑机理是以法律规范为前提，在法律制度的框架内，在融资平台债务风险评估的基础上，对融资平台债务的举借—使用—偿还，从事前—事中—事后进行风险管理，一旦监测到风险可能发生，则及时风险预警，从而预防和控制债务风险。

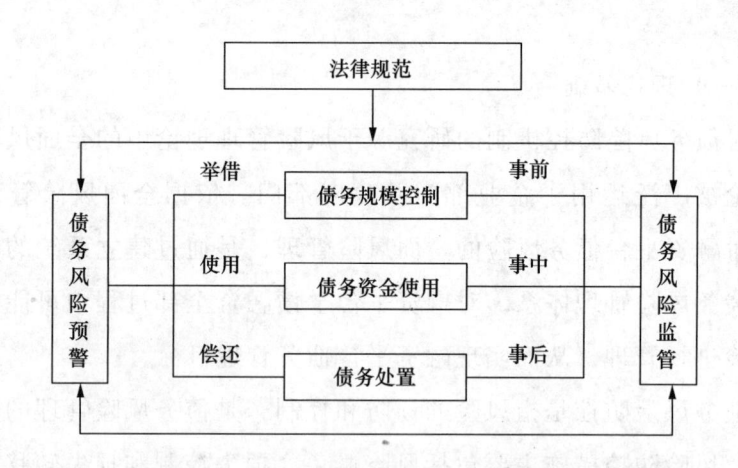

图 1—1　地方政府融资平台债务风险防控法律机制的逻辑机理

（二）制度框架

根据风险管理理论和债务风险防控机制的逻辑机理，融资平台债务风险防控法律机制框架中应该包括债务规模控制机制、资金运行管理机制、债务处置机制、债务风险预警机制及债务监管机制。其中债务规模控制、资金运行管理和债务处置是按照时间序列从债务的举借、使用和偿还角度防控。风险预警是在债务风险发生之前从整体上对债务风险进行防控。风险监管是对事前、事中、事后可能引发的所有风险防控。

第一，融资平台债务规模控制法律机制。控制债务规模是从源头上，事前防控债务风险的发生。结合地方经济发展情况、财政收支情况，通过绝对量指标或相对量指标限制融资平台债务规模，防止融资平台债务规模过大，超过经济和财政承受力而引发债务风险。

第二，融资平台债务资金运行管理法律机制。债务资金运行管理是对融资平台债务资金使用情况进行管理，规范融资平台在项目运作过程中的融资行为，避免债务资金用于除公益性项目以外的其他用途。债务资金运行管理，可以保障资金用途，提高资金使用效率，防止资金不当使用或效率低下而引发债务风险。

第三，融资平台债务处置法律机制。合理的债务处置机制和债务处置方案对于防控债务违约而引发的信用风险至关重要。建立债务处置机制可以通过债务重组等方式，化解债务风险，防止债务风险升级和扩大。

第四，融资平台债务风险预警法律机制。通过建立风险预警体系，在对融资平台的债务进行风险识别、风险评估、风险判断的基础上进行风险处置。如果发生风险事件，可根据风险事件评级，做出相应的应急处置措施。

第五，融资平台债务风险监管法律机制。从事前、事中、事后对融资平台举债融资行为进行全方位监督和管理。防止监管职能缺位或不到位，致使融资平台违法违规举债或盲目举债而引发债务风险。

四 我国关于地方政府融资平台债务风险防控的规范性基础

针对融资平台数量和债务规模激增，以及融资平台存在的违法违规行为，2010年以来，国务院、财政部、人民银行、发改委、银监会等中央监管部门陆续发布了多项政策法规（详见表1—2），积极采取有效措施完善相关制度，规范融资平台融资行为，防控融资平台债务风险。国发〔2014〕43号文出台，规定政府债务不得通过融资平台举借，严格落实谁借谁还，风险自担的原则。2015年新《预算法》实施，但该法只有第三十五条对地方政府债务进行了规定，只对地方政府举债融资主体、融资方式、支出投向等内容进行了原则性规定，并没有细则性的规定。同时新《预算法》通过禁止性规定剥夺了融资平台的政府融资职能，并且明令禁止地方政府为融资平台提供担保。在这些政策法规中，大多数的法律规范表现为规范性法律文件。这些规范性法律文件立法层级较低，各部委的规定之间存在冲突，同时规制内容比较分散，缺少关于地方政府性债务管理的系统性法律规定，因此应该提高立法层级，协调立法冲突，统一法律规定，由全国人大制定《地方政府性债务管理法》。

除中央发布的政策法规外，许多省、自治区、直辖市和计划单列市根据新《预算法》和国发〔2014〕43号文，就地方政府性债务管理也制定了地方性政策法规（详见表1—2），以加强债务管理，提高债务资金使用效率，防控债务风险。这些地方性政策法规大多是由地方政府及其职能部门制定的地方性规章。首先，地方政府是立法者，作为政府举债融资行为的规制主体，通过制定法律规范规制政府举债融资行为，同时地方政府又是规制对象，显然两个身份是相互矛盾的。其次，地方政府债务被纳入公共预算，需要税收收入用于偿还债务本金，同时债务资金被用于为本地区提供公共产品和公共服务，直接影响本地区公民的财产权和社会福祉，因此应该提高立法层级，由地方人大制定有关本地区政府性债务管理的地方性法规。

已制定的融资平台债务管理规定，对融资平台设立、债务规模、举债融资行为、债务处置、风险预警、风险监管进行了概括性的规定。虽然目前有一些具体的风险防控措施，但由于欠缺具体实施方案和步骤而没有形成系统完备的风险防控法律机制。

表1—2　　　国务院及其各部委关于融资平台的相关政策法规

发布时间和发布主体	文件名称	相关规定
2010年6月10日 国务院	《国务院关于加强地方政府融资平台公司管理有关问题的通知》（国发〔2010〕19号）	➢ 地方各级政府要对融资平台公司债务进行一次全面清理，并按照分类管理、区别对待原则，妥善处理债务偿还和在建项目后续融资问题。 ➢ 今后地方政府确需设立融资平台公司的，必须严格依照有关法律法规办理，足额注入资本金，学校、医院、公园等公益性资产不得作为资本注入融资平台公司。 ➢ 经清理整合后保留的融资平台公司，其融资行为必须规范，向银行业金融机构申请贷款须落实到项目，以项目法人公司作为承贷主体，并符合有关贷款条件的规定。 ➢ 地方政府在出资范围内对融资平台公司承担有限责任，实现融资平台公司债务风险内部化。
2010年7月30日 财政部、发展改革委、人民银行、银监会	《关于加强地方政府融资平台公司管理有关问题相关事项的通知》（财预〔2010〕412号）	➢ 纳入此次清理核实范围的融资平台公司是指截至2010年6月30日，由地方政府及其部门和机构、所属事业单位等通过财政拨款或注入土地、股权等资产设立，具有政府公益性项目投融资功能，并拥有独立企业法人资格的经济实体，包括各类综合性投资公司以及行业性投资公司。 ➢ 《通知》中"在建项目"是指截至2010年6月30日，经相关投资主管部门依照有关规定完成审批、核准或备案手续，并已开工建设的项目。 ➢ 加强对融资平台公司的融资管理和银行业金融机构等的信贷管理。 ➢ 坚决制止地方政府违规担保承诺行为，列举出《通知》中"直接、间接形式为融资平台公司提供担保"的形式。

续表

发布时间和发布主体	文件名称	相关规定
2010年8月2日 银监会办公厅	《中国银监会办公厅关于地方政府融资平台贷款清查工作的通知》（银监办发〔2010〕244号）	➢ 地方政府融资平台贷款清查工作的目标任务是进一步核清平台贷款的详细数据，逐户建立台账，进而对不同类别的平台贷款进行定性甄别、分类处置，以有效缓释和化解平台贷款风险。 ➢ 工作步骤分六步走：分解数据、四方对账、分析定性、汇总报表、统一会谈、现场检查。2010年8月底之前，各机构和各银监局按照"全覆盖、部分覆盖、基本覆盖、无覆盖"的标准对平台贷款划分风险类别。 ➢ 职责分工：具体划分为银监会监管部门的职责、各机构总部的职责、各银监会派出机构的职责、银行业协会的职责、分支机构的职责。
2010年10月11日 银监会办公厅	《中国银监会办公厅关于做好下一阶段地方政府融资平台贷款清查工作的通知》（银监办发〔2010〕309号）	➢ 各银监局对整改为公司类贷款、保全分离为公司类贷款、清理回收、仍按平台贷款处理四类贷款，进行分类监管。 ➢ 各银监局要按照国发〔2010〕19号文的要求，协助地方政府做好不再承担融资任务的平台转轨改制工作，督促辖内各银行逐户明确相关地方政府的偿债责任，落实还款措施，确保存量贷款得到妥善处理。 ➢ 对于现金流全覆盖、并拟整体划转为一般公司类贷款管理的第一类贷款，在会谈中需从三个方面进行明确：一是明确平台名单，二是明确风险自担，三是明确问责机制。 ➢ 对于仍纳入平台贷款管理的第四类贷款，在会谈中需明确落实有关债务人偿债责任，按照贷款协议约定足额偿还债务本息，避免出现单方面改变原有债权债务关系、转嫁偿债责任和逃废债务等问题。

续表

发布时间和发布主体	文件名称	相关规定
2010年10月28日 财政部	《地方政府融资平台公司公益性项目债务核算暂行办法》（财会〔2010〕22号）	➤本办法所指的公益性项目，是指为社会公共利益服务、不以营利为目的的投资项目，如市政建设、公共交通等基础设施项目，以及公共卫生、基础科研、义务教育、保障性安居工程等基本建设项目。 ➤已收款项科目核算融资平台公司收到的、用于偿还公益性项目债务的财政性资金和非财政性资金。 ➤应收款项核算融资平台公司经核实认定应当收取的、用于偿还公益性项目债务的财政性资金和非财政性资金。 ➤银行借款核算融资平台公司向银行、非银行金融机构等借入的，经核实认定用于公益性项目的各种借款。 ➤应付债券核算融资平台公司发行的、经核实认定用于公益性项目的债券本金。 ➤应付利息核算融资平台公司公益性项目债务计提的应付利息。 ➤应付款项核算融资平台公司公益性项目债务中除银行借款、应付债券、应付利息以外的其他各种应付款项，如担保损失支出等。
2010年11月20日 国家发展改革委办公厅	《关于进一步规范地方政府投融资平台公司发行债券行为有关问题的通知》（发改办财金〔2010〕2881号）	➤凡是申请发行企业债券的投融资平台公司，其偿债资金来源70%以上（含70%）必须来自公司自身收益，且公司资产构成等必须符合国发〔2010〕19号文件的要求。经营收入主要来自承担政府公益性或准公益性项目建设，且占企业收入比重超过30%的投融资平台公司发行企业债券，除满足现行法律法规规定的企业债券发行条件外，还必须向债券发行核准机构提供本级政府债务余额和综合财力的完整信息，作为核准投融资平台公司发行企业债券的参考。 ➤投融资平台公司发行企业债券所募资金，应主要用于对经济社会发展和改善人民群众生活具有重要作用的基础设施和市政公用事业领域。 ➤信用评级机构在对投融资平台公司进行信用评级时，应参考公司所在地政府债务余额和综合财力等指标进行综合评价，并给出合理的评级结果。

续表

发布时间和发布主体	文件名称	相关规定
2010年12月16日 银监会	《中国银监会关于加强融资平台贷款风险管理的指导意见》（银监发〔2010〕110号）	➢ 金融机构应审慎评估各类担保或抵质押品的合法性、有效性和充分性，以及抵质押品价值和变现比率，跟踪监测抵质押品价值变动，合理估计抵质押品折现价值，及时要求借款主体补充足值的抵质押品。担保主体的责任不随融资平台贷款形态的变化而改变。 ➢ 准确进行融资平台贷款风险分类，真实反映和评价贷款风险状况。 ➢ 金融机构应统筹考虑地方政府债务负担和融资平台贷款本身潜在风险和预期损失，合理计提贷款损失准备，确保贷款损失准备能够覆盖融资平台贷款的潜在损失。 ➢ 金融机构应根据《中国银监会办公厅关于地方政府融资平台贷款清查工作的通知》（银监办发〔2010〕244号）所要求的按现金流覆盖比例划分的全覆盖、基本覆盖、半覆盖和无覆盖平台贷款计算资本充足率贷款风险权重。 ➢ 银行监管机构应建立健全融资平台贷款专项统计制度，定期评估金融机构融资平台贷款发放和管理情况。
2011年3月31日 银监会	《中国银监会关于切实做好2011年地方政府融资平台贷款风险监管工作的通知》（银监发〔2011〕34号）	➢ 各银行应在"名单制"管理基础上，将平台贷款审批权限统一上收至总行。 ➢ 严格信贷准入条件，应最大限度增加抵押担保等风险缓释措施，并签订合法有效的还贷差额补足协议。 ➢ 对于2010年6月30日前已签订合同但目前未完成全部放款过程的，必须同时满足以下三个条件才能继续放款：一是符合国家宏观调控政策、发展规划、行业规划、产业政策、行业准入标准、土地利用总体规划以及信贷审慎管理规定等要求；二是财务状况健全，资产负债率不高于80%；三是抵押担保合法合规足值。

续表

发布时间和发布主体	文件名称	相关规定
		➢严格退出条件：一是符合"全覆盖"原则，即各债权银行对借款人的风险定性均为全覆盖；二是符合"定性一致"原则，即各债权银行均同意整改为一般公司类贷款；三是符合"三方签字"原则，即各债权银行均已就平台风险定性和整改措施与融资平台及地方政府相关部门达成一致，并通过三方签字（地方政府相关部门、融资平台及各债权银行）进行确认。 ➢依法加大平台贷款风险问责处罚力度。
2011年6月17日 银监会办公厅	《中国银监会办公厅关于进一步加强地方政府融资平台数据报送的通知》（银监办发〔2011〕190号）	➢就平台报表的填报范围、退出类平台的确定、平台数据报送流程、明确各方职责分工、报表模板修改及填报等有关事项做出具体说明。 ➢在全口径填报平台贷款台账调查表的基础上，凡确定退出平台按照一般公司类贷款管理的，银监局要逐户加注"调出平台时间"，并规范填报平台基本情况各项指标。 ➢各银监局要根据银监发〔2011〕34号文件规定，制定辖内平台退出或平台现金流四类定性的具体管理办法和操作规程，组织辖内银行业金融机构逐户审验，共同协商，规范退出。
2011年6月17日 银监会办公厅	《关于印发地方政府融资平台贷款监管有关问题的说明通知》（银监办发〔2011〕191号）	➢各银行对平台贷款要按照"保在建、压重建、禁新建"的总体思路，将有限的信贷资源着重用于生产经营性的项目建成完工和投产上，严格按照政策要求管控新增平台贷款，以实现全年"降旧控新"的总体目标。 ➢对于公路行业贷款，银行在符合条件的收费公路项目上可以新增贷款，但不得新增非收费公路项目贷款。 ➢各银行应根据项目预期现金流情况和实际建设期、达产期及运营期，合理确定平台贷款的期限结构。

续表

发布时间和发布主体	文件名称	相关规定
		➢各银行应根据借款人现金流特点合理确定贷款还款方式。对于整借整还的存量平台贷款，应根据平台自由现金流和地方政府财力情况，与地方政府和平台客户协商贷款合同修订和补充完善工作，整改为每半年一次分期偿还、利随本清，化解集中还款风险。
2012年3月24日 银监会	《中国银监会关于加强2012年地方政府融资平台贷款风险监管的指导意见》（银监发〔2012〕12号）	➢各银行、各银监局要建立融资平台贷款今年到期情况的台账统计制度；各银行要在全面调查统计的基础上，与各融资平台共同制定详细的还款方案；各银行、各银监局要根据专项统计结果和银企共同制定的还款方案，密切跟踪融资平台运营状况和到期贷款的还款进度。 ➢对于融资平台的存量贷款，应按照"分类管理、区别对待、逐步化解"的原则，按照不同情形分别处理。 ➢今年各银行在年度信贷计划安排上不得新增融资平台贷款规模；各地区的融资平台贷款余额不得超过当地政府可承受债务规模上限；各银行不得对信贷分类中列为压缩类的融资平台新发放贷款。
2012年10月24日 财政部、发展改革委、人民银行、银监会	《财政部、发展改革委、人民银行、银监会关于制止地方政府违法违规融资行为的通知》（财预〔2012〕463号）	➢地方政府对融资平台公司注资必须合法合规，不得将政府办公楼、学校、医院、公园等公益性资产作为资本注入融资平台公司。 ➢地方各级政府必须严格按照有关规定规范土地储备机构管理和土地融资行为，不得授权融资平台公司承担土地储备职能和进行土地储备融资，不得将土地储备贷款用于城市建设以及其他与土地储备业务无关的项目。 ➢地方各级政府及所属机关事业单位、社会团体，要继续严格按照《担保法》等有关法律法规规定，不得出具担保函、承诺函、安慰函等直接或变相担保协议，不得以机关事业单位及社会团体的国有资产为其他单位或企业融资进行抵押或质押，不得为其他单位或企业融资承诺承担偿债责任，不得为其他单位或企业的回购（BT）协议提供担保，不得从事其他违法违规担保承诺行为。

续表

发布时间和发布主体	文件名称	相关规定
2014年6月6日 财政部	《关于2014年地方政府债券自发自还试点信用评级工作的指导意见》（财库〔2014〕69号）	➢ 地方债信息披露涉及地方政府的相关业务由试点地区财政部门负责办理。地方债信息披露应符合政府信息公开和债券市场监管有关规定。 ➢ 债券发行前信息披露包括债券基本信息，本地区经济运行、财政收支、债务等情况，信用评级情况。 ➢ 债券发行日信息披露。试点地区财政部门应不迟于发行日日终，通过指定网站公告当期地方债的实际发行规模、利率等信息。 ➢ 债券存续期信息披露包括按年度披露财政预决算，按季度披露经济运行等情况，按月度披露财政收支执行等情况；按年度披露地方政府性债务情况；不迟于信用评级机构出具跟踪评级结果后5个工作日，公布跟踪评级报告。
2014年9月21日 国务院	《国务院关于加强地方政府性债务管理的意见》（国发〔2014〕43号）	➢ 推广使用政府与社会资本合作模式。鼓励社会资本通过特许经营等方式，参与城市基础设施等有一定收益的公益性事业投资和运营。 ➢ 加强政府或有债务监管。剥离融资平台公司政府融资职能，融资平台公司不得新增政府债务。 ➢ 地方政府债务规模实行限额管理，地方政府举债不得突破批准的限额。
2014年10月23日 财政部	《关于印发地方政府存量债务纳入预算管理清理甄别办法的通知》（财预〔2014〕351号）	➢ 清理存量债务，甄别政府债务，将清理甄别后的政府存量债务分类纳入预算管理。 ➢ 清理工作要严格按照《意见》精神，明确政府和企业的责任，企业债务不得推给政府偿还，切实做到谁借谁还、风险自担。清理后需将地方政府负有担保责任或可能承担一定救助责任的债务划转地方政府负有偿还责任的债务的，按照"权责利相一致"的原则，相应的资产、收入或权利等也应一并划转。

续表

发布时间和发布主体	文件名称	相关规定
2015年3月12日 财政部	《地方政府一般债券发行管理暂行办法》（财库〔2015〕104号）	➤一般债券采用记账式固定利率附息形式。 ➤一般债券期限为1年、3年、5年、7年和10年，由各地根据资金需求和债券市场状况等因素合理确定，但单一期限债券的发行规模不得超过一般债券当年发行规模的30%。 ➤一般债券由各地按照市场化原则自发自还，遵循公开、公平、公正的原则，发行和偿还主体为地方政府。
2015年3月18日 财政部	《2015年地方政府专项债券预算管理办法》（财预〔2015〕32号）	➤2015年地方政府专项债券的范围/限额和发行主体均是按照新《预算法》和国发〔2014〕43号文的相关规定制定。 ➤明确了地方政府专项债券的预算制定直接主体为省级财政部门，市县级财政部门只能在省级财政部门下达的新增专项债券规模内，编制预算调整方案。 ➤通过专门设置科目来核算专项债券的收支。 ➤明确地方政府专项债券全部纳入政府性基金预算管理，可在银行间或交易所市场发行，明确提出债券兑付主体为省级财政部门。
2015年3月19日 财政部	《关于做好2015年地方政府一般债券发行工作的通知》（财库〔2015〕68号）	➤一般债券由地方政府在限额内按照市场化原则自发自还。 ➤一般债券实行限额管理。省、自治区、直辖市政府发行的一般债券总规模不得超过当年本地区一般债券限额。2015年一般债券限额包括为2015年1月1日起新增一般债务发行的新增一般债券规模、为置换截至2014年12月31日存量一般债务发行的置换一般债券规模。 ➤各地只需进行涵盖各期限一般债券（1年、3年、5年、7年和10年期）的综合性评级。首次评级进行一次，此后跟踪评级每年开展一次。 ➤地方财政部门可选择通过财政部国债发行招投标系统、财政部证券交易所国债发行招投标系统（以下统称发行系统）等发行一般债券。

续表

发布时间和发布主体	文件名称	相关规定
2015年4月2日 财政部	《地方政府专项债券发行管理暂行办法》（财库〔2015〕83号）	➢ 地方政府专项债券（简称专项债券）是指省、自治区、直辖市政府（含经省级政府批准自办债券发行的计划单列市政府）为有一定收益的公益性项目发行的、约定一定期限内以公益性项目对应的政府性基金或专项收入还本付息的政府债券。 ➢ 专项债券采用记账式固定利率附息形式，期限为1年、2年、3年、5年、7年和10年，由各地综合考虑项目建设、运营、回收周期和债券市场状况等合理确定，但7年和10年期债券的合计发行规模不得超过专项债券全年发行规模的50%。 ➢ 专项债券发行利率采用承销、招标等方式确定。采用承销或招标方式的，发行利率在承销或招标日前1至5个工作日相同待偿期记账式国债的平均收益率之上确定。
2015年4月8日 财政部	《关于做好2015年地方政府专项债券发行工作的通知》（财库〔2015〕85号）	➢ 专项债券由地方政府在限额内按市场化原则自发自还。 ➢ 遵循公开、公平、公正的原则组建承销团。 ➢ 省、自治区、直辖市政府发行的专项债券总规模不得超过当年本地区专项债券限额。 ➢ 专项债券主要通过承销团面向全国银行间债券市场、证券交易所债券市场发行。地方财政部门应当按照《中华人民共和国合同法》等有关规定，与承销团成员在平等自愿基础上签订本地区专项债券承销协议。 ➢ 专项债券只需进行债项信用评级。信用评级机构对专项债券进行信用评级时，应当充分结合专项债券对应的政府性基金或专项收入、项目等情况，客观公正出具评级意见。 ➢ 根据专项债券对应的政府性基金或专项收入情况、项目情况、资金需求、债券市场状况等因素合理确定专项债券发行安排。

续表

发布时间和发布主体	文件名称	相关规定
2015年4月10日 财政部	关于印发《2015年地方政府一般债券预算管理办法》的通知（财预〔2015〕47号）	➢ 使用新增一般债券资金的省级或市县级政府，在编制一般公共预算调整方案时，应将新增一般债券规模在收入合计线下"支出大于收入的差额"反映。 ➢ 对《2015年政府收支分类科目》相关内容进行修改，增设或调整有关一般公共预算收支分类科目，完整反映地方政府一般债券的收入、安排支出、还本付息、发行费用、转贷等情况。
2015年5月11日 国务院办公厅	《国务院办公厅转发财政部人民银行银监会〈关于妥善解决地方政府融资平台公司在建项目后续融资问题的意见〉的通知》（国办发〔2015〕40号）	➢ 地方各级政府和银行业金融机构要按照总量控制、区别对待的原则，支持融资平台公司在建项目的存量融资需求，确保在建项目有序推进。 ➢ 地方各级政府要密切关注融资平台公司在建项目中应由财政支持的增量融资需求，在依法合规、规范管理的前提下，统筹财政资金和社会资本等各类资金，保障在建项目续建和收尾。 ➢ 银行业金融机构要兼顾促发展和防风险，严格规范信贷管理，切实加强风险识别和风险控制。
2015年12月21日 财政部	《对关于地方政府债务实行限额管理的实施意见》（财预〔2015〕225号）	➢ 年度地方政府债务限额等于上年地方政府债务限额加上当年新增债务限额（或减去当年调减债务限额），具体分为一般债务限额和专项债务限额。 ➢ 地方政府要将其所有政府债务纳入限额，并分类纳入预算管理。 ➢ 取消融资平台公司的政府融资职能，推动有经营收益和现金流的融资平台公司市场化转型改制，通过政府和社会资本合作（PPP）、政府购买服务等措施予以支持。

续表

发布时间和发布主体	文件名称	相关规定
2016年1月25日 财政部	《关于做好2016年地方政府债券发行工作的通知》（财库〔2016〕22号）	➢地方政府发行新增债券的规模不得超过财政部下达的当年本地区新增债券限额。 ➢对于地方政府存量债务中的银行贷款部分，地方财政部门应当与银行贷款对应债权人协商后，采用定向承销方式发行置换债券予以置换；对于地方政府存量债务中向信托、证券、保险等其他机构融资形成的债务，经各方协商一致，地方财政部门也应积极采用定向承销方式发行置换债券予以置换。
2016年10月27日 国务院办公厅	《国务院办公厅关于印发地方政府性债务风险应急处置案的通知》（国办函〔2016〕88号）	➢《预案》适用范围分为两大类四小类，分别是：（1）纳入限额管理的地方政府债务，包括地方政府债券以及尚未置换为政府债券的存量政府债务；（2）清理甄别认定的存量或有债务，包括政府负有担保责任的债务和可能承担一定救助责任的债务。 ➢按照风险事件性质、影响范围和危害程度等，将政府性债务风险事件划分为Ⅳ级（一般）、Ⅲ级（较大）、Ⅱ级（重大）、Ⅰ级（特大）四个等级。不同等级的风险事件，都制定了不同的量化指标相对应，便于风险的有效识别。政府性债务风险事件监测主体为省级、设区的市级、县级政府。 ➢根据依法处置的原则，《预案》严格依据相关法律的规定，区分不同债务类型：地方政府债券，地方政府依法承担全部偿还责任；非政府债券形式的存量政府债务，根据债权人是否同意在规定期限内置换为政府债券，分两种情况处理；存量或有债务，明确规定，此类债务不属于政府债务，地方政府及其部门不承担偿债责任；新发生的违法违规担保债务，2014年修订的《中华人民共和国预算法》施行以后，地方政府违法违规提供担保承诺的债务，参照存量或有担保债务依法处理。

续表

发布时间和发布主体	文件名称	相关规定
2016年11月3日 财政部	关于印发《地方政府性债务风险分类处置指南》的通知（财预〔2016〕152号）	➢ 地方政府债券，地方政府应当统筹安排预算资金妥善偿还到期地方政府债券。其中，一般债券主要以一般公共预算收入偿还，专项债券以对应的政府性基金或专项收入偿还。 ➢ 银行贷款，对清理甄别认定为政府负有偿还责任债务的银行贷款，经地方政府、债权人、债务人协商一致，可以按照《合同法》第八十四条等有关规定分类处置。 ➢ 建设—移交（BT）类债务，凡债权人同意按照国家有关存量地方政府债务依法转化为政府债券的要求，在规定期限内将相关债务置换为政府债券的，地方政府不得拒绝相关偿还义务转移。相关偿还义务转移给地方政府的，债务人应将政府前期注入支持债务人举债的补贴收入、资产或资产变现收入等返还给地方政府。 ➢ 企业债券类债务，经地方政府同意，债务人可以通过召开债权人会议等方式，向债权人发出在规定期限内将企业债券类债务置换为地方政府债券、相应转移相关偿还义务的要约公告。 ➢ 信托类债券，按照《担保法》、《担保法》司法解释有关规定，政府对信托类债务的担保无效。政府对信托的担保过错依法承担民事赔偿责任，但最多不应超过债务人不能清偿部分的二分之一。政府担保额小于债务人不能清偿部分二分之一的，以担保额为限。 ➢ 个人借款类债务，地方政府或其部门举借个人借款类债务的，由地方政府依法承担偿债责任。

资料来源：根据国务院及其各部委关于融资平台的相关政策法规整理。

表 1—3　　　各省份关于融资平台的地方政策法规

省份	发布主体	文件名称
安徽	安徽省人民政府	《安徽省人民政府关于加强地方政府性债务管理的实施意见》
福建	福建省人民政府	《福建省人民政府关于加强政府性债务管理的实施意见》
	福建省财政厅	《福建省财政厅关于对地方政府债务实行限额管理的实施意见》
甘肃	甘肃省人民政府	《关于妥善解决地方政府融资平台公司在建项目后续融资问题的通知》
	甘肃省人民政府	《甘肃省人民政府关于加强政府性债务管理的实施意见》
广西	广西壮族自治区人民政府办公厅	《关于开展地方政府存量债务清理甄别工作的通知》
	广西壮族自治区人民政府	《广西壮族自治区人民政府关于进一步加强政府性债务管理的意见》
河北	河北省人民政府	《河北省人民政府关于加强政府性债务管理工作的意见》
	河北省财政厅	《河北省财政厅关于进一步加强政府性债务管理的通知》
黑龙江	黑龙江财政厅	《2015 年黑龙江政府一般债券发行管理办法》
	黑龙江财政厅	《2015 年黑龙江政府专项债券发行管理办法》
吉林	吉林省人民政府	《吉林省政府债务管理办法（试行）》
	吉林省人民政府	《吉林省人民政府关于进一步加强政府性债务管理的实施意见》
	吉林省财政厅	《吉林省地方政府性债务规模管理和风险预警指标监测管理办法》
	吉林省财政厅	《吉林省地方政府性债务收支计划编制办法》
	吉林省财政厅	《吉林省地方政府性债务举借核准管理办法》
	吉林省财政厅	《吉林省地方政府性债务偿债准备金管理办法》
	吉林省财政厅	《吉林省地方政府融资平台公司财务管理办法》
	吉林省人民政府	《吉林省政府债务管理办法（试行）》
江西	江西省人民政府办公厅	《江西省政府性债务管理暂行办法的通知》
	江西省财政厅	《关于对地方政府债务实行限额管理的实施意见》
宁夏	宁夏回族自治区人民政府	《宁夏回族自治区政府性债务管理办法》
青海	青海省财政厅	《青海省地方政府债务实行限额管理办法》
	青海省政府办公厅	《青海省人民政府关于深化政府性债务管理改革的意见》
	青海省政府办公厅	《青海省地方政府债务风险评估和预警暂行办法》

续表

省份	发布主体	文件名称
山东	山东省政府办公厅	《山东省人民政府关于贯彻国发〔2014〕43号文件加强政府性债务管理的实施意见》
四川	四川省人民政府	《四川省人民政府关于印发四川省政府性债务管理办法的通知》
	四川省人民政府	《四川省政府债务风险评估和预警暂行办法》
	四川省人民政府	《四川省政府债务风险化解规划》
	四川省人民政府	《四川省政府债务风险应急处置预案》
	四川省人民政府	《四川省政府债务预算管理暂行办法》
	四川省人民政府	《四川省政府性债务管理办法》
新疆	新疆维吾尔自治区人民政府	《新疆维吾尔自治区人民政府关于加强自治区地方政府性债务管理的意见》
云南	云南省人民政府	《云南省深化政府性债务管理体制改革实施方案》
	云南省人民政府	《云南省人民政府关于进一步加强财政资金管理的规定》
陕西	陕西省人民政府	《陕西省政府性债务管理办法》
河南	河南省人民政府	《河南省人民政府关于加强政府性债务管理的意见》
江苏	江苏省人民政府	《江苏省政府性债务管理暂行办法》
浙江	浙江省人民政府	《浙江省地方政府性债务管理实施暂行办法》
广东	广州省人民政府	《广东省人民政府关于加强政府性债务管理的实施意见》
贵州	贵州省人民政府	《贵州省人民政府关于加强政府性债务管理的实施意见（试行）》
辽宁	辽宁省人民政府	《辽宁省人民政府关于加强政府性债务管理的实施意见》
湖北	湖北省人民政府	《关于加强管理促进省级国有投融资平台公司规范发展的试行意见》
	湖北省人民政府	《湖北省长江经济带产业基金政府出资管理办法》
	湖北省政府金融办、省发改委、省财政厅	《湖北省债券融资奖励办法》
湖南	湖南省人民政府	《湖南省级政府性投资基金暂行管理办法》
山西	山西省人民政府	《山西省人民政府关于印发山西省价格调节基金征收使用管理办法》
	山西省人民政府	《山西省人民政府关于加强政府性债务管理的实施意见》

续表

省份	发布主体	文件名称
海南	海南省人民政府	《关于加强政府性债务管理的通知》
	海南省财政厅	《地方政府债券预算管理办法》
	海南省财政厅	《地方政府债券转贷资金管理办法》
内蒙古	内蒙古自治区人民政府	《内蒙古自治区政府性债务管理暂行办法》
	内蒙古自治区人民政府	《内蒙古自治区人民政府关于加强地方政府性债务管理的实施意见》
北京	北京市人民政府	《关于加强政府性债务管理的意见》
	北京市人民政府	《关于加强土地储备融资与资金管理的通知》
	北京市人民政府	《北京市人民政府关于加强政府性债务管理的实施意见》
天津	天津市人民政府	《天津市政府债务管理暂行办法》
	天津市人民政府	《关于进一步加强政府性债务管理的意见》
	天津市人民政府	《关于深化政府性债务管理改革的实施意见》
上海	上海市人民政府	《关于进一步加强本市地方政府债务资金管理的实施意见》
	上海市人民政府	《关于进一步加强区县政府性债务管理的通知》
	上海市人民政府	《关于进一步加强本市政府性债务管理的若干意见》
重庆	重庆市人民政府	《债券招标发行规则》
	重庆市人民政府	《债券发行兑付办法》
	重庆市人民政府	《2015年重庆市政府一般债券预算管理办法》
	重庆市人民政府	《2015年重庆市政府专项债券预算管理办法》
	重庆市人民政府	《重庆市政府债券资金管理办法》
	重庆市人民政府	《2015年重庆市政府性债务风险预警管理办法》
大连	大连市人民政府	《关于进一步加强外国政府贷款管理的通知》
	大连市人民政府	《大连市加强政府融资平台管理实施方案的通知》
宁波	宁波市人民政府	《宁波市政府性债务管理暂行办法》
青岛	青岛市人民政府	《青岛市政府性债务管理暂行办法》
厦门	厦门市财政局	《厦门市财政局关于规范国债专项资金使用管理有关问题的通知》
	厦门市人民政府	《厦门市政府性债务风险指标预警监测实施办法》
	厦门市人民政府	《厦门市政府性债务管理暂行办法》

资料来源：根据各省份关于融资平台的地方政策法规整理。

第二章

对我国地方政府融资平台债务风险的评估

在新《预算法》实施前，融资平台承担地方政府融资职能。在2014年12月31日之前，融资平台存量债务中的一部分债务被认定为政府债务。新《预算法》剥离了融资平台为地方政府融资的职能，并禁止地方政府为融资平台提供担保，2015年1月1日之后融资平台形成的债务都属于企业债务。因此以下分别从政府债务和企业债务方面对融资平台存量债务和增量债务进行风险评估。

由于融资平台设立的门槛低，其运行也缺乏有效的约束和监管，使得融资平台数量不断增长。根据2010年和2013年审计结果，截至2010年底，全国共计6576个融资平台，截至2013年6月底，融资平台数量增加至7170个。截至2016年底，融资平台数量增加至9488个（其中东部地区4289个，占45.20%；中部地区2253个，占23.74%；西部地区2946个，占31.05%，详见表2—1），比2010年底增加了2912个，平均每年增加485.5个，年均增长率为7.38%。

表2—1　2016年底全国31个省份融资平台数量及占比情况　　单位：个，%

地区	省份	融资平台数量	占比	合计	占比
东部	北京	105	1.11	4289	45.20
	天津	89	0.94		
	河北	514	5.42		
	辽宁	363	3.83		
	上海	180	1.90		
	江苏	515	5.43		
	浙江	949	10.00		
	福建	530	5.59		
	山东	374	3.94		
	广东	646	6.81		
	海南	24	0.25		
中部	山西	202	2.13	2253	23.74
	吉林	185	1.95		
	黑龙江	195	2.06		
	安徽	259	2.73		
	江西	431	4.54		
	河南	282	2.97		
	湖北	301	3.17		
	湖南	398	4.19		
西部	四川	693	7.30	2946	31.05
	重庆	266	2.80		
	贵州	409	4.31		
	云南	502	5.29		
	西藏	1	0.01		
	陕西	167	1.76		
	甘肃	153	1.61		
	青海	85	0.90		
	宁夏	64	0.67		
	新疆	161	1.70		
	广西	237	2.50		
	内蒙古	208	2.19		

续表

地区	省份	融资平台数量	占比	合计	占比
	合计	9488	100.00	100.00	100.00

资料来源：根据 Wind 数据库融资平台名单整理。

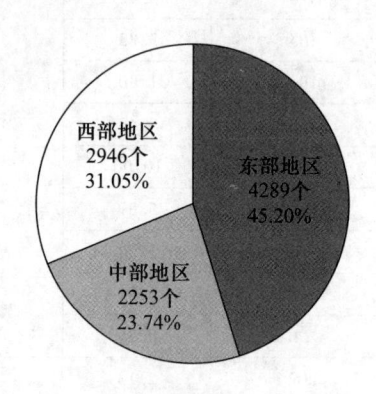

图2—1　2016年底全国融资平台在东中西部地区的分布情况

截至2010年底，全国地方政府性债务中融资平台举借的债务49710.68亿元，在全国地方政府性债务中占46.38%，其中地方政府负有偿还责任的债务31375.29亿元，占46.75%（详见表2—2）。截至2013年6月底，全国地方政府性债务中融资平台举债的债务69704.42亿元，占38.96%，其中地方政府负有偿还责任的债务40755.54亿元，占37.44%（详见表2—3）。相比于2010年底，2013年6月底融资平台债务规模增长了40.22%，其中地方政府负有偿还责任的债务规模增长了29.90%，或有债务的债务规模增长了57.86%。虽然在融资平台债务中，地方政府负有偿还责任的债务占比有所减少，但是融资平台债务规模的增速仍然较高。由于我国对或有债务一直是财政软约束，缺乏对或有债务的有效管理，助推了融资平台或有债务过快增长。

表 2—2　　　　2010 年底全国地方政府性债务举借主体情况　　　单位：亿元，%

举借主体类别	政府性债务		政府负有偿还责任的债务		政府负有担保责任的债务		其他相关债务	
	债务额	比重	债务额	比重	债务额	比重	债务额	比重
融资平台公司	49710.68	46.38	31375.29	46.75	8143.71	34.85	10191.68	61.04
地方政府部门和机构	24975.59	23.31	15817.92	23.57	9157.67	39.19	0	0
经费补助事业单位	17190.25	16.04	11234.19	16.74	1551.87	6.64	4404.19	26.38
公用事业单位	2498.28	2.33	1097.20	1.63	304.74	1.30	1096.34	6.57
其他单位	12800.11	11.94	7584.91	11.31	4211.75	18.02	1003.45	6.01
合计	107174.91	100.00	67109.51	100.00	23369.74	100.00	16695.66	100.00

资料来源：根据审计署 2010 年《全国地方政府性债务审计结果》整理及测算。

表 2—3　　　2013 年 6 月底全国地方政府性债务举借主体情况

单位：亿元，%

举借主体类别	政府性债务		政府负有偿还责任的债务		政府负有担保责任的债务		政府可能承担一定救助责任的债务	
	债务额	比重	债务额	比重	债务额	比重	债务额	比重
融资平台公司	69704.42	38.96	40755.54	37.44	8832.51	33.14	20116.37	46.36
地方政府部门和机构	40597.58	22.69	30913.38	28.39	9684.20	36.33	0	0
经费补助事业单位	23950.68	13.39	17761.87	16.32	1031.71	3.87	5157.10	11.88
国有独资或控股企业	31355.94	17.53	11562.54	10.62	5754.14	21.59	14039.26	32.35
自收自支事业单位	6025.46	3.37	3462.91	3.18	377.92	1.42	2184.63	5.04
其他单位	3994.06	2.23	3162.64	2.91	831.42	3.12	0.00	0.00
公用事业单位	3280.52	1.83	1240.29	1.14	143.87	0.53	1896.36	4.37
合计	178908.66	100.00	108859.17	100.00	26655.77	100.00	43393.72	100.00

资料来源：根据审计署 2013 年《全国地方政府性债务审计结果》整理及测算。

一　从地方政府债务角度对融资平台债务风险评估

（一）对地方政府债务规模风险评估

地方政府债务作为一种信用形式，受到该地区客观经济状况的制约。地方政府债务规模的合理性，实际上就是研究地方政府债资金数量多少或在什么范围是最合理的。探讨地方政府债务规模可以从两方面入手：第一，从债务数量供给角度。主要考量本地区经济能够承载多少数量的债务。一般经济越发达地区，对债务的承受能力越强。超过适度规模的债务，会增加债务偿还的负担，也会增大债务风险。第二，从债务数量需求角度。主要考量本地区公共支出对债务资金的实际需求。基础设施建设和公共服务建设多的地区，对债务资金的需求比较大。如果债务融资不能满足地方政府公共支出的资金需求，会导致公共产品和公共服务供给不足，影响地方经济发展和城镇化建设进程，以及人民生活水平的提高。此外，在地方财政法治不健全的情况下，债务资金不能满足地方政府事权的职责要求以及经济发展需求时，地方政府会通过其他方式变相融资，使债务脱离中央政府以及法律的监管。因此，应该从本地区经济发展状况出发，结合该地区公共支出的资金需求，确定适度的债务规模。

债务限额过高会加重政府财政负担，但是如果债务限额过低，又会降低政府进行公共基础设施建设的投资能力。对债务负担能力的评估需要和资本性投资相结合，这样可以在确保公共基础设施建设满足需求的同时体现财政约束。合理的杠杆规模表现为既可以满足地方政府在公共支出方面的资金需求，充分发挥地方政府信用的杠杆放大效用，促进该地区经济发展，又可以确保地方政府可以按期偿还债务，不会发生偿债危机。

1. 债务规模风险评价指标

地方政府债务规模的评价指标可以采用绝对量指标和相对量指标。绝对量指标是通过直接规定地方政府债务规模上限来控制债务规模，在规模上限之内则被认为是比较合理的。

相对量指标是指通过债务规模和一定经济数据之间的占比关系来衡量的。较之相对量指标，绝对量指标不能体现出债务规模和包括 GDP、财政收入、财政支出、财政赤字等经济指标之间的关系，不能反映地方政府的债务承受力，因此衡量地方政府债务规模更多的是采用相对量指标。不同的国家和地区在经济发展水平、人口数量、财政收支、基础设施建设、城镇化程度方面存在差异性，因此使用相对量标准则更为科学、更具可比性。相对量指标包括负债率、债务率、资产负债率、新增债务率、债务依存度、偿债率、利息支出率等。

从国际组织的指标使用情况来看，在对政府整体债务进行测算时，国际货币基金组织、国家清算银行、世界银行、经合组织、欧盟等国际组织通常都使用债务余额与 GDP 的比值，即负债率。[①] 负债率指标之所以被广泛采用，是因为该指标一方面可以表明其经济实力，另一方面可以表明运用信用偿还债务的可能性。

欧盟在《马斯特里赫特条约》第 104 条 C 款中规定：政府的债务占按市场价格计算的国内生产总值的比率一般不得超过 60%。《马斯特里赫特条约》明确规定了政府负债率的上限，成为欧盟委员会评价成员国政府债务规模合理性的重要依据。而国际货币基金组织、国家清算银行、世界银行、经合组织虽然也采用负债率作为指标，对债务率警戒线并没有达成共识。但都认为超过一定限度的债务会对经济增长产生负面影响，因此高负债的国家必须采取措施来解决债务问题。此外，以上国际组织在测算政府债务率时，并没有对地方政府负债率进行单独测算和规定，而是将地方政府债务纳入政府债务体系中统一测算和规定。因此，为了保障政府总体债务规模处于合理水平，地方政府需要在相应指标体系内控制债务规模。由于负债率警戒线没有统一明确规定，因此在用负债率对政府债务

[①] 2013 年《全国地方政府性债务审计结果》中除了使用负债率指标外，还使用了政府外债与 GDP 比率、债务率、逾期债务率指标。对全国政府性债务负担情况进行测算时也运用了负债率指标。但是该指标是对全国政府债务规模进行测算，包括中央政府和地方政府的政府债务，并没有对地方政府债务进行独立测算。

水平进行评判时,通过使用时间纵向比较和国家横向比较的方法。

地方政府负债率(地方政府债务余额/GDP)是衡量地方政府债务合理性的重要指标。负债率是从地方生产总值角度考察地方政府债务的偿还能力,反映了地方政府债务对地方经济发展的影响程度以及地方经济对政府债务承载能力的影响。地方经济发展程度是偿还债务的基础,经济越发达的地区,地方政府对债务的承受越强。因此,发达国家的债务承受能力高于发展中国家。在一国主权范围之内,经济发达地区的债务承受能力高于其他地区。

关于地方政府债务问题,除了负债率外,还可以从债务率角度进一步分析,讨论地方政府债务能不能还上的问题。地方政府债务率是指地方政府债务余额与地方政府综合财力之间的比率。综合财力为一般公共预算财力[①]加政府性基金预算财力[②]。地方政府综合财力是地方政府偿债的资金来源,负债率是从地方政府财政收入的角度考察地方政府债务的偿还能力。"债务率反映地方政府通过动用当期财政收入来满足偿债需求的能力,该指标是对地方政府债务总余额的控制。目前,国际上对各种地方政府债务率没有统一标准,但从各国实践来看,该指标大多在100%左右。"[③] 财政部部长楼继伟在《关于提请审议批准2015年地方政府债务限额的议案的说明》中使用了债务率指标,并指出拟将债务率不超过100%的水平作为全国地方政府债务率的警戒线。

2. 对全国地方政府债务风险评估

从绝对量上来看,就1997—2015年全国地方政府性债务余额

[①] 一般公共预算财力=一般公共预算收入+(上级补助收入-补助下级支出)+(下级上解收入-上解上级支出)+其他(上年净结余+调入预算稳定调节基金+其他调入资金+预算稳定调节基金年末余额)。

[②] 政府性基金预算财力=政府性基金收入+(上级补助收入-补助下级支出)+其他(上年结余+其他调入-调出资金)。

[③] 李萍、许宏才、李承:《地方政府债务管理:国际比较与借鉴》,中国财政经济出版社2009年版,第4页。

及其增长率情况而言,全国地方政府性债务规模快速增长,平均增长率为27.92%。1997年爆发亚洲金融危机、2008年爆发全球金融危机,为应对金融危机,中央采取了积极的财政政策和宽松的货币政策,加大政府投资,通过扩大基础设施建设刺激经济增长。要求地方政府提供配套资金,地方政府在财力不足的情况下,必须通过举债的方式筹措资金。因此在1998年和2009年,全国地方政府性债务规模激增,其增长率分别为48.2%和61.92%(详见表2—4)。

全国地方政府性债务规模一直保持着较高的增长率,远远超过了同期全国地方政府的GDP增长率、一般公共预算收入增长率和一般公共预算支出增长率(详见表2—5和表2—6)。直到国发〔2014〕43号文和新《预算法》实施,中央开始对地方政府举债融资行为"修明渠,堵暗道"。2015年,在全国地方政府性债务中,政府负有偿还责任的债务比2014年增加了0.6万亿,而地方政府或有债务从2014年的8.6万亿减少到7万多亿,全国地方政府性债务余额增长率首次出现负值。可见,国发〔2014〕43号文和新《预算法》的实施,使由于长期缺少法律规制,地方政府性债务高速增长的现象得到了有效控制。

表2—4　　　　　全国地方政府性债务余额情况

(1997—2015年)　　　　　单位：亿元,%

年份	政府性债务余额	政府性债务余额增长率
1997	2971.22	24.82
1998	4403.35	48.20
1999	5870.55	33.32
2000	7826.61	33.32
2001	10434.44	33.32
2002	13911.19	33.32
2003	17600.44	26.52
2004	22268.08	26.52

续表

年份	政府性债务余额	政府性债务余额增长率
2005	28173.57	26.52
2006	35645.20	26.52
2007	45098.31	26.52
2008	55687.40	23.48
2009	90169.03	61.92
2010	107174.91	18.86
2011	133016.61	24.11
2012	158858.32	19.43
2013	198959.00	25.24
2014	240000.00	20.63
2015	235000.00	-2.08

说明：针对债务规模这一数据2011年缺失情况，我们利用软件描绘其时间序列，发现整体走势呈现线性特征，所以我们采用线性插值法补齐数据。根据审计署公布的2013年6月底的全国地方政府性债务余额计算出2013年上半年的增长率，假定上半年和下半年增长率相同测算出2013年全年的全国地方政府性债务余额。2015年全国地方政府性债务余额中，地方政府债务为16万亿元，或有债务经课题组估算为7.5万亿元。

资料来源：根据审计署2010年《全国地方政府性债务审计结果》、审计署2013年《全国地方政府性债务审计结果》及财政部公布数据整理及测算。

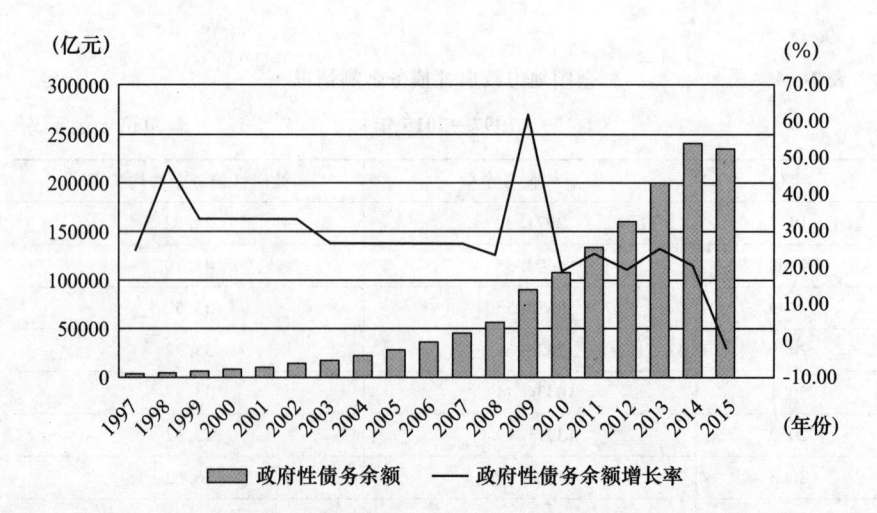

图2—2 全国地方政府性债务余额和增长率情况（1997—2015年）

表 2—5　全国地方政府 GDP、一般公共预算收入、一般公共预算支出、政府性债务余额情况

（1997—2015 年）　　　　　　　　　　　　　　　单位：亿元

年份\指标	GDP	一般公共预算收入	一般公共预算支出	政府性债务余额
1997	76490.20	4424.22	6701.06	2971.22
1998	82721.51	4983.95	7672.58	4403.35
1999	93885.97	5594.87	9035.34	5870.55
2000	105116.24	6406.06	10366.65	7826.61
2001	116866.27	7803.30	13134.56	10434.44
2002	130812.99	8515.00	15281.45	13911.19
2003	149851.38	9849.98	17229.85	17600.44
2004	179839.19	11893.37	20592.81	22268.08
2005	199228.10	15100.76	25154.31	28173.57
2006	232836.74	18303.58	30431.33	35645.20
2007	279737.86	23572.62	38339.29	45098.31
2008	333313.95	28649.79	49248.49	55687.40
2009	365303.69	32602.59	61044.14	90169.03
2010	437041.99	40613.04	73884.43	107174.91
2011	521441.11	52547.11	92733.68	133016.61
2012	576551.84	61078.29	107188.34	158858.32
2013	634345.32	69011.16	119740.34	198959.00
2014	684349.42	75876.58	129215.49	240000.00
2015	723496.73	83002.04	150219.00	235000.00

资料来源：根据《中国统计年鉴》、2010 年审计署《全国地方政府性债务审计结果》、审计署 2013 年《全国地方政府性债务审计结果》整理及测算。

表2—6 全国地方政府 GDP 增长率、财政收入增长率、财政支出增长率、政府性债务余额增长率情况

(1997—2015年) 单位：亿元,%

指标 年份	GDP 增长率	一般公共预算 收入增长率	一般公共预算 支出增长率	政府性债务 余额增长率
1997	12.66	18.08	15.81	24.82
1998	8.15	12.65	14.50	48.20
1999	13.50	12.26	17.76	33.32
2000	11.96	14.50	14.73	33.32
2001	11.18	21.81	26.70	33.32
2002	11.93	9.12	16.35	33.32
2003	14.55	15.68	12.75	26.52
2004	20.01	20.75	19.52	26.52
2005	10.78	26.97	22.15	26.52
2006	16.87	21.21	20.98	26.52
2007	20.14	28.79	25.99	26.52
2008	19.15	21.54	28.45	23.48
2009	9.60	13.80	23.95	61.92
2010	19.64	24.57	21.03	18.86
2011	19.31	29.38	25.51	24.11
2012	10.56	16.24	15.59	19.43
2013	10.02	12.99	11.71	25.24
2014	7.88	9.95	7.91	20.63
2015	5.72	9.39	16.25	2.08

资料来源：根据《中国统计年鉴》、审计署2010年《全国地方政府性债务审计结果》、审计署2013年《全国地方政府性债务审计结果》数据整理及测算。

(1) 使用负债率评估

2016年6月23日，国务院新闻办公室举行的吹风会上，财政

部预算司副司长王克冰在介绍我国地方政府债务水平时指出:"截至2015年末,纳入中央预算的国债余额是10.66万亿元,地方政府债务是16万亿元,全国政府债务26.66万亿元,占GDP的比重是39.4%。对政府或有债务的政府代偿率,按2013年审计结果20%的上限推算,负债率大概41.5%左右。这一比例低于欧盟目前定的60%的警戒线标准[①],也远低于主要市场经济国家和新兴市场国家的水平。"

地方政府债务率警戒线虽然没有国际统一标准,但是一般认为发达国家比发展中国家的债务承受力要强,因此发达国家负债率警戒线要高于发展中国家。2010年美国州和地方政府负债率为19.01%,我国地方政府负债率为19.25%,比美国高0.24个百分点。2015年美国州和地方政府负债率为16.74%,我国地方政府负债率为24.05%,比美国高7.31个百分点(详见表2—7)。从图2—3可以看出,我国的债务率呈上升趋势,而美国的债务率呈下降趋势,我国的债务率和美国的债务率之间的差值越来越大。由此可以看出,我国地方经济发展对债务的依赖性较强,地方经济发展严重依赖政府投资行为。作为发展中国家,我国地方经济对债务的承载力原本就要低于美国,我国的债务率实际上却高于美国。从和美国的比较来看,我国地方政府债务风险是要大于美国的。负债率的上升会对经济发展形成债务负担,并使经济对债务的承受力减弱,容易引发经济危机。

---

① 但也有学者认为,"《马约》标准并没有形成国际安全线的共识,对人们所关心的3%的赤字率和60%的债务率这两个关于财政可持续性的参数,Luigi L. Pasinetti教授明确指出没有人能够给出任何似乎合理的解释。在推测60%的债务率标准或许是来自当时欧洲各国的大致的平均值(其中法国和德国与之比较接近)"。罗云毅:《财政赤字率与债务率:马约标准与国家安全线》,《经济研究参考》2003年第3期。

表 2—7　　中国、美国全国地方政府负债率（2010—2015 年）

指标 时间	中国 债务余额（亿元）	中国 GDP（亿元）	中国 负债率（%）	美国 债务余额（十亿美元）	美国 GSDP（十亿美元）	美国 负债率（%）
2010	84122.59	437041.99	19.25	2844.73	14964.40	19.01
2011	96459.88	521441.11	18.50	2923.57	15517.90	18.84
2012	108797.16	576551.84	18.87	2948.34	16155.30	18.25
2013	136940.98	634345.32	21.59	2956.05	16663.20	17.74
2014	171200.00	684349.42	25.02	2975.20	17348.10	17.15
2015	174000.00	723496.73	24.05	3004.33	17947.00	16.74

说明：中国部分的债务余额是政府负有偿还责任的债务，加上按照 20% 代偿率折算后的或有债务。美国部分数据根据 http://www.usgovernmentdebt.us 公布的数据整理及测算（访问时间：2017 年 1 月 1 日）。

资料来源：中国部分数据是根据审计署 2010 年《全国地方政府性债务审计结果》、审计署 2013 年《全国地方政府性债务审计结果》及财政部公布数据整理及测算。

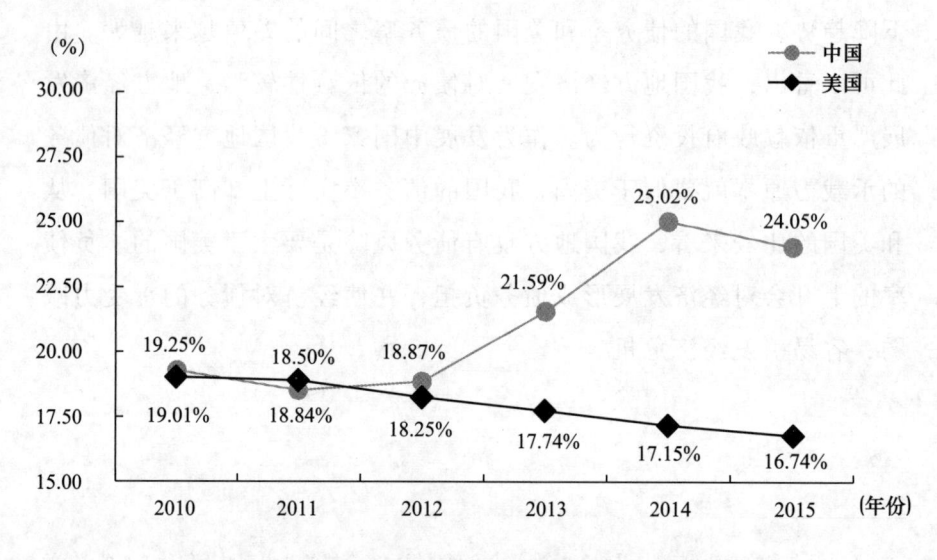

图 2—3　中国、美国全国地方政府负债率（2010—2015 年）

(2) 使用债务率评估

根据 2011 年和 2013 年审计署审计结果和财政部公布数据，2010 年、2012 年、2014 年和 2015 年全国地方政府债务率分别为 52.25%、105.66%、86%、89.2%。2015 年的债务率相比 2010 年增长了将近 37 个百分点，年均增长 9.24%。2012 年债务率超过了国际警戒线 100%，说明当年全国地方政府综合财力没有办法覆盖当年地方政府债务余额。2015 年新《预算法》实施，开始规范地方政府举债融资行为，将地方政府债务纳入预算，并实行债务限额制度，很大程度上遏制了地方政府债务的快速增长。2015 年的债务率只比 2014 年上升了 3.2 个百分点。虽然 2015 年的债务率没有超过 100%警戒线，但是地方政府综合财力中存在刚性支出和专项支出部分，实际可用于偿债的财力远比综合财力要小。尤其是当我国经济进入新常态后，一般公共预算收入增长放缓，同时土地财政萎缩，政府性基金收入锐减，导致地方政府综合财力下降。相反，地方政府债务规模却呈上升趋势。因此，债务率仍会呈现出增长态势，债务风险不容忽视。

2015 年超过全国地方政府债务率为 89.2%的地方政府有 6 个，和 2014 年相比减少了 3 个。但是一方面地方政府实际可用于偿债财力远比综合财力要小；另一方面，除负有偿还责任的债务外，每一财政年度政府还要对债务人没有履行偿还义务的政府或有债务履行代偿责任。实际上偿还的债务数额要更大一些，或有债务加重了地方政府债务负担。

3. 对各地区债务规模风险评估

从各省的政府债务情况来看，2014 年，各省政府债务规模高速增长，债务增长率远高于 GDP 增长率、一般公共预算收入增长率和政府性基金收入增长率（详见表 2—8、表 2—9 和表 2—10）。2014 年底，全国地方政府债务增长率为 23.52%，有 15 个地方政府债务增长率高于全国，占全国地方政府总数的41.67%。债务规模增长率前三的是广西95.28%，贵州89.81%，山东84.03%。其中贵州的政府债务增长率为89.81%，而当年GDP增长率为14.59%，一般公共预算收入增长率为13.28%，政府性基金收入－17.07%。2015年底，除宁夏、甘肃、安徽、黑龙江、山西、厦门、西藏外，其他地方政府债务规模比2014年底有所下降，但债务规模依然较大。

从债务余额来看，2015年底，江苏政府性债务余额18125.68亿元，其中负有偿还责任的债务10556.26亿元，或有债务7569.42亿元，以上三类债务均位列全国第一（详见表2—8）。虽然从绝对量上来看，江苏债务规模大，但是从相对量上来看，江苏省负债率仅居全国第25位，债务率居全国第18位。以江苏省和辽宁省为样本进行比较，2015年，江苏省GDP 70116.4亿元，GDP增长率为8.5%。一般财政收入8028.59亿元，增长率为11%，政府性基金收入4618.08亿元，下降14.75%。年末政府债务余额10556.26亿元，负债率15.06%，债务率为56.94%。同年辽宁省GDP 28700亿元，GDP增长率为3%。一般公共预算收入2125.6亿元，下降33.4%，政府性基金收入907.7亿元，下降42.51%。年末债务余额6655.90亿元，负债率23.16%，债务率为126.94%。从以上数据来看，辽宁省GDP仅为江苏省的2/5，一般公共预算收入和政府性基金收入这两项仅为江苏省的1/2，但其负债率是江苏的1.5倍，负债率是江苏的2倍多。虽然从债务余额来看，江苏省位居全国第一，但经济发展水平位列全国前列，经济发展势头良好。相比之下，辽宁省经济下滑明显，财政收入锐减，政府偿债压力非常大，债务风险凸显。

由于经济发展、财政收支等情况的差异性，各地区地方政府性债务规模、融资平台债务规模及债务风险程度具有明显的差异性（详见表2—11）。截至2013年6月底，在所有地方政府融资平台债务规模中,江苏省融资平台债务余额最大,为8356.96亿元,占江苏省政府性债务的56.69%。湖南省融资平台债务余额为4866.98亿,占湖南省政府性债务余额的62.90%,其债务余额位居全国第二,但其占比位居全国第一。就融资平台债务在政府负有偿还责任债务中的占比而言,重庆市位居第一,债务余额为2369.66亿,占比为66.28%。就融资平台债务在政府或有债务中的占比而言,安徽省位居第一,债务余额为1746.25亿,占比为78.66%。政府债务在融资平台债务中的占比说明地方政府融资对融资平台的依赖程度,占比越高说明依赖程度越强,需要政府运用财政资金偿还的债务规模越大,财政风险越大。或有债务在融资平台债务中的占比说明融资平台对地方政府信用的依赖程度,占比越高说明对地方政府信用依赖程度越高,地方政府对融资平台债务的代偿风险越大。

表2—8 全国31个省份和5个计划单列市政府性债务情况(2014—2015年)

单位:亿元

指标 省份	2014年			2015年		
	地方政府性债务	负有偿还责任债务	或有债务	地方政府性债务	负有偿还责任债务	或有债务
江苏	17736.96	10643.30	7093.66	18125.68	10556.26	7569.42
四川	13024.00	7485.00	5539.00	—	7470.00	—
湖南	12005.46	6267.29	5738.17	11023.43	6152.22	4871.21
浙江	11885.80	6849.80	5036.00	10376.20	6425.60	3950.60
广东	10881.60	8808.60	2073.00	—	—	—
山东	10086.80	8205.20	1881.60	—	—	—
河北	9748.18	5479.02	4269.16	9025.26	5309.16	3716.10
上海	9336.80	5812.50	3524.30	7449.00	4880.00	2569.00
云南	8819.30	6009.00	2810.30	—	6228.60	—
陕西	8711.13	4844.84	3866.29	8390.10	4681.30	3708.80
河南	8403.50	5339.80	3063.70	—	5464.90	—

续表

指标 省份	2014 年			2015 年		
	地方政府性债务			地方政府性债务		
		负有偿还 责任债务	或有债务		负有偿还 责任债务	或有债务
辽宁	8084.60	6744.40	1340.20	7864.50	6655.90	1208.60
北京	7630.22	6378.37	1251.85	—	5729.09	—
内蒙古	6909.27	5474.30	1434.97	6733.87	5455.21	1278.66
广西	6393.19	4286.79	2106.40	5859.51	4043.79	1815.72
福建	6347.37	4159.99	2187.38	6257.25	4215.82	2041.43
重庆	5909.50	3250.40	2659.10	5603.40	3379.20	2224.20
江西	5794.20	3681.20	2113.00	5665.98	3735.86	1930.12
甘肃	4379.00	1550.50	2828.50	4185.00	1588.00	2597.00
新疆	3952.70	2658.70	1294.00	3875.80	2633.40	1242.40
宁波	3469.00	1740.00	1729.00	—	—	—
海南	1697.30	1321.70	375.60	1769.00	1397.70	371.30
青岛	1623.84	1047.59	576.25	—	924.00	—
宁夏	1319.96	978.48	341.48	1393.73	1058.54	335.19
厦门	381.89	330.00	51.89	424.20	376.80	47.40
西藏	93.44	86.83	6.61	83.70	78.20	5.50
黑龙江	—	2802.00	—	4976.00	2930.00	2046.00
安徽	—	4724.70	—	—	5107.20	—
吉林	—	2696.90	—	—	2752.30	—
青海	—	1179.86	—	—	1235.45	—
贵州	—	8774.28	—	—	8754.81	—
湖北	—	4437.48	—	—	—	—
山西	—	1951.80	—	—	2025.21	—
天津	—	2498.50	—	5238.60	2380.60	2858.00
大连	—	2041.11	—	2296.21	1936.22	359.99
深圳	—	—	—	159.50	8.50	151.00

资料来源：根据各省份发债信息披露文件以及财政预决算报告整理及测算。

表 2—9　全国 31 省份和 5 个计划单列市 GDP 增长率与政府债务增长率情况（2014—2015 年）　　单位:%

指标 省份	2014 年 GDP 增长率	2014 年 政府债务增长率	2015 年 GDP 增长率	2015 年 政府债务增长率
广西	8.46	95.28	7.21	-5.67
贵州	14.59	89.81	13.34	-0.22
山东	7.60	84.03	6.02	—
宁夏	6.77	75.92	5.80	8.18
湖南	9.81	73.74	7.43	-7.24
陕西	9.16	58.26	2.72	-3.38
青海	8.44	48.99	5.04	4.71
内蒙古	5.04	47.41	1.48	-0.35
新疆	9.71	43.80	0.66	-0.95
江西	9.01	40.20	6.46	1.48
福建	10.00	39.06	8.00	1.34
安徽	8.42	31.44	5.55	8.10
河南	8.53	31.42	5.93	2.34
河北	3.44	28.39	1.31	-3.10
黑龙江	4.04	24.56	0.29	4.57
广东	8.54	20.52	7.38	—
浙江	6.40	17.03	6.75	-6.19
青岛	8.56	12.18	6.99	-11.80
上海	8.02	11.70	5.93	-16.04
海南	10.17	11.69	5.77	5.75
厦门	8.46	9.39	5.88	14.18
辽宁	5.19	9.17	0.41	-1.31
吉林	5.81	4.19	3.41	2.05
甘肃	7.97	3.41	-0.66	2.42
四川	8.13	-0.58	5.49	-0.28
北京	7.73	-9.40	7.68	-10.18
宁波	6.22	-11.29	5.17	—
重庆	11.57	-15.70	10.22	3.96

续表

指标\省份	2014年 GDP增长率	2014年 政府债务增长率	2015年 GDP增长率	2015年 政府债务增长率
湖北	10.44	-26.52	7.93	—
山西	0.74	-70.39	0.34	3.76
云南	8.30	—	7.05	3.65
江苏	8.93	—	7.72	-0.82
西藏	12.89	—	11.45	-9.94
天津	8.90	—	5.19	-4.72
大连	0.06	—	0.99	-5.14
深圳	10.36	—	9.38	—

资料来源：根据各省份发债信息披露文件以及财政预决算报告整理及测算。

表2—10　全国31省份和5个计划单列市一般公共预算收入增长率、政府性基金收入增长率、政府债务增长率情况（2014—2015年）　　单位：%

指标\省份	2014年 一般公共预算收入增长率	2014年 政府性基金收入增长率	2014年 政府债务增长率	2015年 一般公共预算收入增长率	2015年 政府性基金收入增长率	2015年 政府债务增长率
贵州	13.28	-17.07	89.81	10.00	-21.07	-0.22
大连	16.39	-49.50	—	-41.39	-50.84	-5.14
辽宁	-4.52	-34.36	9.17	-33.37	-42.51	-1.31
内蒙古	7.10	-22.30	47.41	-98.93	-50.23	-0.35
云南	5.39	-24.00	—	6.48	-40.97	3.65
宁波	8.55	-9.52	-11.29	16.94	-55.45	—
陕西	8.13	15.47	58.26	8.97	-20.59	-3.38
福建	11.64	0.39	39.06	6.58	-37.55	1.34
湖南	78.73	28.10	73.74	10.43	-17.58	-7.24
广西	7.94	14.97	95.28	6.53	-31.79	-5.67
海南	15.45	-16.43	11.69	13.04	-12.53	5.75

续表

指标 省份	2014年			2015年		
	一般公共预算收入增长率	政府性基金收入增长率	政府债务增长率	一般公共预算收入增长率	政府性基金收入增长率	政府债务增长率
河北	6.58	-7.80	28.39	8.28	-14.58	-3.10
上海	11.58	8.22	11.70	20.37	-8.71	-16.04
青海	12.44	20.06	48.99	6.12	-29.64	4.71
山东	10.24	10.17	84.03	10.00	-25.00	—
四川	9.95	0.57	-0.58	9.60	-25.69	-0.20
浙江	8.56	-3.80	17.03	16.69	-39.73	-6.19
江苏	10.12	7.95	—	11.00	-14.75	-0.82
青岛	13.47	5.65	12.18	12.41	-19.98	-11.80
吉林	4.01	-4.43	4.19	2.15	-39.69	2.05
江西	16.05	-6.94	40.20	15.09	-15.73	1.48
天津	14.96	29.14	—	11.59	-30.52	-4.72
黑龙江	1.87	-14.43	24.56	-10.46	-35.98	4.57
重庆	13.51	10.27	-15.70	12.11	-9.62	3.96
广东	13.89	10.63	20.52	16.14	-12.48	—
甘肃	10.77	-4.11	3.41	10.58	-2.09	2.42
厦门	85.31	39.98	9.39	10.18	-3.56	14.18
西藏	30.78	162.86	—	10.35	-4.40	-9.94
安徽	9.94	8.31	31.44	7.58	-24.31	8.10
宁夏	10.21	0.42	75.92	9.98	-26.95	8.18
新疆	13.66	-0.04	43.80	-13.71	-42.26	-0.95
河南	13.41	-1.69	31.42	10.11	-19.76	2.34
湖北	17.14	9.34	-26.52	17.09	-9.30	—
山西	6.96	-4.29	-70.39	-9.74	-44.59	3.76
北京	10.00	69.56	-9.40	17.30	-35.05	-10.18
深圳	20.28	107.28	—	30.96	-21.02	—

资料来源：根据各省份预决算报告、发债信息披露文件及Wind数据库整理及测算。

表 2—11　　2013 年 6 月底 31 个省份和 5 个计划单列市融资平台债务情况　　单位：亿元，%

省份	政府性债务 债务总额	政府性债务 融资平台债务	政府性债务 占比	政府负有偿还责任的债务 债务总额	政府负有偿还责任的债务 融资平台债务	政府负有偿还责任的债务 占比	或有债务 债务总额	或有债务 融资平台债务	或有债务 占比
湖南	7737.29	4866.98	62.90	3477.89	1822.04	52.39	4359.4	3044.94	71.49
重庆	7360.27	4468.66	60.71	3575.09	2369.66	66.28	3785.18	2099.00	55.45
安徽	5297.32	3206.73	60.53	3077.26	1460.48	47.46	2220.06	1746.25	78.66
湖北	7680.78	4612.97	60.06	5150.94	2704.73	52.51	2529.84	1908.24	75.43
广西	4329.25	2565.77	59.27	2070.78	943.12	45.54	2258.47	1622.65	71.85
江苏	1476.80	8356.96	56.59	7635.72	3504.58	45.90	7133.02	4852.38	68.03
青岛	1177.80	659.57	56.00	852.46	537.18	63.02	325.34	122.39	37.62
陕西	6093.79	3237.26	53.12	2732.56	753.21	27.56	3361.23	2484.05	73.90
厦门	412.57	215.68	52.28	326.65	180.53	55.27	85.92	35.15	40.91
海南	1410.84	735.47	52.13	1050.17	582.70	55.49	360.67	152.77	42.36
浙江	6928.37	3306.20	47.72	5088.24	2475.15	48.64	1840.13	831.05	45.16
山东	7107.8	3017.31	42.45	4499.13	2154.79	47.89	2608.67	862.52	33.06
四川	9229.62	3863.84	41.86	6530.98	2392.72	36.64	2698.64	1471.12	54.51
江西	3932.49	1634.16	41.56	2426.45	1034.91	42.65	1506.04	599.25	39.79
天津	4833.74	1991.05	41.19	2263.78	1013.2	44.76	2569.96	977.85	38.05
辽宁	7590.87	2829.33	37.27	5663.32	2397.63	42.34	1258.07	431.7	22.40
新疆	2746.15	977.21	35.58	1642.35	763.1	46.46	1103.80	214.11	19.40
云南	5954.83	2079.51	34.92	3823.92	1079.03	28.22	2130.91	1000.48	46.95
贵州	6321.61	2085.70	32.99	4622.58	1793.33	38.80	1699.03	292.37	17.21
黑龙江	3588.12	1079.39	30.08	2042.11	724.7	35.49	1546.01	354.69	22.94
上海	8455.85	2523.95	29.85	5194.30	1726.67	33.24	3261.55	797.28	24.44
广东	10165.4	2883.90	28.37	6931.64	2259.35	32.59	3233.73	624.55	19.31
宁夏	791.00	218.39	27.61	502.20	117.92	23.48	288.80	100.47	34.79
吉林	4248.36	1142.52	26.89	2580.93	478.21	18.53	1667.43	664.31	39.84
青海	1057.65	245.97	23.26	744.82	244.88	32.88	312.83	1.09	0.35
内蒙古	4542.07	994.46	21.89	3391.98	878.27	25.89	1150.09	116.19	10.10
宁波	2976.68	648.16	21.77	1732.82	480.88	27.75	1343.86	167.28	13.45

续表

指标	政府性债务			政府负有偿还责任的债务			或有债务		
省份	债务总额	融资平台债务	占比	债务总额	融资平台债务	占比	债务总额	融资平台债务	占比
福建	4381.88	892.87	20.38	2453.69	731.65	29.82	1928.19	161.22	8.36
河南	5541.94	1005.07	18.14	3528.38	523.81	14.85	2013.56	481.26	23.90
河北	7514.76	1334.84	17.76	3962.29	1021.81	25.79	3552.47	313.03	8.81
山西	4178.50	738.84	17.68	1521.06	575.59	37.84	2657.44	163.25	6.14
甘肃	2961.47	486.34	16.42	1221.12	310.84	25.46	1740.35	175.5	10.08
北京	7554.14	798.57	10.57	6506.07	718.87	11.05	1048.07	79.70	7.60
西藏	—	—	—	—	—	—	—	—	—
大连	—	—	—	—	—	—	—	—	—
深圳	—	—	—	—	—	—	—	—	—

资料来源：根据各省份审计厅对截至2013年6月底政府性债务审计结果整理及测算（西藏没有公布政府性债务审计结果；大连市和深圳市的融资平台债务情况没有单独公布，包括在辽宁省和广东省的政府性债务审计结果中）。

(1) 使用负债率评估

从表2—12可以看出，受新《预算法》实施的影响，2015年底较之于2014年底，在有可比较数据的31个地方政府中，只有宁夏、甘肃、安徽、黑龙江、山西、厦门的负债率上升，全国大部分地方政府负债率有所下降。但是有些地方政府债务率绝对值仍然很高，如2015年贵州债务率高达83.36%。2014年底20个地方政府负债率超过全国负债率，占可获取负债率数据的35个地方政府数量的57.14%，占全国地方政府数量的55.56%。美国州政府负债率超过各州加总负债率的有18个，占全国的35.29%（详见表2—13）。2015年底，我国超过全国地方政府债务率的地方政府有16个，占可获取负债率数据的32个地方政府的45.71%，占全国地方政府数量的44.44%。美国超过各州加总债务率的州数量和2014年相同，但总负债率下降了0.41个百分点。由以上分析可以看出，我国超过全国总负债率的地方政府占比明显高于美国，存在局部风险的可能性更大，如果不妥善处理，有可能会引发区域性债务风险。

此外，不同地方政府债务率高低差异性很大，2014年底，贵州债务率为94.69%，全国最高；西藏债务率为9.43%，全国最低，相差85.26个百分点。2015年底，贵州债务率为83.36%，全国最高；深圳债务率为0.05%，全国最低，相差83.31个百分点。以上数据反映出我国各地区之间经济发展不平衡，有的地区经济发展严重依赖政府举债融资的投资拉动作用，而这些地区大多为经济发展比较落后的西部地区，本身经济发展对债务的承受能力就差，因此这些地方政府的债务风险不能忽视。

表2—12　　全国地方政府、31个省份和5个计划单列市负债率情况（2014—2015年）　　单位：亿元，%

省份 \ 指标	2014年 政府债务余额	GDP	负债率	省份 \ 指标	2015年 政府债务余额	GDP	负债率
贵州	8774.28	9266.39	94.69	贵州	8754.81	10502.56	83.36
青海	1179.86	2301.12	51.27	青海	1235.40	2417.05	51.11
云南	6009.00	12814.59	46.89	云南	6228.60	13717.88	45.40
海南	1321.70	3500.72	37.76	海南	1397.70	3702.76	37.75
宁夏	978.48	2752.10	35.55	宁夏	1058.54	2911.77	36.35
内蒙古	5474.30	17769.50	30.81	内蒙古	5455.21	18032.80	30.25
北京	6378.37	21330.80	29.90	新疆	2633.40	9324.80	28.24
新疆	2658.70	9264.10	28.70	陕西	4681.30	18171.86	25.76
陕西	4844.84	17689.94	27.39	大连	1936.22	7731.60	25.04
广西	4286.79	15672.97	27.35	北京	5729.09	22968.60	24.94
大连	2041.11	7655.60	26.66	四川	7470.00	30103.10	24.81
四川	7485.00	28536.66	26.23	广西	4043.79	16803.12	24.07
上海	5812.50	23567.70	24.66	甘肃	1588.00	6790.32	23.39

续表

省份\指标	2014年 政府债务余额	GDP	负债率	省份\指标	2015年 政府债务余额	GDP	负债率
辽宁	6744.40	28626.60	23.56	安徽	5107.20	22005.60	23.21
江西	3681.20	15708.60	23.43	辽宁	6655.90	28743.40	23.16
湖南	6267.29	27037.32	23.18	江西	3735.86	16723.80	22.34
宁波	1740.00	7610.28	22.86	**全国地方政府**	**160000**	**723540.40**	**22.11**
重庆	3250.40	14262.60	22.79	重庆	3379.20	15719.72	21.50
甘肃	1550.50	6835.27	22.68	湖南	6152.22	29047.21	21.18
安徽	4724.70	20848.75	22.66	上海	4880.00	24964.99	19.55
全国地方政府	**154000.00**	**684349.41**	**22.50**	黑龙江	2930.00	15083.70	19.42
吉林	2696.90	13803.81	19.54	吉林	2752.30	14274.11	19.28
黑龙江	2802.00	15039.40	18.63	河北	5309.16	29806.10	17.81
河北	5479.02	29421.20	18.62	福建	4215.82	25979.82	16.23
福建	4159.99	24055.76	17.29	山西	2025.21	12802.60	15.82
浙江	6849.80	40173.03	17.05	江苏	10556.26	70116.38	15.06
江苏	10643.30	65088.32	16.35	浙江	6425.60	42886.50	14.98
湖北	4437.48	27379.22	16.21	河南	5464.90	37010.25	14.77
天津	2498.50	15726.93	15.89	天津	2380.60	16538.19	14.39
山东	9252.80	59426.60	15.57	厦门	376.80	3466.03	10.87
山西	1951.80	12759.40	15.30	青岛	924.00	9300.07	9.94
河南	5339.80	34938.24	15.28	西藏	78.20	1026.30	7.62
广东	8808.60	67809.85	12.99	深圳	8.50	17502.86	0.05
青岛	1047.59	8692.10	12.05	山东	—	63002.30	—
厦门	330.00	3273.54	10.08	广东	—	72812.55	—
西藏	86.83	920.83	9.43	湖北	—	29550.19	—
深圳	—	16001.82	—	宁波	—	8003.61	—

资料来源：根据各省份统计年鉴、发债信息披露文件及Wind数据库整理及测算。

表 2—13　　美国 50 个州政府负债率情况

（2014—2015 年）　　　　　单位：10 亿美元，%

州 \ 指标	2014 年 债务余额	GSDP	负债率	州 \ 指标	2015 年 债务余额	GSDP	负债率
纽约	344.93	1385.80	24.89	纽约	346.13	1441.00	24.02
南卡罗来纳	42.93	189.70	22.63	南卡罗来纳	43.83	198.70	22.06
罗德岛	12.07	55.10	21.90	罗德岛	11.92	57.00	20.92
肯塔基	40.19	188.50	21.32	肯塔基	39.37	194.60	20.23
伊利诺斯	149.22	742.00	20.11	伊利诺斯	150.58	775.00	19.43
马萨诸塞	91.40	456.30	20.03	马萨诸塞	89.52	476.70	18.78
内华达	26.22	134.10	19.55	华盛顿	82.79	443.70	18.66
宾夕法尼亚	127.82	672.40	19.01	佛罗里达	163.85	882.80	18.56
华盛顿	80.21	422.80	18.97	内华达	26.06	141.30	18.44
夏威夷	14.29	76.40	18.71	宾夕法尼亚	126.61	689.20	18.37
佛罗里达	155.17	835.60	18.57	夏威夷	14.34	79.70	17.99
加利福尼亚	425.94	2325.00	18.32	康涅狄格	45.91	258.50	17.76
新泽西	99.32	545.40	18.21	新泽西	100.34	568.20	17.66
康涅狄格	44.64	250.80	17.80	加利福尼亚	434.17	2458.50	17.66
科罗拉多	54.09	305.40	17.71	科罗拉多	54.98	314.90	17.46
堪萨斯	25.95	146.60	17.70	堪萨斯	25.79	147.80	17.45
俄勒冈	35.74	203.30	17.58	德克萨斯	270.02	1586.50	17.02
亚利桑那	48.74	281.60	17.31	俄勒冈	36.30	215.30	16.86
全州合计	2975.20	17348.10	17.15	全州合计	3004.33	17947.00	16.74
密歇根	76.65	447.20	17.14	亚利桑那	48.41	290.60	16.66
德克萨斯	268.82	1602.00	16.78	密歇根	77.39	466.50	16.59
新墨西哥	15.71	94.80	16.57	路易斯安那	40.31	243.30	16.57
密苏里	46.43	283.30	16.39	新墨西哥	15.13	92.20	16.41
路易斯安那	39.92	245.80	16.24	阿拉斯加	8.65	52.80	16.39
阿拉巴马	31.07	197.50	15.73	西弗吉尼亚	12.05	73.70	16.35
阿拉斯加	9.06	58.10	15.59	密苏里	47.41	293.40	16.16
西弗吉尼亚	11.48	74.40	15.43	佛蒙特	4.60	30.40	15.13
佛蒙特	4.56	29.70	15.37	缅因	8.55	56.60	15.11

续表

指标 州	2014年 债务余额	GSDP	负债率	指标 州	2015年 债务余额	GSDP	负债率
缅因	8.44	55.00	15.35	阿拉巴马	30.77	204.20	15.07
明尼苏达	48.99	320.40	15.29	明尼苏达	49.70	333.30	14.91
新罕布什尔	10.72	70.30	15.25	俄亥俄	88.90	608.10	14.62
印第安纳	49.10	324.30	15.14	印第安纳	48.74	336.40	14.49
威斯康星	43.09	293.30	14.69	犹他	20.89	147.10	14.20
俄亥俄	85.85	588.80	14.58	新罕布什尔	10.28	72.60	14.16
犹他	20.27	140.60	14.42	阿肯色	17.40	123.20	14.12
马里兰	49.99	350.30	14.27	马里兰	51.08	363.80	14.04
弗吉尼亚	65.49	462.20	14.17	威斯康星	42.26	305.80	13.82
内布拉斯加	15.13	110.70	13.67	弗吉尼亚	65.73	479.80	13.70
密西西比	14.23	104.90	13.57	内布拉斯加	15.48	114.00	13.58
阿肯色	16.00	121.10	13.21	密苏里	14.27	107.10	13.32
南达科他	5.69	45.60	12.48	南达科他	5.58	46.70	11.94
佐治亚	56.86	471.90	12.05	佐治亚	58.79	495.70	11.86
特拉华	7.87	65.50	12.02	蒙大拿	5.44	45.90	11.85
蒙大拿	5.35	44.70	11.97	哥伦比亚	13.78	122.50	11.25
田纳西	34.77	300.00	11.59	特拉华	7.55	68.10	11.09
哥伦比亚	13.08	116.50	11.23	爱荷华	19.19	174.10	11.02
爱荷华	18.83	170.70	11.03	田纳西	33.31	314.20	10.60
北卡罗来纳	50.10	474.40	10.56	北达科他	5.62	54.80	10.25
爱达荷	6.23	63.40	9.83	俄克拉荷马	18.36	180.40	10.18
俄克拉荷马	18.64	190.50	9.80	爱达荷	6.44	65.20	9.88
北达科他	5.28	58.20	9.08	北卡罗来纳	49.24	499.40	9.86
怀俄明	1.98	40.90	4.84	怀俄明	1.99	38.60	5.15

资料来源：根据 http://www.usgovernmentdebt.us 公布的数据整理及测算，访问时间：2017年1月1日。

（2）使用债务率评估

2014年底超过全国地方政府债务率为86%的地方政府有9个，

占可获得债务率的地方政府总数的28.57%，占全部地方政府总数的22.22%。2015年底，超过全国地方政府债务率为89.2%的地方政府有6个，占可获得债务率的地方政府总数的24%，占全部地方政府总数的16.67%。2014年和2015年债务率都超过100%警戒线的地方政府有5个，占全国地方政府总数的16.89%，这5个地方政府连续两年均为贵州、大连、辽宁、内蒙古和云南（详见表2—14）。2014年债务率超过100%警戒线的5个地方政府中，贵州、大连、内蒙古、云南的一般公共预算收入为正增长，辽宁为负增长；政府性基金收入5个地区均为负增长。2015年债务率超过100%警戒线的5个地方政府中除了贵州省、云南省一般公共预算收入为正增长外，其他三个地区均为负增长；政府性基金收入5个地区均为负增长。2015年债务率超过100%的5个地方政府中，虽然2015年政府债务较2014年有所下降，但是其下降幅度远小于一般公共预算收入和政府性基金收入下降幅度。

债务率超过100%警戒线说明债务余额已经超过政府综合财力，存在债务违约风险。由于偿债能力不足，部分地方政府只能采取借新还旧的方式，"随着累积债务量的不断增加，借新还旧的成本也将随之增加。未来随着利率市场化改革的进一步深化，以及伴随人口结构变化而来的储蓄率变动，资金成本上升的压力或将进一步增大。融资成本的走高，无疑将给地方政府未来的偿债能力带来更大的压力"[1]。

运用负债率和债务率指标对全国和各地方政府债务规模风险进行评估，可以得出以下结论：全国地方政府债务风险尚处于可控范围，出现系统性风险的可能性不大，但有的地方政府偿债负担比较重，存在较大的风险隐患，因此要密切关注局部债务风险。

---

[1] 李扬、张晓晶、常欣等：《中国国家资产负债表2015——杠杆调整与风险管理》，中国社会科学出版社2015年版，第57页。

表 2—14　　全国 31 个省份和 5 个计划单列市政府债务率情况

（2014—2015 年）　　　　　　　　　单位：亿元，%

指标 省份	2014 年 债务余额	综合财力	债务率	指标 省份	2015 年 债务余额	综合财力	债务率
贵州	8774.28	4666.49	188.03	大连	1936.22	1084.84	178.48
大连	2041.11	1476.43	138.25	贵州	8754.81	5134.96	170.49
辽宁	6744.40	5546.77	121.59	辽宁	6655.90	5243.21	126.94
内蒙古	5474.30	4716.98	116.06	云南	6228.60	5589.20	111.44
云南	6009.00	5577.8	107.73	内蒙古	5455.21	5211.76	104.67
宁波	1740.00	1886.85	92.22	福建	4215.82	4655.36	90.56
陕西	4844.84	5307.82	91.28	陕西	4681.30	5570.81	84.03
福建	4159.99	4760.51	87.39	湖南	6152.22	7772.20	79.16
湖南	6267.29	7254.60	86.39	广西	4043.79	5254.08	76.96
广西	4286.79	5063.84	84.65	海南	1397.70	1852.26	75.46
海南	1321.70	1655.38	79.84	青海	1235.45	1673.20	73.84
河北	5479.02	7065.80	77.54	四川	7470.00	10332.30	72.30
上海	5812.50	7710.20	75.39	浙江	6425.60	9332.70	68.85
青海	1179.86	1596.50	73.90	安徽	5107.20	7518.90	67.92
山东	9252.80	12561.73	73.66	河北	5309.16	7992.50	66.43
四川	7485.00	10256.00	72.98	吉林	2752.30	4187.14	65.73
浙江	6849.80	9448.02	72.50	江苏	10556.26	16121.61	65.48
江苏	10643.30	15126.56	70.36	天津	2380.60	4180.63	56.94
青岛	1047.59	1513.00	69.24	黑龙江	2930.00	5294.82	55.34
吉林	2696.90	4036.95	66.81	重庆	3379.40	6195.10	54.55
江西	3681.20	6376.75	57.73	青岛	924.00	1800.58	51.32
天津	2498.50	4330.98	57.69	上海	4880.60	10358.50	47.11
黑龙江	2802.00	4862.55	57.62	甘肃	1588.00	3530.32	44.98
重庆	3250.40	5889.70	55.19	厦门	376.80	1180.69	31.91
广东	8808.60	17382.36	50.68	西藏	78.20	1670.03	4.68
甘肃	1550.50	3107.64	49.89	江西	3735.86	—	—
厦门	330.00	1062.83	31.05	宁夏	1058.54	—	—
西藏	86.83	1371.12	6.33	山东	—	—	—
安徽	4724.70	—	—	新疆	2633.40	—	—

续表

指标 省份	2014年			指标 省份	2015年		
	债务余额	综合财力	债务率		债务余额	综合财力	债务率
宁夏	978.48	—	—	河南	5464.90	—	—
新疆	2658.70	—	—	广东			
河南	5339.80	—	—	湖北			
湖北	4437.48	—	—	山西	2025.21		
山西	1951.80	—	—	北京	5729.09		
北京	6378.37	—	—	宁波			
深圳		—	—	深圳	8.50		
全国地方政府	—	—	86.00	全国地方政府	—	—	89.20

资料来源：根据各省份统计年鉴、发债信息披露文件及 Wind 数据库整理及测算。

（二）对地方政府债务结构风险评估

地方政府债务结构包括债务构成结构、债务资金来源结构、债务期限结构、举债主体层级结构，对地方政府债务结构性风险主要从以下四个方面评估。

1. 债务构成结构

在 2010—2015 年全国地方政府性债务中，或有债务占比在 30%—40%。2015 年新《预算法》实施，明确禁止地方政府为其他企业或个人提供担保，加之偿还了一部分或有债务，2015 年或有债务从 2014 年的 8.6 万亿元下降至 7.5 万亿元左右，占政府性债务的 31.91%，为近 6 年最低（详见表 2—15）。根据 2011 年审计署的审计结果，截至 2010 年底，在融资平台债务中，地方政府负有偿还责任的债务占 63.12%，或有债务占 36.88%（其中地方政府负有担保责任的债务占 16.38%，其他相关债务占 20.50%）。根据 2013 年审计署的审计结果，截至 2013 年 6 月底，地方政府负有偿还责任的债务占 58.47%，或有债务占 41.53%（其中地方政府负有担保责任的债务占 12.67%，可能承担一定救助责任的债务占 28.86%）。在 2013 年 6 月底各地方政府对政府性债务的审计中，有 11 个地方政府融资平台或有债务占比高于同期全国地方政府或有债务占比，其中陕西融资平台或有债务占比最高，达到 76.73%（详见表 2—16）。从各地方政府或有债务情况来看，各省份或有债务占比情况有显著差异（表 2—17），但是或有债务普遍较高。

在地方政府性债务中，或有债务占比大，并游离于监管之外。近年来，监管部门出台了多项措施，加强了对融资平台债务的管理，清理了部分"空壳"平台，并对融资平台债务进行甄别，将符合规定的纳入预算管理。没有纳入预算管理的债务，按照规定地方政府不再承担偿还责任，但在实践中地方政府对该类债务仍进行了背书。同时，目前仍有许多融资平台政府融资职能尚未被彻底剥离，继续为地方政府进行融资。这些通过融资平台形成的或有债务游离于预算管理之外，在财政软约束下，缺乏制度规范，不可避免地存在债务人恶意逃废债务的情况，一旦或有债务的债务人不能偿还到期债务，地方政府也很难逃脱偿还责任。因此，在债务构成结构方面，或有债务占比大，政府代偿风险高。

表 2—15　　　　　　全国地方政府性债务构成情况

（2010—2015 年）　　　　　　　单位：亿元，%

指标 年份	政府性债务总额	负有偿还责任的债务 数量	占比	或有债务 数量	占比
2010	107174.91	67109.51	62.62	40065.40	37.38
2011	133016.62	81695.69	61.42	51320.93	38.58
2012	158858.32	96281.87	60.61	62576.45	39.39
2013	198959.00	121436.47	61.04	77522.53	38.96

续表

指标\年份	政府性债务总额	负有偿还责任的债务 数量	占比	或有债务 数量	占比
2014	240000.00	154000.00	64.17	86000.00	35.83
2015	235000.00	160000.00	68.09	75000.00	31.91

资料来源：2011年审计署审计结果、2013年审计署审计结果及财政部预决算报告。

表2—16　　2013年6月底各省份地方融资平台债务构成情况　　单位：亿元,%

指标\省份	政府性债务中融资平台债务	负有偿还责任债务中融资平台债务 数量	占比	或有债务中融资平台债务 数量	占比
陕西	3237.26	753.21	23.27	2484.05	76.73
广西	2565.77	943.12	36.76	1622.65	63.24
湖南	4866.98	1822.04	37.44	3044.94	62.56
吉林	1142.52	478.21	41.86	664.31	58.14
江苏	8356.96	3504.58	41.94	4852.38	58.06
安徽	3206.73	1460.48	45.54	1746.25	54.46
天津	1991.05	1013.20	50.89	977.85	49.11
云南	2079.51	1079.03	51.89	1000.48	48.11
河南	1005.07	523.81	52.12	481.26	47.88
重庆	4468.66	2369.66	53.03	2099.00	46.97
宁夏	218.39	117.92	54.00	100.47	46.00
湖北	4612.97	2704.73	58.63	1908.24	41.37
四川	3863.84	2392.72	61.93	1471.12	38.07
江西	1634.16	1034.91	63.33	599.25	36.67
甘肃	486.34	310.84	63.91	175.50	36.09
黑龙江	1079.39	724.70	67.14	354.69	32.86
上海	2523.95	1726.67	68.41	797.28	31.59
山东	3017.31	2154.79	71.41	862.52	28.59
宁波	648.16	480.88	74.19	167.28	25.81
浙江	3306.20	2475.15	74.86	831.05	25.14

续表

省份\指标	政府性债务中融资平台债务	负有偿还责任债务中融资平台债务 数量	占比	或有债务中融资平台债务 数量	占比
河北	1334.84	1021.81	76.55	313.03	23.45
山西	738.84	575.59	77.90	163.25	22.10
新疆	977.21	763.10	78.09	214.11	21.91
广东	2883.90	2259.35	78.34	624.55	21.66
海南	735.47	582.70	79.23	152.77	20.77
青岛	659.57	537.18	81.44	122.39	18.56
福建	892.87	731.65	81.94	161.22	18.06
厦门	215.68	180.53	83.70	35.15	16.30
辽宁	2829.33	2397.63	84.74	431.70	15.26
贵州	2085.70	1793.33	85.98	292.37	14.02
内蒙古	994.46	878.27	88.32	116.19	11.68
北京	798.57	718.87	90.02	79.70	9.98
青海	245.97	244.88	99.56	1.09	0.44
西藏	—	—	—	—	—
大连	—	—	—	—	—
深圳	—	—	—	—	—

说明：西藏没有公布政府性债务审计结果；大连市和深圳市的融资平台债务情况没有单独公布，包括在辽宁省和广东省的政府性债务审计结果中。

资料来源：根据2013年6月底各省份关于政府性债务审计结果整理及测算。

表2—17　全国31个省份和5个计划单列市或有债务占比情况

（2014—2015年）　　　　　　　　单位：亿元

省份\指标	2014年 政府性债务	或有债务	或有债务占比	省份\指标	2015年 政府性债务	或有债务	或有债务占比
甘肃	4379.00	2828.50	64.59	深圳	159.50	151.00	94.67
宁波	3469.00	1729.00	49.84	甘肃	4185.00	2597.00	62.05
湖南	12005.46	5738.17	47.80	天津	5238.60	2858.00	54.56

续表

指标 省份	2014年 政府性债务	或有债务	或有债务占比	指标 省份	2015年 政府性债务	或有债务	或有债务占比
重庆	5909.50	2659.10	45.00	陕西	8390.10	3708.80	44.20
陕西	8711.13	3866.29	44.38	湖南	11023.43	4871.21	44.19
河北	9748.18	4269.16	43.79	江苏	18125.68	7569.42	41.76
四川	13024.00	5539.00	42.53	河北	9025.26	3716.10	41.17
浙江	11885.80	5036.00	42.37	黑龙江	4976.00	2046.00	41.12
江苏	17736.96	7093.66	39.99	重庆	5603.40	2224.20	39.69
上海	9336.80	3524.30	37.75	浙江	10376.20	3950.60	38.07
江西	5794.20	2113.00	36.47	上海	7449.00	2569.00	34.49
河南	8403.50	3063.70	36.46	江西	5665.98	1930.12	34.07
青岛	1623.84	576.25	35.49	福建	6257.25	2041.43	32.63
福建	6347.37	2187.38	34.46	新疆	3875.80	1242.40	32.06
广西	6393.19	2106.40	32.95	广西	5859.51	1815.72	30.99
新疆	3952.70	1294.00	32.74	宁夏	1393.73	335.19	24.05
云南	8819.30	2810.30	31.87	海南	1769.00	371.30	20.99
宁夏	1319.96	341.48	25.87	内蒙古	6733.87	1278.66	18.99
海南	1697.30	375.60	22.13	大连	2296.21	359.99	15.68
内蒙古	6909.27	1434.97	20.77	辽宁	7864.50	1208.60	15.37
广东	10881.60	2073.00	19.05	厦门	424.20	47.40	11.17
山东	10086.80	1881.60	18.65	西藏	83.70	5.50	6.57
辽宁	8084.60	1340.20	16.58	宁波	—	—	—
北京	7630.22	1251.85	16.41	四川	—	—	—
厦门	381.89	51.89	13.59	河南	—	—	—
西藏	93.44	6.61	7.07	青岛	—	—	—
深圳	—	—	—	云南	—	—	—
贵州	—	—	—	广东	—	—	—
安徽	—	—	—	山东	—	—	—
湖北	—	—	—	北京	—	—	—
黑龙江	—	—	—	贵州	—	—	—
吉林	—	—	—	安徽	—	—	—

续表

指标 省份	2014年 政府性债务	或有债务	或有债务占比	指标 省份	2015年 政府性债务	或有债务	或有债务占比
天津	—	—	—	湖北	—	—	—
大连	—	—	—	吉林	—	—	—
山西	—	—	—	山西	—	—	—
青海	—	—	—	青海	—	—	—

资料来源：根据各省份发债信息披露文件以及财政预决算报告整理及测算。

2. 债务资金来源结构

融资平台债务资金主要来自银行贷款、BT、信托等间接融资途径，而较少通过直接融资途径举债。间接融资和直接融资相比，存在成本高、流通性差的弊端。在间接融资途径中，融资平台的债务资金主要来自银行贷款。根据2010年审计结果，截至2010年底，银行贷款在所有地方政府性债务中占79.01%（详见表2—18）；截至2013年6月底，银行贷款占56.56%（详见表2—19）。2015年，中央开始推行地方政府债务置换计划，逐步将部分期限短、成本高的债务置换成地方政府债券，虽然该项举措使融资平台通过直接融资途径的负债占比有所提升，但是债权人并没有发生变更，仍然是银行机构。因此一旦融资平台债务出现违约，对银行机构造成的影响最大，同时还会将金融风险由银行市场引入债券市场。

表2—18　　　2010年底全国地方政府性债务资金来源情况　　单位：亿元，%

债权人类别	三类债务合计 债务额	比重	政府负有偿还责任的债务 债务额	比重	政府负有担保责任的债务 债务额	比重	其他相关债务 债务额	比重
银行贷款	84679.99	79.01	50225.00	74.84	19134.14	81.88	15320.85	91.77

续表

债权人类别	三类债务合计		政府负有偿还责任的债务		政府负有担保责任的债务		其他相关债务	
	债务额	比重	债务额	比重	债务额	比重	债务额	比重
上级财政	4477.93	4.18	2130.83	3.18	2347.10	10.04	0.00	0.00
发行债券	7567.31	7.06	5511.38	8.21	1066.77	4.56	989.16	5.92
其他单位和个人借贷	10449.68	9.75	9242.30	13.77	821.73	3.52	385.65	2.31
小计	107174.91	100.00	67109.51	100.00	23369.74	100.00	16695.66	100.00

资料来源：根据审计署2010年《全国地方政府性债务审计结果》整理及测算。

表2—19　　2013年6月底全国地方政府性债务资金来源情况　　单位：亿元,%

债权人类别		政府性债务		政府负有偿还责任的债务		政府负有担保责任的债务		政府可能承担一定救助责任的债务	
		债务额	比重	债务额	比重	债务额	比重	债务额	比重
银行借贷		101187.39	56.56	55252.45	50.76	19085.18	71.60	26849.76	61.87
BT		14943.51	8.35	12146.30	11.16	645.05	2.42	2152.16	4.96
发行债券	总计	18456.91	10.32	11658.67	10.71	1673.58	6.28	5124.66	11.81
	地方政府债券	6636.02	3.71	6146.28	5.65	489.74	1.84	0.00	0.00
	企业债券	8827.37	4.93	4590.09	4.22	808.62	3.03	3428.66	7.90
	中期票据	1940.14	1.08	575.44	0.53	344.82	1.29	1019.88	2.35
	短期融资券	355.30	0.20	123.53	0.11	9.13	0.03	222.64	0.51
应付未付款项		8574.77	4.79	7781.90	7.15	90.98	0.34	701.89	1.62
信托融资		14252.33	7.97	7620.33	7.00	2527.33	9.48	4104.67	9.46
其他单位和个人借款		8391.59	4.69	6679.41	6.14	552.79	2.07	1159.39	2.67
垫资施工、延期付款		3758.59	2.10	3269.21	3.00	12.71	0.05	476.67	1.10
证券、保险业和其他金融机构融资		3366.13	1.88	2000.29	1.84	309.93	1.16	1055.91	2.43
国债、外债等财政转贷		3033.73	1.70	1326.21	1.22	1707.52	6.41	0.00	0.00
融资租赁		2318.94	1.30	751.17	0.69	193.05	0.72	1374.72	3.17

续表

债权人类别	政府性债务		政府负有偿还责任的债务		政府负有担保责任的债务		政府可能承担一定救助责任的债务	
	债务额	比重	债务额	比重	债务额	比重	债务额	比重
集资	804.77	0.45	373.23	0.34	37.65	0.14	393.89	0.91
合计	178908.66	100.00	108859.17	100.00	26655.77	100.00	43393.72	100.00

资料来源：根据审计署2013年《全国地方政府性债务审计结果》整理及测算。

3. 债务期限结构

融资平台的债务资金主要投资于基础设施建设，其平均投资回报期限在10年左右或投资于公益项目而没有直接收益。但是，从融资平台的债务资金来源及其债务期限上来看，银行贷款期限主要集中在5年期。根据2013年审计结果，截至2013年6月底，在地方政府负有偿还责任的债务中，2014年、2015年、2016年、2017年、2018年及以后到期需要偿还的债务分别占21.89%、17.07%、11.58%、7.79%和18.76%（详见表2—20）。针对2015年到期的地方政府负有偿还责任的债务，中央制定了债务置换方案，计划在三年左右将非债券形式的债务全部置换为地方政府债券，融资平台债务是主要的置换对象。债务置换是我国地方政府债务管理制度转型期的一种过渡性举措，节约了地方政府债务利息支出，凭借以时间换空间的方式解决了地方政府债务短期流动性问题，缓解了地方政府偿债压力，为地方政府债务管理制度转型、地方政府举债融资行为逐步规范化、地方政府债务风险化解提供缓冲期。然而，债务置换只是变更了债务类型，债务规模总量上并未降低。尤其在当前经济下行，地方政府财政收入增长放缓的背景下，地方政府还款压力进一步增大。虽然通过债务置换，部分解决了短借长用的问题，但期限错配问题仍然存在。当债务集中到期时，存在短期缺乏偿还资金而引发债务危机的可能性。

表 2—20　　　　　2013 年 6 月底地方政府性债务
余额未来偿债情况　　　　　单位：亿元,%

偿债年度	政府性债务 金额	比重	政府负有偿还责任的债务 金额	比重	政府负有担保责任的债务 金额	比重	政府可能承担一定救助责任的债务 金额	比重
2013 年 7 月至 12 月	32944.42	18.41	24949.06	22.92	2472.69	9.28	5522.67	12.73
2014 年	35681.13	19.94	23826.39	21.89	4373.05	16.41	7481.69	17.24
2015 年	27771.11	15.52	18577.91	17.07	3198.42	12.00	5994.78	13.81
2016 年	19421.30	10.86	12608.53	11.58	2606.26	9.78	4206.51	9.69
2017 年	14295.17	7.99	8477.55	7.79	2298.60	8.62	3519.02	8.11
2018 年及以后	48795.53	27.27	20419.73	18.76	11706.75	43.92	16669.05	38.41
合计	178908.66	100.00	108859.17	100.00	26655.77	100.00	43393.72	100.00

资料来源：根据审计署 2013 年《全国地方政府性债务审计结果》整理及测算。

4. 举债主体层级结构

根据 2011 年和 2013 年审计结果，截至 2010 年底，省级、市级、县级的债务规模分别占政府负有偿还责任的债务的 18.92%、48.37%、32.71%（见表 2—21）。截至 2013 年 6 月底，省级、市级、县级、乡镇的债务规模分别占政府负有偿还责任的债务的 16.33%、44.49%、36.35%、2.82%（详见表 2—22）。从目前事权和支出责任的划分来看，在各级地方政府中，市、县级政府支出责任最大，但是财权有限，因此地方政府性债务主要集中于市、县级政府。但根据新《预算法》和国发〔2014〕43 号文规定，只有省级政府才有地方政府债券的发行权，市、县级政府没有独立发行地方政府债券的权力。如果市、县级政府确实需要举借债务的，则由省级政府代为举借。"随着举债权力上收至省级政府，市县政府特别是县级政府债务快速扩张的局面能否得到改观，是需要我们持续关注的。"① 2015年之后，虽然融资平台为地方政府融资的职能被剥离，但融资平台仍然是地方政府债务资金的使用主体。根据《国务院办公厅转发财政部人民银行银监会关于妥善解决地方政府融资平台公司在建项目后续融资问题意见的通知》（国发办〔2015〕40号）的规定，对于融资平台在建项目中，资金不能满足建设需要的，其增量债务可以纳入政府预算管理，由省级地方政府在债务限额内通过发行地方政府债券解决。但是，当省级政府分配的债务限额不能满足其发展需求时，市县级地方政府以及融资平台可能会在财政预算管理之外，通过其他途径变相举债。因此，在举债主体层级结构方面，集中于市、县级政府，其偿债压力大。

基于以上分析可以看出，目前我国地方政府债务风险总体是可控的，但是结构性问题突出。

表2—21　　　2010年底全国地方政府性债务余额层级分布情况

单位：亿元,%

政府层级	政府性债务		政府负有偿还责任的债务		政府负有担保责任的债务		其他相关债务	
	债务额	占比	债务额	占比	债务额	占比	债务额	占比
省级	32111.94	29.96	12699.24	18.92	11977.11	51.25	7435.59	44.54
市级	46632.06	43.51	32460.00	48.37	7667.97	32.81	6504.09	38.96
县级	28430.91	26.53	21950.27	32.71	3724.66	15.94	2755.98	16.50
合计	107174.91	100.00	67109.51	100.00	23369.74	100.00	16695.66	100.00

资料来源：根据审计署2010年《全国地方政府性债务审计结果》整理及测算。

---

① 李扬、张晓晶、常欣等：《中国国家资产负债表2015——杠杆调整与风险管理》，中国社会科学出版社2015年版，第59页。

表 2—22　　2013 年 6 月底地方各级政府性债务规模情况　　单位：亿元，%

政府层级	政府性债务		政府负有偿还责任的债务		政府负有担保责任的债务		政府可能承担一定救助责任的债务	
	债务额	占比	债务额	占比	债务额	占比	债务额	占比
省级	51939.75	29.03	17780.84	16.33	15627.58	58.63	18531.33	42.71
市级	72902.44	40.75	48434.61	44.49	7424.13	27.85	17043.70	39.28
县级	50419.18	28.18	39573.6	36.35	3488.04	13.09	7357.54	16.96
乡镇	3647.29	2.04	3070.12	2.82	116.02	0.44	461.15	1.06
合计	178908.66	100.00	108859.17	100.00	26655.77	100.00	43393.72	100.00

资料来源：根据审计署 2013 年《全国地方政府性债务审计结果》整理及测算。

二　从企业债务的角度对融资平台债务风险评估

2014 年 12 月 31 日之前，融资平台的债务除去被认定为政府债务的部分外，其他为企业债务。2015 年以后，融资平台政府融资职能被剥夺，因此 2015 年 1 月 1 日起，融资平台债务属性只能是企业债务。由于银行贷款、BT、信托融资等融资渠道的债务数据不易获得，基于数据的可获得性，以融资平台发行城投债的数据作为分析基础。为了便于对比分析，以新《预算法》的实施为时间节点，选取其实施前后各两年即 2013—2016 年四年的城投债的发行量与偿还量作为样本数据。

（一）对全国城投债风险评估

2013—2016 年，城投债总发行量呈逐年上升趋势，其中 2015 年总发行量比 2014 年减少 1333.41 亿元（详见表 2—23）。原因在于：一方面新《预算法》赋予省级地方政府发行债券的权力，融资平台公司不再承担为地方政府融资的职能，政府不能再通过融资平台发行城投债来进行融资。另一方面法律禁止地方政府为融资平台发行城投债提供担保，融资平台失去了政府的隐性担保和政策支持后，一些融资平台不再满足发行城投债的条件，因此2015年城投债总发行量比2014年下降了6.98个百分点。2016年受经济下行压力的影响及融资平台脱离政府信用担保后，银行信贷融资减少。为了保证在建项目资金需求，融资平台更倾向于通过债券市场进行融资，因此2016年城投债的总发行量比2015年都有所增长。

从净融资额来看，2013—2015年，在城投债发行量和净融资额增长的同时，净融资额占发行量比重却有明显的下降，这说明偿还量的增长速度明显高于发行量。随着偿债压力增大，对净融资额的增长形成了较大的影响。2016年12月，城投债发行量674亿元，偿还量1232.62亿元，净融资额-558.62亿元，净融资额占发行量比重为-82.88%。净融资额跌至负区间，说明再融资的资金主要用于偿还存量债务的本息，而无法投入生产建设，这进一步增加了融资平台的偿债压力和再融资压力，如果融资渠道不通畅，资金链断裂，有可能会导致债券违约风险。

表2—23　　　　　　　　全国城投债发行与偿还情况

（2013—2016年）　　　　　　　　单位：亿元,%

年份 \ 指标	发行量	偿还量	净融资额	净融资额占发行量的比重
2013	10446.50	1998.91	8447.59	80.87
2014	19106.91	4165.57	14941.34	78.20
2015	17773.50	8164.88	9608.62	54.06
2016	24231.95	11039.62	13192.33	54.44

说明：2013年同时具有发行和偿还量的省份有27个；2014年同时具有发行和偿还量的省份有28个；2015年同时具有发行和偿还量的省份有29个；2016年同时具有发行和偿还量的省份有29个。

资料来源：根据Wind数据库整理及测算。

(二) 对各省份城投债风险评估

2013—2016 年，江苏城投债发行量为 1592.9 亿元、3063.73 亿元、2997.35 亿元、4667.4 亿元，在这四年中，江苏每年城投债发行量均位居全国第一，但是其净融资额占发行量比重并没有太大的变化，分别为 68.49%、74.18%、55.49%、65.20%。从各省份城投债净融资额占发行量比重来看，大部分省呈现出下降趋势（详见表 2—24），其中截至 2016 年底，甘肃和青海占比下降最为严重。2013—2016 年，甘肃的城投债融资额占发行量比重分别为 86.27%、59.62%、58.46% 和 -5.72%，2016 年比 2013 年下降 92.02 个百分点。青海城投债融资额占发行量比重分别为 85.78%、96.91%、-35.43% 和 -384.00%，2016 年比 2013 年下降了 469.78 个百分点。

根据数据可以看出，每个省份城投债的发行量（详见表 2—25）、偿还量（详见表 2—26）、净融资额（详见表 2—27）以及净融资额占发行量呈现出明显的差异性，部分地区发行量增速高，债务规模大；部分地区净融资额占发行量的比重高，偿债压力大。

表 2—24　　　31 个省份城投债净融资额占发行量比重

（2013—2016 年）　　　　　　　　单位:%

时间 省份	2013 年	2014 年	2015 年	2016 年
辽宁	97.18	99.50	72.35	30.60
河南	96.35	91.33	72.81	66.43
山西	94.14	95.32	61.05	81.47
贵州	92.54	97.37	86.03	85.28
安徽	92.20	73.77	39.82	47.66
重庆	91.78	93.66	75.07	64.11

续表

时间 省份	2013 年	2014 年	2015 年	2016 年
山东	89.84	83.89	51.40	60.21
湖北	89.24	89.58	34.69	62.42
河北	88.19	93.30	61.91	49.21
湖南	87.19	88.10	72.79	77.08
甘肃	86.27	59.62	58.46	-5.72
福建	86.15	76.88	52.33	39.35
天津	86.05	78.93	47.53	43.92
青海	85.78	96.91	-35.43	-384.00
四川	84.88	82.17	57.62	49.00
广东	83.64	81.05	23.61	40.21
云南	83.30	93.46	74.76	28.80
浙江	83.28	77.89	56.03	54.11
吉林	82.67	95.86	83.24	83.88
新疆	81.75	85.14	73.43	52.76
内蒙古	80.24	87.78	75.12	5.26
江西	79.47	66.50	63.20	76.67
陕西	75.48	77.86	30.50	45.39
江苏	68.49	74.18	55.49	65.20
广西	62.14	85.02	59.86	43.28
上海	58.47	27.10	-11.62	21.57
北京	54.18	45.20	34.81	18.89
黑龙江	—	74.59	51.51	37.45
宁夏	—	88.64	90.63	75.94
海南	—	—	—	—
西藏	—	—	—	—

资料来源：根据 Wind 数据库整理。

表 2—25　　31 个省份城投债发行量情况
（2013—2016 年）　　单位：亿元

年份／省份	2013	2014	2015	2016
江苏	1592.90	3063.73	2997.35	4667.40
天津	896.00	1214.90	1221.30	1240.55
广东	538.00	902.50	876.80	1170.50
北京	524.50	1170.20	964.20	1119.50
湖南	520.60	748.10	902.90	1653.10
重庆	486.90	840.50	907.70	1410.70
浙江	454.50	1012.50	893.60	1377.50
湖北	436.70	433.00	486.50	952.00
上海	435.30	643.60	364.00	539.60
四川	426.50	725.30	1019.80	1140.80
福建	416.00	637.00	1047.00	1046.50
山东	374.00	1098.70	846.70	997.20
陕西	367.00	569.00	452.00	621.40
江西	360.50	465.50	418.80	613.20
河南	328.50	561.70	331.00	755.20
辽宁	301.50	594.50	443.40	471.50
安徽	288.40	685.50	484.85	936.00
云南	246.50	558.50	683.40	574.60
广西	206.00	462.00	497.50	588.70
甘肃	204.00	369.00	233.50	155.50
新疆	200.00	309.50	327.40	366.20
山西	136.50	192.45	128.00	228.00
贵州	134.00	346.00	444.50	806.90
河北	127.00	433.00	198.50	196.50
内蒙古	123.00	213.00	127.00	103.00
青海	106.00	194.00	72.00	15.00
黑龙江	80.00	151.90	129.90	139.00
吉林	57.70	87.00	224.90	252.50
海南	33.00	44.00	—	—

续表

年份\省份	2013	2014	2015	2016
宁夏	10.00	33.00	40.00	23.90
西藏	—	—	—	—

资料来源：根据 Wind 数据库整理。

表 2—26　　　　　31 个省份城投债偿还情况

（2013—2016 年）　　　　　　　　　　单位：亿元

省份\时间	2013 年	2014 年	2015 年	2016 年
江苏	501.98	790.95	1334.26	1624.28
北京	240.30	641.30	628.60	908.00
上海	180.80	469.20	406.30	423.20
天津	125.00	256.00	640.85	695.65
陕西	90.00	126.00	314.15	339.35
广东	88.00	171.00	669.75	699.90
广西	78.00	69.20	199.70	333.90
浙江	76.00	223.86	392.92	632.11
江西	74.00	155.95	154.10	143.05
湖南	66.70	89.03	245.69	378.89
四川	64.50	129.30	432.15	581.81
福建	57.60	147.30	499.10	634.70
湖北	47.00	78.21	317.75	357.80
云南	41.16	36.50	172.50	409.14
重庆	40.00	53.27	226.25	506.28
山东	38.00	176.95	411.46	396.77
新疆	36.50	46.00	86.99	173.00
甘肃	28.00	149.00	97.00	164.40
内蒙古	24.30	26.02	31.60	97.58
安徽	22.50	179.78	292.75	489.92
青海	15.08	6.00	97.51	72.60

续表

时间 省份	2013 年	2014 年	2015 年	2016 年
河北	15.00	29.00	75.60	99.80
河南	12.00	48.69	90.00	253.55
贵州	10.00	9.10	62.10	118.80
吉林	10.00	3.60	37.70	40.70
辽宁	8.50	3.00	122.60	327.20
山西	8.00	9.00	49.85	42.25
黑龙江	—	38.60	62.99	86.94
宁夏	—	3.75	3.75	5.75
海南	—	—	—	—
西藏	—	—	—	—

资料来源：根据 Wind 数据库整理。

表 2—27　　　　　31 个省份城投债净融资额情况

（2013—2016 年）　　　　　　　单位：亿元

时间 省份	2013 年	2014 年	2015 年	2016 年
江苏	1090.92	2272.78	1663.09	3043.12
天津	771.00	958.90	580.45	544.90
湖南	453.90	659.07	657.21	1274.21
广东	450.00	731.50	207.05	470.60
重庆	446.90	787.23	681.45	904.42
湖北	389.70	672.29	168.75	594.20
浙江	378.50	788.64	500.68	745.39
四川	362.00	596.00	587.65	558.99
福建	358.40	489.70	547.90	411.80
山东	336.00	921.75	435.24	600.43
河南	316.50	513.01	241.00	501.65
辽宁	293.00	591.50	320.80	144.30
江西	286.50	309.55	264.70	470.15
北京	284.20	528.90	335.60	211.50
陕西	277.00	443.00	137.85	282.05
安徽	265.90	505.72	192.10	446.08

续表

时间 省份	2013年	2014年	2015年	2016年
上海	254.50	174.40	-42.30	116.40
云南	205.34	522.00	510.90	165.46
甘肃	176.00	220.00	136.50	-8.90
新疆	163.50	263.50	240.41	193.20
山西	128.50	183.45	78.15	185.75
广西	128.00	392.80	297.80	254.80
贵州	124.00	336.90	382.40	688.10
河北	112.00	404.00	122.90	96.70
内蒙古	98.70	186.98	95.40	5.42
青海	90.92	188.00	-25.51	-57.60
吉林	47.70	83.40	187.20	211.80
黑龙江	—	113.30	66.91	52.06
宁夏	—	29.25	36.25	18.15
海南	—	—	—	—
西藏	—	—	—	—

资料来源：根据Wind数据库整理。

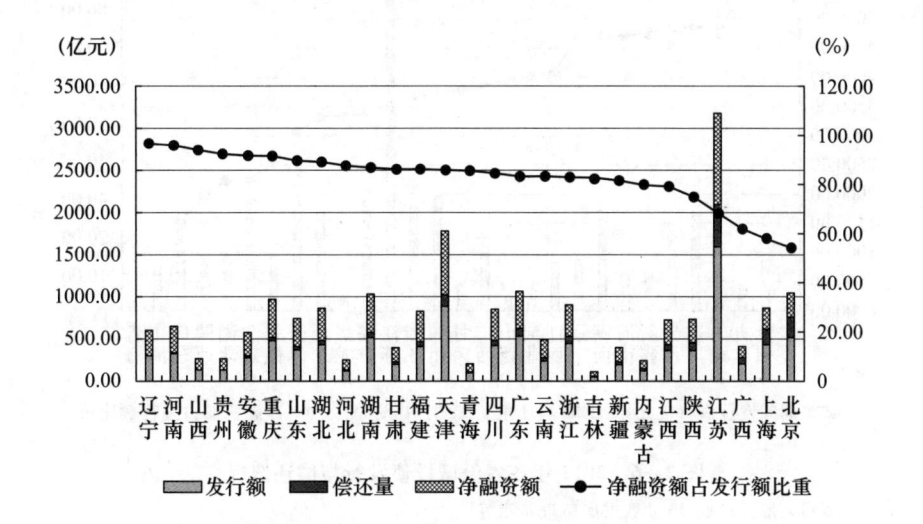

图2—4 2013年各省份城投债发行与偿还情况

资料来源：根据Wind数据库整理及测算。

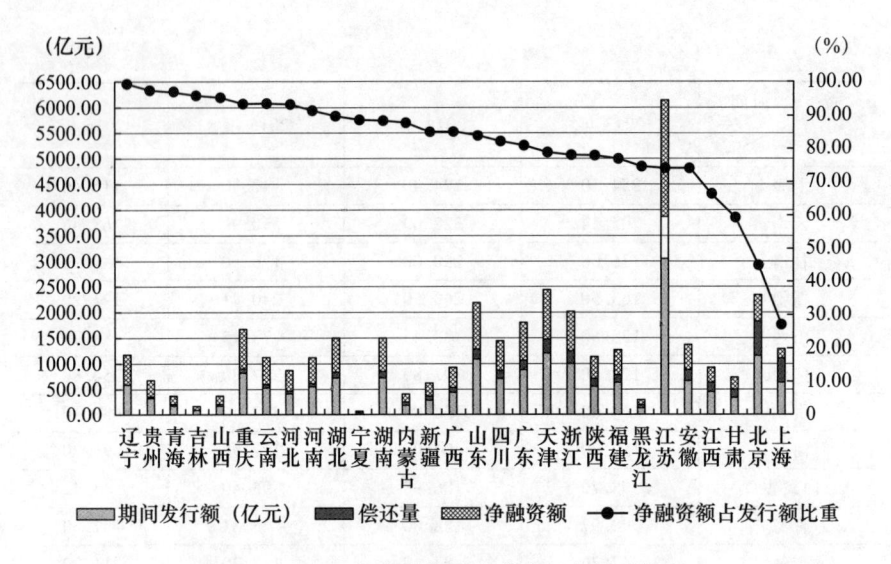

图 2—5　2014 年各省份城投债发行与偿还情况

资料来源：根据 Wind 数据库整理及测算。

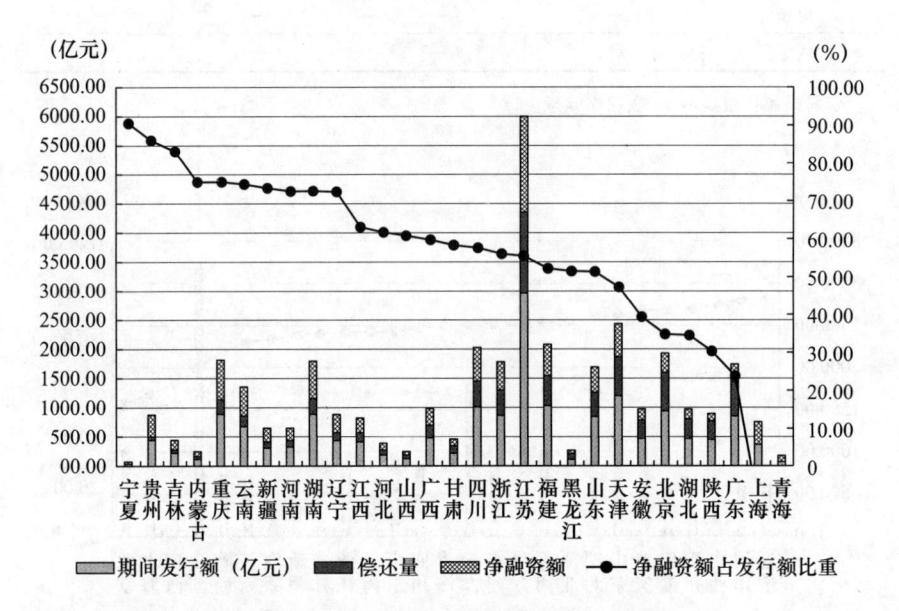

图 2—6　2015 年各省份城投债发行与偿还情况

资料来源：根据 Wind 数据库整理及测算。

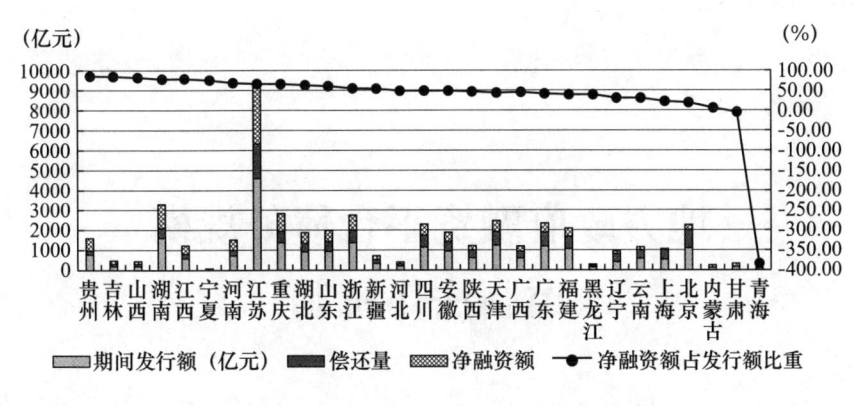

图 2—7　2016 年各省份城投债发行与偿还情况

资料来源：根据 Wind 数据库整理及测算。

通过地方政府债务和企业债务两方面对融资平台债务风险进行评估可以看出，目前我国融资平台债务风险总体上是可控的，不会发生系统性风险，但是存在结构性风险，尤其是个别地区风险隐患大，如果处理不当会引发区域性债务风险。新《预算法》实施后，对融资平台债务快速增长起到了抑制作用，化解了一部分债务风险。可见法律制度对融资平台债务风险可以起到有效的防控作用。虽然，目前我国针对融资平台债务风险有一些防控法律措施，但是还没有形成系统、完善的防控法律机制，因此有必要在我国构建融资平台债务风险防控法律机制。

第三章

地方政府融资平台债务规模
控制法律机制

融资平台债务规模的控制是防控其债务风险的关键。通过对融资平台债务规模的法律控制,以规范其举债融资行为,防止其债务规模膨胀,从而更好地防范其债务风险。

一 地方政府融资平台债务规模控制的法律机理

融资平台是地方政府在法律禁止发债的情况下,为解决基础设施建设资金短缺及财政收支缺口,进行的投融资体制创新。融资平台公司曾在资源配置、调控经济等方面发挥了重要的补充作用,但也给地方政府形成了大量隐性债务,同时也使自身债务规模膨胀。由此可见,融资平台公司的运行正在陷入困境之中,债务规模的膨胀亟须加以约束和控制。由于融资平台与地方政府之间的关系密切,在对其债务规模控制的法律机理进行分析时,就要从地方政府债务规模控制的法律机理角度进行理论阐述。

(一) 是实现财政民主的必然要求

在代议制中,国家财政权的合法性在于其公共性,公共财政意味着国家通过征税获得财政收入，用于财政支出的目的不是满足个人需要，而是满足社会公共需要，为社会提供符合绝大多数人利益的公共产品。因此，财政民主是公共财政的应然内容，"财政民主是人民主权原则在财政领域中的具体化，其实现的法律机制必须立基于人民主权这个原则之上"①。社会契约论认为，人民是国家的主人，国家的一切权力来源于人民的授权，政府职能的行使必须征得人民的一致同意。反映在财政领域，则体现为政府的所有财政收支情况必须通过法定的民主程序，征得公民的同意。

预算实质上是受公民委托，经过法定程序审议的政府年度收支计划，其目的是向公民提供"一揽子"公共物品的综合性契约。②预算制度是公共财政制度的基础，是实现财政民主的有效机制。预算制度缘起就是作为一种维护财政民主的手段而出现的，其演进也一直是围绕着如何有效实现民主善治。在预算制度中，政府必须依法对公民征税，税收而形成的财政资金，政府必须依法支出，不论是财政收入还是财政支出都必须要经过代议机关进行预算审批。预算制度是将国家财政和人民民主相结合，是在国家财政制度中贯彻人民民主原则的具体体现。

预算的完整性要求政府所有行为必须纳入政府预算，其中包括公共债务。早在1689年《权利法案》中，就将公债纳入了议会审议的范畴，对国王发行公债的权力进行制约和监督。公债和税收相比，具有契约性，公民（债权人）不需要损失本期收入就可以换取公共物品，它是与政府（债务人）达成协议，政府承诺在未来以其收入偿还进行。③政府以未来公民缴纳的税收作为债务的偿还来源，

---

① 胡伟：《论完善实现中国财政民主的法律机制》，《政治学研究》2014年第2期。
② 程瑜：《政府预算的契约经济学分析——委托代理理论的研究视角》，《财贸研究》2008年第6期。
③ [美] 布坎南：《公共财政》，赵锡军、张成福等译，中国财政经济出版社1991年版，第324页。

将债务成本分摊给未来一定时期的公民，因此公民通过预算对政府债务进行约束是不可避免的控制过程。政府债务之所以成为公共债务，就在于"公共性"，要求政府发行债务的目的是向公众提供公共物品。公债不是为己私利，而是为了实现公共利益，这是公共债务和私人债务的本质区别。根据职能最优配置理论，公共物品应该由能够代表特定群体的政府来提供，地方公共物品应该由地方政府提供。[1] 在提供公共物品供给方面，市场机制不能发挥作用，因而必须采用政治程序，反映出该地区居民对公共产品的需求偏好以及所需支付的财政资源。通过预算才能使这些偏好显现出来，从而决定公共物品的供应情况。[2] 居民有权通过投票，选择自己需要的公共产品的类型和数量。[3] 将地方政府债务纳入预算实质上就是将其置于民主制度的框架下，就地方政府债务的收支情况征得该地区公民的同意。经过民主协商过程的债务方案是多数人的行为偏好的体现，所反映出的是代表大多数人的利益的公共意志。同时，立法机关对政府财政行为必须进行控制，才能保证其按照预算方案进行合理使用。[4] 因此，在预算框架中，立法机关可以运用财政预算、财政决算等政治程序，实现对地方政府债务的举借、使用、偿还的民主监督和程序控制。

（二）是限制政府权力的重要途径

在凯恩斯需求理论的经济增长逻辑中，政府可以通过扩张性财

---

[1] [美] 鲍威尔·威迪逊：《公共部门经济学》（第二版），邓力平等译，中国人民大学出版社 2000 年版，第 354 页。

[2] [美] 理查德·A. 马斯格雷夫、佩吉·B. 马斯格雷夫：《财政理论与实践》（第五版），邓子吉、邓力平译，中国财政经济出版社 2003 年版，第 50 页。

[3] Stigler, G., *Tenable Range of Functions of Local Government*, Washington, D. C.: Joint Economic CommitteeSubcommittee on Fiscal Policy, 1957: 213 – 219.

[4] [德] 理查德·A. 马斯格雷夫、[英] 艾伦·T. 皮考克主编：《财政理论史上的经典文献》，刘守刚、王晓丹译，上海财经大学出版社 2015 年版，第 22 页。

政政策增加政府支出与公共投资的方式促进经济增长。随着政府事权和支出责任的扩大，在税收有限的情况下，政府债务不断膨胀。政府通过发行公债筹集资金，加大投资基础设施建设，为公民提供公共物品，拉动经济增长。同时预算赤字可以刺激总需求，从而增加就业。但是从短期来看，公债规模的增加，会对私人资本产生挤出效应。从长期来看，随着时间的推移，债务不断积累，越来越多的社会资本会被代替，政府为支付债务本息而征税带来的低效率会进一步降低产出，会抑制长期经济增长。[1] 在政府实施宏观经济政策时，采用逆风向行事的方法，根据具体的经济形势，可以灵活的实施相应的财政政策和货币政策，以避免经济周期性波动。这种相机选择赋予了政府更大的财政权力和货币权力，可以肆意增加或减少公债规模和货币供应量，为政府滥用权力埋下了隐患。针对货币政策领域的相机选择问题，货币主义提出了"固定货币增长率规则"，以固定规则代替相机选择，以此来限制政府货币权力。[2] 对于政府举债权也应采用固定规则，将其纳入预算框架，进行财政约束，实现预算平衡，可以在对相机选择限制的同时，解决动态不一致产生的问题，避免财政政策肆意性对公民信赖利益的损害。

财政权是政府行政权运行的基础和核心，政府举债权是政府最重要的财政权力之一。公共选择理论认为，政府和个人一样都会追求效用最大化，因此需要将其纳入宪政框架下，运用民主政治程序约束。[3] 在立法机关——政府的委托代理关系中，为避免委托代理关系中存在的道德风险、逆向选择问题，立法机关（委托人）要对

---

[1] ［美］保罗·萨缪尔森、［美］威廉·诺德豪斯：《宏观经济学》（第16版），萧琛等译，华夏出版社1999年版，第277—278页。

[2] ［美］米尔顿·弗里德曼、［美］罗丝·弗里德曼：《自由选择》，张琦译，机械工业出版社2008年版，第266—268页。

[3] ［美］詹姆斯·M.布坎南、［美］戈登·图洛克：《同意的计算——立宪民主的逻辑基础》，陈光金译，上海人民出版社2014年版，第297—299页。

政府（代理人）采用一定的控制措施。[1] 预算便是公民通过代议机构控制政府财政权的制度安排。[2] 预算制度具有控制功能，包括政府举借债务在内的财政权力的行使必须要经过预算程序的授权，通过预算可以约束政府行为。[3] 预算是运用权力实现对国家财政资源的配置，本质上是由政治逻辑支配的政治过程。"预算首先是纳税人及其代议机构控制政府财政活动的机制，是作为配置资源的公共权力在不同之间的分配，是一个制衡结构，是一个民主政治程序，因而是政治体制、行政体制的一部分。"[4]

"一个适当的预算体系意味着负责任的政府。"[5] 预算可以明确清晰界定政府的职能范畴，明确限定政府收支责任，"国家应该以必要的支出来决定自己的收入，而不应像私人经济那样以可以获得的收入来决定支出"[6]。通过预算约束政府债务资金支出，将其限定在必要的公共支出上，防止政府盲目扩大支出，滥用财政权而造成的公民纳税负担。

（三）是保护公民财产权的有力手段

国家财政权与公民财产权是对立统一的。国家财政权与公民财政权的矛盾性是推动经济宪政与财政民主不断发展与逐步完善的内在动因。一方面，公民基于社会契约让渡了部分的财产权形成国家财政权，国家财政权是以公民和政府之间达成的"契约"为基础

---

[1] [美]乔·B.史蒂文斯：《集体选择经济学》，杨晓维等译，上海三联书店2003年版，第357—362页。

[2] 王威、马金华：《论历史视角下财政民主的理论逻辑》，《中央财经大学学报》2013年第3期。

[3] 王雍君：《预算功能、预算规制与预算授权——追寻〈预算法〉修订的法理基础》，《社会科学论坛》2013年第8期。

[4] 焦建国：《民主财政论：财政制度变迁分析》，《社会科学辑刊》2002年第3期。

[5] [美]乔纳森·卡恩：《预算民主》，叶娟丽等译，格致出版社2008年版，第3页。

[6] [德]理查德·A.马斯格雷夫、[英]艾伦·T.皮考克主编：《财政理论史上的经典文献》，刘守刚、王晓丹译，上海财经大学出版社2015年版，第256页。

的，国家财政权以公民财政权的让渡作为其产生的利益基础与物质来源。另一方面，保护公民财政权是国家财政权的逻辑起点，为国家财政权行使提供了正当性。"对财产权的平等保护成为公共财政形成的宪政背景，或者说，以公民私有财产权保障作为对政府财政的控制，实际上是宪政的内在要求在财政领域的具体体现。"① 国家财政权的对立统一就是要在财政过程中实现两者之间的相互制约，在财政结果上能够合理实现双方的利益诉求。②

国家财政权和公民财政权的对立集中体现为财政权超越其权力边界，不当行使对公民财产权造成的侵害。不管是从国家财政权的演进历史还是逻辑演绎来看，作为资本和权力相结合的国家财政权，具有扩张性和侵害性，会侵害公民的财政权。货币发行权和公债发行权是国家财政权的两项重要权能，也是国家出现财政赤字或其他有资金需求时，惯常采用的融资措施。但是政府滥用货币发行权而引发的通货膨胀，造成货币购买力下降，侵害了公民财产权的交换价值。同样，政府如果通过发行公债为政府行为融资，是以未来一段时间的税收作为还本付息的担保，肆意发行政府债务会增加公民的纳税负担，从而侵害其财产权。因此，要对国家财政权进行限制，防止其滥用对公民财产权造成侵害。

预算安排界定了政府和公民之间的权力（权利）关系，是国家财政权和公民财产权经过政治斡旋而达成的博弈结果。预算制度的民主内核与控制功能使其成为协调国家财政权和公民财政权的政治制度与经济制度。在预算框架中，国家财政权和公民财政权可以在矛盾中实现统一。国家财政权的行使以预算授权为核心，以公民的民主审议程序为基础，征税权是国家获取财政资金、安排预算活动

---

① 刘剑文：《宪政与中国财政民主》，《法治论坛》2008 年第 11 期，第 2—16 页。
② 朱进：《两权分离与均衡：公共财政国家的宪政基础》，《天津社会科学》2008 年第 3 期，第 69—74 页。

的前提。因此，发行政府债务必须经过公民的同意，或者征得代议机关同意。合理的预算机制可以实现政府债务资金的有效配置，加强包括制度建设在内的公共产品供给，促进政府提高公共服务水平的提升，为公民财产权的行使提供物质基础与制度保障。尤其是通过预算安排，可以使债务负担在当代人和后代人之间合理分担，避免债务期限错配造成不同代际主体之间财产权配置不均衡。

二 地方政府债务规模控制的制度规范

市场经济从根本上决定了预算法治性[1]，法治性是公共预算的应然内容。预算法治是以法律形式界定国家财政权和公民财产权之间的关系，明确国家财政权的职权与责任，要求政府收入和支出必须尊重和遵守立法机制所确立的法律规范。预算只有以法律制度为基础才具有稳定性、普遍约束性和强制力。预算法治是实现预算软约束向预算硬约束转变的制度基础。对地方政府债务预算约束的规范控制是预算法治的具体体现，其实现有赖于制度规范。在预算法律制度框架下，通过实体上和程序上，从主体、行为和责任方面进行规范控制，使地方政府债务收支与政府的财政承诺相一致，符合社会公共意志。

美国对地方政府债务预算管理法律制度是全世界最完善的国家之一。因此，在该部分对地方政府债务预算约束的规范控制的论述时，选了美国和我国为样本，希冀通过比较研究方法对我国完善相关制度提供借鉴。

（一）预算规制的立法规定

财政是国家治理的基础和支柱。财政是国家运行的经济基础，

---

[1] 张馨：《论政府预算的法治性》，《经济问题研究》1998年第11期，第17—22页。

处于国家权力的核心地位。宪政产生的根源便基于财政权争夺问题上，财政制度中国家财政权和公民财产权之间的关系亦是宪法规范的重要内容，同时财政权具有限制政府权力的制度功能[①]，因此财政立宪将国家财政权通过根本法予以制约，保证其在法律的限度内运行，是实现财政民主和财政法治、构建现代财政制度的根本途径。预算在财政制度中处于核心地位，对公债预算约束是财政立宪的重要方面。美国对地方政府债务预算约束贯彻了财政立宪的理念，通过宪法从实体和程序两方面对州和地方政府债务进行预算约束。在美国50个州和1个经济特区的宪法中，除了佛蒙特州宪法中没有对该州和地方政府的政府债务进行规定外，其余各州宪法中均有规定。[②]

我国对地方政府债务的预算约束主要通过一部法律和两个规范性法律文件。新《预算法》规定各级地方政府将本地区政府债务纳入预算。国发〔2014〕43号文和财预〔2015〕225号文要求将一般债务纳入一般公共预算管理，将专项债务纳入政府性基金预算管理。

(二) 对债务规模的控制

合理的债务规模可以充分发挥地方政府信用的杠杆放大效用，既有利于满足地方政府在公共支出方面的资金需求，促进该地区经济发展，又可以确保地方政府可以按期偿还债务，不会发生偿债危机。债务规模过高会加重政府财政负担，但是如果债务规模过低，又会降低政府进行公共基础设施建设的投资能力。因此，对债务规模的评估需要和资本性投资相结合，这样可以在确保公共基础设施

[①] 李龙、朱孔武：《财政立宪主义论纲》，《法学家》2003年第6期。
[②] 笔者对美国50个州和哥伦比亚特区的宪法中关于政府债务的规范内容进行了整理和翻译，详情请见笔者主持的国家社科基金项目"地方政府融资平台债务风险防控法律机制研究"的最终成果中附录部分。

建设满足需求的同时体现财政约束。

控制地方政府债务规模的评价指标可以采用绝对量指标和相对量指标。绝对量指标是通过直接规定地方政府债务规模上限来控制债务规模，在规模上限之内则被认为是合理的。相对量指标是指通过债务规模和一定经济数据之间的占比关系来衡量的。相对量指标包括债务率、负债率等。较之相对量指标，绝对量指标不能体现出债务规模和包括 GDP、财政收入、财政支出、财政赤字等经济指标之间的关系，不能反映地方政府的债务承受力，因此控制地方政府债务规模更多的是采用相对量指标或是相对量指标和绝对量指标相结合。

美国各州宪法对债务规模的控制：有的州采用绝对量指标，有的州采用相对量指标。爱德华州宪法第 7 条第 2 款规定："无论是根据州议会的一个或多个法案在任何时期签约的直接债务或者或有债务的总数不得超过 25 万美元；而且这种债务所产生的资金应该被用于当初签约时取得或偿付的目的，不得用于其他目的。"密西西比州宪法第 5 条第 115 款规定："州政府或其任何机构，债务总额不得超过收入总额的 1/2。"我国对地方政府债务规模的控制是采用绝对量指标。《预算法》中规定财政部在全国人大或其常委会批准的总限额以内，根据经济发展水平、地方政府财政收支情况、地方政府债务余额和债务风险等情况，下达省级政府债券限额。

（三）对债务资金支出投向的限制

地方政府举债取得的资金一般仅可用于公益性资本性支出。资本支出具有投入大、周期长、配套性强的特点。公益性资本支出主要用于提供公共物品和公共服务，包括城市基础设施、城镇化改造、修建学校、公立医院、图书馆等。为社会提供公共物品，加强基础设施建设不仅是政府的基本职责。公益性资本支出项目具有投资大、期限长、利润低的特点，因此私人部门不愿意进入该领域。因此，这些公益性资本支出项目必须由政府通过公共财政予以实现。公益性资本支出的项目，建设期资金需求较大，后期运营时资金需求下降。但是，政府财政收入主要来源于税收，其现金流相对比较稳定，因此可能造成公益性资本支出项目前期投入不足的情况。如果前期的资金缺口由当时的地方政府通过税收以财政支出的方式填补，就会导致"当代人建设，后代人享用"的代际失衡。因此，地方政府通过举债融资的方式，一方面，能够满足公共服务和基础设施项目前期巨大投入的资金需求，保证项目的顺利完成；另一方面，在未来的一段时间内偿还本息，其债务资金可以分期计入项目运营期的会计年度内，由不同代际主体分担项目成本，使项目收益主体和项目债务偿还主体趋向一致，可以实现代际公平。

目前美国大部分州（46 个）的宪法或法律有平衡预算要求。其中 44 个州要求州长提交平衡预算议案，有 41 个州要求立法机关实施预算平衡，有 40 个州要求州长签署的预算方案必须要保持平衡。[①] 美国大部分州的宪法或法律对平衡运营预算（Operating Budget）有严格的法律规定，但是可以为了资本性支出发行债务。大部分州和地方政府的平衡预算要求是限制使用短期债务用于当前的预算支出。长期债务是用于撬动资源、基础设施建设和长期项目。[②] 我国《预算法》明确规定地方政府债务只能用于公益性资本支出，主要包括基础设施建设、土地收储、保障性住房、农林水利、生态建设和环境保护、工业和能源等方面。

（四）对举债的程序性要求

地方政府在预算框架之内举借债务必须要经过法定程序，通常

---

① NASBO, *Budget Processes in the States*, pp. 39 – 40.
② Yilin Hou, *Local Government Budget Stabilization*, Springer, p. 121.

需要通过立法机关的审议或者公民的投票，这是公共财政的必然要求。如美国市政债券的发行除了满足资本性的预算管理之外还必须履行正当的程序，州和地方政府举债的程序可以划分为两类：一是议会审批。内布拉斯加州宪法第13条第1款规定，由于修建高速公路或者蓄水工程而发行的债券，需要立法机构及其成员的3/5多数通过才可以发行。二是议会审批并且进行公民投票表决。密歇根州宪法第9条第15款规定："州可以为特定用途借款，金额由两院议员2/3多数通过，由多数在任何大选投票的选民批准。提交给选民的议案应说明借款金额、资金的具体用途和偿还方式。"我国《预算法》也规定了地方政府债务需要由立法机关审议。

三 我国地方政府融资平台债务规模控制中存在的法律问题

通过对比美国、巴西与我国在地方政府债务规范管理控制方面的异同，发现我国在对融资平台债务规模控制的过程中存在一些问题，加剧了债务规模控制的难度。

（一）融资平台和地方政府的债务属性界定不清晰

目前，我国地方政府性债务中或有债务占比较大。主要是由地方政府为融资平台等企事业单位举债提供担保或基于特殊利益考虑而给予救助所形成。新《预算法》实施之前，融资平台举借的债务在政府负有偿还责任的债务、政府负有担保责任的债务、政府可能承担一定救助责任的债务三类债务中均占有较大比重。但偿还责任却因债务属性的不同而由不同的债务主体承担。政府负有偿还责任的债务虽由融资平台举借，但属于政府债务，由地方政府纳入预算管理，使用财政资金偿还。而政府或有债务本身属于融资平台企债务，由其自身进行偿还。当融资平台出现偿债困难时，由地方政府承担偿债责任，此时或有债务又转变为地方政府债务，但同时地方政府又保留着对融资平台的追偿权，这使得或有债务在企业债务与政府债务的界定不明确，无法准确反映债务规模。对地方政府与融资平台债务规模进行测算的指标主要有负债率、债务率、资产负债率等。负债率与债务率是年末债务余额分别与 GDP 和政府综合财力的比率；资产负债率是负债总额与资产总额的比率。年末债务余额一般指政府负有偿还责任的债务余额。但如果年末债务余额包括或有债务按一定比率折算后的余额，则测算出的负债率与债务率将大于仅由地方政府负有偿还责任的债务余额计算出的结果，资产负债率也是如此。因此或有债务属性的界定不清，将直接影响债务指标的高低。进而使得地方政府负债率、债务率和融资平台资产负债率偏离其真实值，不能准确反映地方政府与融资平台的债务风险，从而不能有效地控制两者的债务规模。

（二）缺乏法定的债务规模控制指标

在新《预算法》实施之前，我国疏于对地方政府债务的管理，使得地方政府与融资平台的债务规模迅速膨胀，从而引起了中央政府的高度关注。从国发〔2010〕19 号文对融资平台进行清理规范以来，一系列的法规政策相继出台以规范和控制地方政府与融资平台债务的增长。2015 年中央政府开始对地方政府债务实行限额管理，地方政府举债的上限不能突破限额等法规政策的出台，是我国对地方政府债务管理方面取得的重大进步。但也应该看到，我国是从行政控制角度对地方政府债务每年的总限额进行管理，并没有从宪法或法律条文进行明确规定，存在着约束力不强的弊端。总限额即总量指标也称绝对量指标，是对债务规模进行控制的量化指标之一，有其可取的一面。但也应该看到，总量指标不能有效反映债务规模与经济发展水平及财政实力之间的对比关系，不能直观、准确地反映债务风险的大小。而相对量指标作为债务规模控制的另一量化指标，具有上述优势。相对量指标是通过债务规模和一定经济数据之间的占比关系来衡量债务规模及风险的，如债务率、负债率、资产负债率等。而我国目前并没有以法律的形式对这些债务规模控制指标进行规定，由此导致地方政府债务规模在短短几年内迅速激增，处于膨胀状态。相比之下，美国和巴西在法律上对地方政府债务规模控制方面的规定更为全面和具体。美国大部分州法律对债务规模的控制都通过债务指标进行，控制指标主要有负债率、债务率、资产负债率等。

（三）地方政府为融资平台违法提供担保

融资平台由地方政府出资设立，其所融资金大部分都投入基础性公益性项目上，盈利能力弱，现金流量不足。在向银行等金融机构贷款过程中，为了便于获得贷款，地方政府大都会为融资平台提供担保。银行为了保证资金的可回收，往往也会要求当地政府提供担保。而我国《担保法》规定："国家机关不得为保证人，但经国务院批准为使用外国政府或者国际经济组织贷款进行转贷的除外。"但实践中，地方政府为平台公司违法违规提供担保，变相提供担保的事情却频繁出现。融资平台能够在市场上获得大量融资的一个关键性因素是地方政府通过出具经地方人大同意的支持性文件、地方政府承诺函，"建设—移交（BT）"模式下的回购协议等形式为融资平台公司提供隐性担保。国务院〔2010〕19号文明令禁止地方政府违法违规为融资平台公司提供担保。但根据审计署2013年6月底审计结果，仍有部分地方存在违法违规提供担保的行为。一方面是法规政策的明确禁止；另一方面是地方政府冒险顶风作案，融资平台公司在地方政府违法违规担保的庇护下过度融资，导致债务规模急剧膨胀，加大了控制难度。

（四）融资平台内部缺少债务风险防控机制

从公司的治理结构上来看，虽然融资平台是独立的企业法人，已组建了董事会、监事会等内部治理机构，但由于地方政府在融资平台公司处于绝对控制地位，董事会、监事会并未实质发挥作用，决策权、执行权、监督权无法实现有效分离与制衡，对公司债务的举借与偿还不能形成有力的监督与制约。公司的日常运行听命于政府领导的指令，"政企一家"，其融资必须得到主管部门的授权，资金筹集和支配的权力始终集中在相关的政府主管部门，无法按照市场化的方式进行公司运营。此种管理方式导致融资平台公司没有自主管理权，无法独立承担法律责任。这种政企不分的关系，容易给融资平台公司造成管理上的混乱，内部治理机构不能相互制衡，使平台公司累积大规模债务，极易引发债务风险。

针对融资平台债务规模控制中存在的问题，在依据地方政府债务规模控制的制度规范和借鉴国外先进的地方债管理经验基础上，结合我国具体情况，提出针对性、有效性、可操作性的融资平台债务规模控制的法律途径。

四 我国地方政府融资平台债务规模控制的法律途径

由于新《预算法》的出台，融资平台存量债务性质有所变化，有一部分经清理甄别认定为政府债务，另一部分是融资平台自身的债务，即企业债务。融资平台增量债务是指2015年以后举借形成的债务，也属于企业债务。在融资平台存量债务中，经清理甄别认定为政府债务的，由地方政府纳入限额管理和预算管理并负责偿还；属于融资平台公司自身债务的，由其自身整合资产进行偿还。因此针对融资平台债务的不同属性，对其债务规模控制的途径也不相同。

（一）化解地方政府融资平台存量债务的法律途径

1. 完善现行的财政法律制度

1994年分税制改革重新划分了中央与地方的财政收支，但由于主要税种的大部分收入划归中央，而事权却主要集中在地方政府，导致地方政府财权与事权不匹配。尽管新《预算法》赋予地方政府适度举债权，但同时中央政府加强了对地方政府债务的控制，对地方政府债务实行限额管理，地方政府每年举债额度不能突破当年的限额。但是随着经济发展，城镇化进程的不断加快，地方政府承担提供公共服务的职能有增无减，财政收入增长缓慢，仅通过发行地方政府债券融资，无法满足其投资基础设施建设的资金需求，势必要依靠融资平台的优势提供更多基础设施建设项目，加大融资平台的融资需求。

因此提高中央和地方财权与事权的匹配程度，调整中央和地方的支出责任，明确界定中央和地方政府之间的职责权限。深化分税制改革，使地方政府获得可持续性的财政收入来源。税收是政府财政收入的主要源泉，要合理划分中央与地方税收，同时要建立健全科学化、规范化、制度化的财政转移支付制度，调整地区间横向差距，平衡区域发展。地方政府拥有足够的资金，才能更大限度地满足人们对公共基础设施和服务的需求，减少对融资平台的依赖，进而降低融资平台的融资规模。

2. 依法处置存量债务

在融资平台债务规模的控制中，存量债务规模的化解与增量债务规模的控制，二者需同时兼顾，缺一不可。积极化解存量债务可以降低融资平台债务总规模，为增量债务腾出更多空间。严格控制增量债务，可以防止融资平台债务规模的膨胀，预防债务风险的积累。融资平台存量债务被依法认定为政府存量债务的，由地方政府负责偿还。地方政府在以政府债券对存量债务进行债务置换的同时，应通过多种途径（如变卖政府优质资产、运用PPP模式或资产证券化等）偿还政府存量债务，从而在降低自身债务规模的同时也降低融资平台债务规模。

对完全属于融资平台自身的存量债务，由融资平台通过安排单位自有资金、处置资产、引入社会资本、控制项目规模等多渠道筹集资金进行偿还。如果融资平台没有能力偿还，可以按照市场化原则处理或与债权人协商进行债务重组或依法破产。通过对融资平台存量债务的有效化解，可以极大地减少融资平台债务规模，优化债务期限与结构，缓解其到期偿还的压力，化解潜在的债务风险，从而更好地提高资金使用效率，保证在建项目的顺利进行。

3. 推广基础设施资产证券化

基础设施资产证券化，是化解地方政府存量债务的有效途径之一。基础设施是国民生活和生产所必须依赖的公共产品和条件，具有基础性和公益性的特征，主要由政府主导修建，以满足公民最基本的生产和生活需求，同时也体现出政府提供公共服务的职能。根据使用者是否支付费用，基础设施可划分为公益性基础设施和经营性基础设施。公益性基础设施在运行中不会产生收益，未来不会产生现金流，因而难以进行资产证券化；而经营性基础设施收益稳定，收益期长，属于优质资产，可以将其未来收益权所派生的现金流作为资产进行证券化运作，用以化解地方政府存量债务。因此本书所讨论的基础设施资产证券化是以经营性基础设施为基础的。

基础设施项目收益周期较长，难以在短期内形成充足的现金流，但是通过资产证券化，可以以未来收益带来的现金流作为资产，通过资本市场，将社会零散资金聚集起来，形成较大的现金流。而且基础设施的前期建设投入大，后期运营中的投入会有所下降，同时会产生社会福利，将未来的收益权证券化，弥补前期现金流的不足，符合"代际公平理论"，使后代人在享受基础设施带来福利的同时，相应的承担部分偿还责任，达到代与代之间的平衡。

从实践来看，我国的基础设施资产证券化已经存在较为成功的案例。1996年珠海政府以未来的机动车过路费收益为基础，在证券市场发行债券；2015年广州政府亦采用资产证券化方式，以机场高速未来收费权为基础，在深交所挂牌。这些案例为我国的基础设施证券化提供了经验和指导。具体而言，基础设施资产证券化包括资产池的组建，特殊目的公司（SPV）的设立方式、信用增级方式和担保方式的选择，证券的设计与发行等步骤。首先由发起人根据融资的需求确定用于证券化的基础设施，汇集成资产池；然后将证券化资产"真正出售"给SPV，实现资产原始持有人与基础资产之间的风险隔离，经过信用增级和信用评级，以资产池的现金流为基础，在资本市场上发行有价证券进行融资。其中SPV的选择是核心，我国主要采用城建公司下设SPV型、信托型SPV模式以及资产管理公司设SPV型。第一种模式由城建公司设立专门的子公司来进行资产证券化；第二种模式则由信托公司作为SPV；第三种模型由国有资产管理公司成立专门SPV，专门负责收购基础设施资产，进而实现证券化。

将基础设施资产证券化，可以充分利用基础设施收益稳定的特点，同时弥补因收益周期长而造成的现金流短缺，通过将未来收益权转化为现金流，有效化解地方政府存量债务。

4. 设立地方政府偿债基金

偿债基金是指由政府设立一个专项基金，专门用以偿还地方政府的债务。从本质上来说，偿债基金是一种政府性基金，具有政府财政工具的功能。偿债准备金已受到中央和各地方政府的重视，根据 2013 年全国政府性债务审计结果，截至 2013 年 6 月底，我国已有 28 个省级、254 个市级、755 个县级建立了偿债准备金制度，准备金余额 3265.50 亿元。同时财库〔2014〕57 号文中规定，试点地区应当建立偿债保障机制。从实践中来看，已经设立的偿债基金主要有综合偿债基金和专项偿债基金。前者不需要区别地方政府债务来源的具体类别；而专项偿债基金的偿还对象主要针对某一类具体项目建设资金，具有单一性特点。

对于存量债务的化解，不同类型的基金具有不同的优势。综合偿债基金主要用于公益性的项目投资，通过调剂财政结余以及安排预算等途径保障偿债基金的来源，偿付公益性的项目投资所带来的存量债务。公益性的投资项目往往体现着政府承担公共服务的职能，但收益周期较长，在地方政府财力有限的情况下，应由中央政府通过财政支出向偿债基金注入资金，确保资金量的充足，保证按期偿还存量债务。相比而言，专项偿债基金则主要针对具体项目，而且此类项目往往具有一定的经济收益，因而地方政府应对其实施严格监管，监督每一笔资金的使用，避免资产的流失。总之，偿债支出的需求大于偿债基金总量时，综合偿债基金更有利于提高政府的偿债能力。而专项债务基金更有利于细化债务资金使用，最大程度地发挥偿债基金的作用。

各地方应在合理测算的基础上，结合当地的实际情况，确定偿债基金的规模以及偿债准备金。同时，因债务的偿还周期较长，确保偿债基金的来源稳定显得尤为重要。从实践来看，偿债基金来源主要有以下六类：第一，债务建设项目投入使用后的收益。主要指具有一定收益的基础设施的使用收益，例如收取的高速公路过路费。其可以在举借债务的基础上产生收益，在扣除必要的费用后部分注入偿债基金。第二，国有资产收入。此类收益主要来自对国有资产的处置，但是应严格依法进行，避免国有资产的流失。第三，土地收益中地方政府的分成部分。对于国有土地有偿使用费，由中央和地方按比例提取。地方政府的土地使用费收入，应在扣除土地搬迁补偿费后优先增加偿债补偿金。第四，地方专项基金收入。其使用主要分为两个部分：一方面用于新增投资，即投入公用事业和基础设施建设等；另一方面，应适当划入偿债基金，用以偿还建设中的存量债务。第五，一般预算收入。地方政府每个预算年度应从预算收入中提取部分资金注入偿债资金。第六，其他收入。包括专项转移支付、罚没收入等，也可以适当划入偿债基金，用以偿还存量债务。对于偿债基金的使用，应严格控制在偿还地方政府增量债务的范围内，当地方财政无力按期偿还债务时，才可以通过偿债基金提供部分资金，用以偿债。

从借鉴域外法经验的角度来看，美国各州政府及地方政府每年都会为偿债基金编制预算，同时为了防止偿债基金被闲置，允许将其投给法律所允许的投资对象，用以增加地方政府收益，确保地方债务的偿还。同时美国建立了偿债基金信息披露制度，要求在偿债基金发生重大变化时向公众披露相关信息。日本则规定地方政府定期向偿债基金中注入资金，在确定偿债基金比例时要求综合考虑偿还总额、期限及分期利息等。同时允许每年按计划偿还债务之后，用剩余偿债基金购买国债，进一步减轻地方政府的债务压力。

建立地方政府偿债基金，分散了地方债务，减轻了地方政府的债务偿还压力。不断向偿债基金注入新的资金，加之其自身的增值部分，基金池会不断增大，在进行信用评级时政府的信用也会提升，有利于政府对外融资，更好地提供公共服务。但是，从域外经验来看，我国偿债基金制度还不完善，需要合理确定偿债基金比率，同时盘活偿债基金，做好信息披露，最大限度地发挥其优势，化解地方政府的存量债务。

(二) 控制地方政府融资平台增量债务的法律途径

1. 明确界定融资平台与地方政府的债务属性

或有债务在企业债与政府债归属上的不确定，将影响对地方政府及融资平台债务风险的判断，不能有效地防控和化解两者的债务风险。因此应从法律上明确界定或有债务的责任归属，详细规定归属于政府债务或企业债务所应具备的条件。属于政府债务的，由地方政府纳入预算管理，使用财政资金进行偿还；属于企业债务的，由融资平台整合资产运用市场化原则化解债务。依法明确界定融资平台与地方政府在或有债务上的责任界限，也使在运用债务率、负债率、资产负债率等债务指标对两者的债务规模进行测算时，能够得出准确的债务指标值，以反映真实的债务风险，使两者的债务规模得到有效控制。

2. 设立法定的债务规模控制指标

债务规模是引发债务危机的直接因素，目前大多数国家都建立了完备的法律法规对地方政府债务举借进行约束和控制。而且大都采用量化指标对债务规模进行控制。量化指标包括绝对量指标和相对量指标。绝对量指标是通过直接规定地方政府债务规模上限进行控制，在规模上限之内则被认为是比较合理的。相对量指标是通过债务规模和一定经济数据之间的占比关系来衡量，如债务率、负债率等。目前我国已开始从绝对量上对地方政府举债进行控制，但新《预算法》只是对债务限额规定进行了原则性的表述。全国地方政府及各级地方政府每年举债的限额虽都经过人大审批，但都以国务院的规范性文件形式予以规定，约束力不强。效力层级较低。应借鉴国外做法，从宪法或法律上对我国地方政府债务限额进行管理。

同时，应依法建立地方政府债务规模控制的相对量指标，如负债率、债务率、资产负债率等。相对量指标能体现出债务规模和包括 GDP、财政收入、财政支出等经济指标之间的关系，能更好地反映地方政府的债务承受力及债务负担。如巴西在其法律中规定州政府债务率小于 200%、市政府债务率小于 120%。美国联邦政府对地方政府债务控制的债务率标准为 90%—120%，负债率为 13%—16%。而且美国绝大部分州宪法及宪法修正案对州政府举债都有诸如类似的规定。例如美国北达科他州宪法第 10 条第 9 节规定："任何政府部门举借的债务都不得超过本地区应税财产价值的 8%。经过本地区 60% 以上的选民投票通过，可以提高债务限额，增加 7 个百分点。"新墨西哥州宪法第 9 条第 8 节第一款规定："除前款规定的债务之外，州政府不得举借债务，除非经法律特别授权；法律必须规定足够的年度税收以支付利息，并规定偿债准备基金以偿还 50 年内的债务本金；除领土债务之外，如果债务总数超过上一期一般评估中确定的州应税财产估值 1% 的，州政府不得举借债务。"

因此，我国应在充分借鉴国外经验的基础上，结合具体国情，统筹考虑各地区在经济发展水平、人口数量、财政收支情况、基础设施建设、城镇化程度方面的差异性，通过法律规定各地区不同的债务率及负债率等指标，进而有效地控制地方政府债务规模。

3. 建立违法融资担保行为的责任追究机制

我国法律明确规定地方政府不得为担保人，即地方政府及其部门出具的担保合同因违法而无效，对债权人不承担偿债责任，仅依法承担适当的民事赔偿责任。因此，如果任由地方政府为融资平台举债提供担保，而不加以控制，将严重损害债权人的利益，也使得融资平台债务规模膨胀，资不抵债，产生偿债风险。在新《预算法》出台后，根据 2015 年 12 月 15 日全国人大常委会预算工作委员会的调研报告，有的地方仍存在违法违规融资担保行为。究其原因，责任追究机制没有有效建立。新《预算法》第 94 条对地方政府违规提供担保的法律责任规定得过于笼统，没有明确具体的问责主体、问责程序以及责任类型。针对地方政府违法担保行为，不仅直接责任人要承担法律责任，地方政府也要承担相应的法律责任。因此要建立具体可操作的责任追究机制，确定执法主体、执法程序和责任类型，严格按照程序处理。

4. 完善融资平台内部债务风险防控机制

融资平台公司管理的好坏将对其债务风险的发生与否产生较大的影响。因此，在融资平台公司逐步实现市场化的转型过程中，必须完善融资平台公司内部治理机制。首先，要优化内部治理结构，政府人员应逐步退出融资平台的内部管理，交由专业的公司管理人员运营，实现科学管理。其次，在内部控制上，健全内部治理机构，明晰股东会、董事会、监事会的权利义务，规范投融资决策和管理；建立内部还款约束机制和还款保障机制。同时，地方政府融资平台的监事会必须具备权威性和独立性，能够对融资平台的真实运营情况进行审查，并提出监管建议，防止债务规模无序增加，有效控制平台债务风险。

5. 扩宽融资平台融资的法律途径

目前融资平台面临着融资渠道单一，债权比重较高，资产负债率高的现实困境。在充分化解存量债务的基础上，要严格控制新增债务规模的增长，减少债权融资的比重，拓宽平台融资渠道，构建多元化的融资体系。

首先，积极发展股权融资。融资平台应尽快建立现代企业制度，提升治理能力，积极利用股权进行直接融资。股权融资筹集的资本可以永久使用，不需归还，筹集的资金没有付息的负担并且可以作为公司的资本金，作为其他方式筹集资金的基础，增强公司的举债能力，还可以通过增发、配股，进行再融资，吸引境内外资本以合作、联营、参股等方式参与融资平台的项目建设。这不仅有助于解决融资需求，还减轻了融资平台公司债务规模，既提高融资平台实力,又可以提高公共服务水平。

其次,充分运用项目融资模式。对于融资平台负责的重大项目,应适当放宽社会资本的准入门槛,吸引社会资本参与,有效缓解融资平台举债融资压力,减少增量债务规模。PPP模式是当前政府鼓励和大力推广的项目融资模式。融资平台应积极响应国家政策,根据自身所处的不同阶段,选择合适的运作模式。对于仍处于银监会监管名单内的融资平台,在符合条件的情况下,可以把在建项目(如准经营性项目供水、供气、垃圾处理、轨道交通等)转为PPP项目,引入社会资本参与共同建设,由政府给予特许经营权或财政补贴以保证社会资本投资者获得合理的收益。从而减少融资平台的融资压力,有效缓解增量债务规模的增长。

第四章

地方政府融资平台债务资金运行管理法律机制

地方政府融资平台债务资金运行管理机制包括地方政府融资平台举债法定方式、债务资金法定用途以及债务资金偿还等环节。重复抵押、虚拟抵押、政府违规担保套取贷款以及投资项目缺乏严格、科学的论证、债务资金使用效益低下等因素，也是引发融资平台债务风险，导致融资平台无法偿还债务的重要原因。

一 地方政府融资平台债务融资法律规制

(一) 地方政府融资平台债务融资主体资格的法律规制

旧《预算法》第28条第2款规定："除法律和国务院另有规定外，地方政府不得发行地方政府债券。"受制于《预算法》的制度障碍，地方政府通过设立融资平台，使其承担地方政府投资项目融资职能，为地方基础设施建设和市政公用事业筹措资金，融资平台成了"中国式的金融创新产品"。到2009年末，融资平台公司数量激增、债务规模迅速膨胀。同时融资平台公司运作不规范、违法违规举债、缺乏监管等问题，使融资平台偿债风险增大。尤其是平台债务和政府债务界限不清，代偿风险很大，如果处理不当，可能引发金融危机和财政危机。

2010年，国务院发布了国发〔2010〕19号文，开始清理融资平台，对融资平台公司债务进行核实及处置。之后财政部、银监会、人民银行、发改委出台了多项措施，加强对融资平台的管理，对融资平台公司进行分类处理，明确其债务责任。对只承担公益性项目融资任务的"空壳"平台进行清理；对既有融资功能又有投资功能的融资平台，剥离其融资职能；对有稳定收益及为非公益性项目融资的融资平台要求其转型，进行完全市场化运作。在此基础上，银监会对融资平台进行"名单制"管理，将融资平台划为退出为一般公司类和仍按平台管理类，前者为监测类，后者为监管类。后者与前者相比，在授信审批、新增贷款方面管理更为严格。

2014年，国务院颁布国发〔2014〕43号文、财政部颁发财预〔2014〕351号文，要求对融资平台的债务进行甄别，将符合规定的部分融资平台债务纳入预算管理。未纳入预算管理的债务，地方政府不再承担偿还责任，但在实践中却存在许多地方政府为该类债务进行背书的情况。目前仍有许多融资平台仍在为地方政府融资，其融资职能尚未完全剥离。因此必须要落实中央政策、执行相关法律法规，严格限制地方政府新设融资平台，彻底剥离融资平台为地方政府融资的职能，取消融资平台作为地方政府债务的主体资格，明确划清融资平台和地方政府的偿债责任界限。

在2015年新《预算法》规定："除发行地方政府债券外，地方政府及其所属部门不得以任何方式举借债务。"根据新《预算法》的规定，融资平台不得再以任何方式举借地方政府债务，但是融资平台作为市场主体，仍然可以以自己的名义从事举债融资活动，只是融资平台债务在性质上属于企业债务，而不再属于地方政府债务。虽然融资平台不得以任何方式举借地方政府债务，但仍是地方政府债务资金的使用主体。可以在各省份地方政府在国务院确定的债务限额内，通过发行地方政府债券获得债务资金，再根据债务资金使用主体的需求分配给融资平台。

在《预算法》修改之前，地方政府融资平台作为地方政府的特殊融资工具，在成立时大多采用公司形式，主体法律属性为特殊的商法人。但是除了一部分只具有融资功能，不具有投资功能的"空壳平台"外，大部分的融资平台兼具投资功能，代表地方政府投资基础设施建设和公共服务领域，从事公共产品领域的投资经营活动。在这一层面上，融资平台的主体法律属性又属于经济法中的国家投资经营主体。虽然融资平台法律主体属性上具有双重性，但是融资平台首先是商法人，和其他商主体的举债融资权利能力相同，可以在法律许可的范围内，以自己的名义进行举债融资活动。

（二）地方政府融资平台的债务融资途径及其存在的法律问题

2011年和2013年审计结果显示，地方政府性债务主要是通过融资平台举借的。其举债途径主要包括：银行贷款、回购、发债融资及信托融资。

1. 新《预算法》前融资平台的债务融资途径

（1）银行贷款

银行贷款是融资平台最主要的举债融资方式，亦是基础设施建设中最重要的资金来源之一。由于我国资本市场不发达、制度不完善、市场活力欠缺，目前我国是以间接融资为主的金融体系，因此企业更多是通过银行贷款这一间接融资途径，较少采用直接融资。融资平台的银行贷款包括商业银行贷款和政策性银行贷款。相比之下，后者具有贷款期限长、贷款利率低的优势。

2010年国发〔2010〕19号文出台之前，地方政府是委托融资平台代建城建项目，以未来预期应收代建款作为还款来源为主流贷款模式。此种模式下，城建项目本身不需要依靠项目收益来偿还贷款，对项目本身的收益不做预期要求。在国发〔2010〕19号文出台后，根据文件，银行只对有稳定经营性收入的公益性项目融资并主要依靠自身收益偿还债务的融资平台进行审批授信。因此，传统的主流委托代建模式不再适用，商业银行贷款对项目本身的要求也更为严格，强调保障并限定还款来源。

除商业银行贷款外，政策性银行是融资平台重要的融资对象。政策性银行贷款和商业银行贷款相比，具有贷款期限长、贷款利率低的优势。实践中很多融资平台公司采用此种方式融资。以西安城市基础设施建设投资集团有限公司为例，该公司作为西安市政府融资平台公司，负责城市基础设施的建设项目。该公司主要负责以下项目：城市排水管道建设、城市气化、城市集中供热以及园林、绿化、广场生态环境建设等项目，通过公开招标贷款银行，最终与国家开发银行陕西省分行签订贷款意向书。在新《预算法》实施后，地方政府融资渠道被限定为一种途径，在地方政府财政资金短缺的情况下，国家开发银行针对各地方综合管廊工程、棚户区改造工程进行低息项目贷款。

(2) BT 融资

BT 融资（build-transfer），即"建设—移交"。BT 融资是指"政府通过招投标选择 BT 建设的投资者，之后建设资金的筹集和项目建设均由中标取得 BT 建设的投资者（承包人）负责。项目完工并经验收合格后立即移交给建设单位（通常为政府），建设单位按 BT 建设双方约定时间，向 BT 建设投资者（承包人）支付工程建设费用和融资费用"[①]。由于政府或政府授权的项目通过一次性或分期支付的方式支付建设资金，在项目建设完成后，政府立即通过协议

---

① 张维宾、王民荣、虞晓江：《非金融企业资产证券化的会计处理》，《财务与会计》（综合版）2006年第10期。

的形式将项目赎回，因此，BT 的实质是一种由建设者垫资进行项目建设的变相融资方式。特别是为了在保证工程质量的同时降低投资成本，应该要求既是投资者又是施工者的 BT 项目承建商，同时拥有较强的投融资能力和较强的施工能力。

（3）债券融资

发达国家，债券融资是最主要的融资途径。在我国用于基础设施和公益性项目的建设融资而发行的债务，称之为城投债。城投债包括城投企业债。城投企业债融资具有期限长、利率低等优势，城投企业债的发行规模由发改委负责核准。为提供融资平台的信用评级，降低企业债的发行成本，地方政府可以通过建立偿债基金的方式增信。此外，城投债还包括城投企业短期融资券和中期票据。和城投企业债相比，短期融资券、中期票据融资的发行均实行注册制，而非审批制，优点在于发行程序简单、时间较短、方式灵活。城投企业发行短期融资券、中期票据，需要符合以下规定：具有稳定的偿债资金来源，有连续三年的经审计的会计报表，最近一个会计年度盈利，并且待偿还债券余额不超过企业净资产的40%。依据银行间债券市场交易的相关规定，企业债采取承销方式发行，由主承销商与承销团负责。发行城投债需要先向交易商协会申请与注册，之后在银行间债券市场发行与交易，并在国债登记结算部门进行登记、托管、结算。

（4）信托融资

信托融资是信托公司通过发行的信托产品向融资平台提供资金的融资方式。信托融资具有手续简便、操作灵活、审批容易、融资规模弹性大的优点，使融资平台项目贷款中自筹资本金不足的问题得到了有效缓解，但应当注意的是，此种融资方式也有其缺点，例如期限短、成本高等。

在信托中，每单信托产品的份数都受到严格控制，为扩大信托规模，信托公司通常采取的做法是，先由银行发行个人理财产品，再将该理财产品委托给信托公司。此种方式不仅可以适用于传统的流动资金贷款和项目贷款，还可作为股本金进行融资。例如，信托公司通过发行信托产品，以投资的方式入股融资平台，从而提高了融资平台的资本金规模，同时事先约定回购价格（实际为融资利息及相关信托、银行费用），到一定期限后（一般为两年以内），融资平台负责回购信托公司所持股权。

2. 新《预算法》实施后融资平台债务融资的新渠道

（1）政府与社会资本合作模式（PPP模式）

在新《预算法》实施后，地方政府融资行为逐步规范化，虽然融资平台不再成为地方政府债务的举借主体，但是地方政府的事权和支出责任以及融资平台投资职能并没有发生根本的变化，融资平台仍然要承担地方基础设施建设工作。针对该问题，中央大力推广PPP模式，鼓励社会资本参与基础设施投资和运行，缓解地方政府在城镇化建设和基础设施建设方面的资金短缺问题，保障在建项目后续资金问题以及新建项目资金问题。

PPP模式是政府和社会资本合作模式，在项目的建设和运营中，政府和社会资本可以进行资源整合，利益共享，风险分担。但是在PPP模式中，融资平台一般不能作为社会资本一方参与，除非融资平台建立了现代企业制度，能进行完全的市场化运作，不再依靠政府财政资金，能够实现自负盈亏。PPP模式包括很多类型，如BOT、TOT等。

BOT（Build-Operate-Transfer），即"建设—经营—移交"。在BOT项目中政府以招投标的方式确定投资者。中标的投资者需要按合同约定负责项目的融资、投资、建设、经营、维护等。在协议期限内，投资者通过经营来获取收益，同时需要承担项目相关的风险，政府则享有对该项目的监督管理权。在协议期限届满后，投资者再将该项目移交给政府。

TOT（Transfer-Operate-Transfer），即"移交—经营—移交"模式则与 BOT 模式下的转让不同，在 TOT 模式下，政府是转让方，转让的是已经建成的基础设施项目的运营权，投资方则根据预期的项目收益（现金流量）对政府进行一次性投资，在经营期限届满时，投资方再将项目移交给政府。政府在获得该笔资金后，可用于建设之后的基础设施建设，以此循环进行。

（2）项目收益票据

项目收益票据是一种新型融资工具，是在融资平台政府融资职能被剥离后，为地方政府融资提供的新的融资渠道。项目收益票据是指非金融企业在银行间债券市场发行的，为项目建设筹集资金，以项目产生的经营性现金流为主要偿债资金的新型债务融资方式。相对于传统的金融融资工具，项目收益票据的创新主要体现在：第一，项目收益票据可以获得一定的财政补贴，但政府不能为其提供担保；第二，项目收益票据主要以项目未来的现金流作为偿债资金，体现了较强的偿债能力；第三，项目收益票据的发行主体是独立的项目公司，能够对其与地方政府的债务风险进行有效隔离；项目收益票据面向的投资者不仅包括机构投资者还包括个人投资者。因此，地方政府可以通过成立项目公司来注册发行项目收益票据，解决在建项目和新增项目的资金问题。

（三）地方政府融资平台债务融资中存在的法律问题及其对策

在《预算法》修改之前，地方政府债务资金来源主要依靠银行贷款、城投债、BT 和基建信托等融资途径获得，存在很多违法、违规行为：地方政府违规回购；以无土地使用证的土地收入承诺还款；违法将市政道路、公园等公益性资产作为抵押担保物；地方政府违法提供保证等。其中，地方政府违法、违规提供担保最为典型，如地方政府出具的"担保函"、"承诺函"、"安慰函"；在融资平台偿债出现困难时给予资金支持；当融资平台公司不能偿还债务时，承担部分偿还责任；将融资平台的偿债资金纳入政府预算。同时，在对地方政府债务进行清理甄别后，没有纳入预算管理的，实践中还存在地方政府为其进行背书的情况。

根据《担保法》第8条规定："国家机关不得为保证人，但经国务院批准为使用外国政府或者国际经济组织贷款进行转贷的除外。"第37条第3项规定："学校、幼儿园、医院等以公益为目的的事业单位、社会团体的教育设施、医疗卫生设施和其他社会公益设施，不得进行抵押。"长期以来债权人相信地方政府会对融资平台兜底。债权人在明知地方政府提供保证及违反法律规定以社会公益设施进行抵押的情况下，仍然接受该条款。

要有效解决融资平台长期以来存在的问题，首先应彻底剥离平台公司的融资职能。融资平台运作不规范、缺乏有效监管，存在很多违法违规举债行为，使融资平台公司债务日趋增大。尤其是融资平台债务和地方政府债务界限不清，地方政府代偿风险很大，如果处理不当，有可能引发金融危机和财政危机。

2014年，国发〔2014〕43号文和《清理甄别办法》对融资平台债务进行清理，将符合条件的债务纳入预算管理。未纳入预算管理的债务，地方政府不再承担偿还责任。但在实践中，地方政府对没有纳入预算的债务也进行了背书。目前仍有一些融资平台继续为地方政府融资，其融资职能尚未完全剥离。因此必须要落实中央政策，执行相关法律法规，彻底剥离融资平台的融资职能，取消融资平台作为地方政府债务主体之资格，明确划清融资平台和地方政府的偿债责任界限。"要使融资平台成为具有能够依靠自身独立运作和自担风险的企业法人,成为实质意义上的地方政府企业法人,其负债与地方政府不再发生直接关系。"①

其次,应该明确地方政府债务的法定主体。新《预算法》第35条第2款和国发〔2014〕43号文,地方政府债务的法定主体是省、自治区、直辖市政府,不包括市、县、乡镇级政府。如果确实需要举借债务,市、县政府应通过与省级政府签订代发和转贷合同的形式,由省级政府代为举借,市、县级政府没有独立的发债权。在省级政府代为举借债务的过程中,债务主体与债务偿还责任的认定存障碍。如果市、县政府的债务发生违约,省级政府作为法定责任主体,仍承担债务偿还责任。因此,在省级政府下达市、县级地方政府债务限额的基础上,有必要通过立法赋予市、县级政府独立的发债权,让市、县级政府以自己的名义承担法律责任,使权责相一致。

再次,整治违法违规融资行为。针对违法、违规担保行为,首先应该严格遵照《担保法》规定,认定为无效担保,免除地方政府的担保责任。虽然担保合同因为违反法律规定而无效,但这并不影响主合同效力,融资平台公司依然承担法定偿还义务。同时还可以通过及时增加担保主体,追加或置换合格的抵押物及符合质押条件的项目预期收益等方式,整治违法、违规的融资行为,缓释债务风险。

二 地方政府债券法律制度

新《预算法》规范了地方政府融资渠道,地方政府只能通过发行地方政府债券筹措债务资金。地方政府债券是地方政府以其信用为基础,以未来税收或项目收益为担保,在证券市场上发行的有价

---

① 张宇润:《法律行为化解地方融资平台风险之论》,《学术界》2015年第3期。

证券。在一国主权范围内，中央政府信用等级最高，其发行的国债被称为"金边债券"。相比于国债，地方政府债券则以地方政府的信用为基础，其信用等级更低，但相比于其他债券而言，地方政府债券在信用等级仍处于优势，因此往往被称为"银边债券"。为充分实现政府职能，地方政府需要负责大量的基础设施建设项目，当地方财政不能满足资金需求时，地方政府往往通过债券的形式融资，其发行的债券是地方政府债券。

（一）地方政府债券与城投债

在新《预算法》实施之前，"通过设立地方政府融资平台来发行城投债，成为地方政府在资本市场融资的主要方式"[①]。城投债券是指城投公司为城市公共基础设施建设筹集资金而发行的一种企业债券，主要用于城市基础设施建设领域。城投债履行了地方政府的部分公共服务职能，就作用而言，相当于国外的市政债券，因此城投债又被称为"准市政债券"或"中国式地方政府债券"。但应当注意的是，二者的性质是不同的，城投债属于企业债，市政公司发行的市政债券则是政府债券的一种形式。此外，地方政府债券和城投债的差异还体现在以下几个方面。

1. 法律适用上的差异性

地方政府债券从发行、交易、偿还要受到《预算法》、《地方政府一般债券发行管理暂行办法》、《地方政府专项债券发行管理暂行办法》等法律规范的规制。针对城投债，我国没有专门的法律规范。城投债作为企业债券，适用有关企业债券的相关法律规范，包括《企业债券管理条例》、《银行间债券市场非金融企业中期票据业务指引》、《银行间债券市场费金融企业短期融资券业务指引》、

[①] 周沉帆：《城投债——中国式市政债券》，中信出版社2010年版，第9页。

《关于推进企业债券市场发展、简化发行核准程序有关事项的通知》等。城投债的发行主体条件和审核程序需要满足以上法律的规定。此外,《上海证券交易所公司债券上市规则》、《深圳证券交易所公司债券上市规则》对城投债券的上市条件进行了规定。城投债券在银行间债券市场上流通也应该满足《全国银行间债券市场债券交易流通审核规则》的规定。

2. 法定发行主体上的差异性

地方政府债券的发行主体是省级地方政府,市、县级政府需要通过地方政府债券融资时,只能向省级政府提出申请,由其代为发行。除此之外,乡、镇级政府既无发债权,也不得由省级政府代为发债。城投债券的发行主体是由地方政府或者机构为用于市政建设筹集资金而设立的城投公司,其中包括很多融资平台。

3. 法定类型上的差异性

就具体类型而言,地方政府债券可分为一般债券和专项债券。一般债券是指省级政府为没有收益的公益性项目发行的,以一般公共预算收入还本付息的地方政府债券。专项债券是指省级政府为有一定收益的公益性项目发行的,以公益性项目对应的政府性基金或项目收益还本付息的地方政府债券。城投债分为企业债券、中期票据和短期融资券。

4. 法定发行期限上的差异性

在地方政府债券中,一般债券的发行期限分为1年、3年、5年、7年和10年;专项债券的发行期限分为1年、2年、3年、5年、7年和10年。在城投债中,城投公司企业债券的发行期限分为3年、5年、6年、7年、8年、10年、15年和20年;城投公司中期票据的发行期限大部分为5年,少数为3年或者8年;城投公司短期融资券的发行期限分为365天、180天和270天。

5. 信用评级上的差异性

地方政府债券信用评级的影响因素主要有：财政体制、宏观经济和政策环境、地区经济、政府债务及偿债能力、地方政府治理水平。而对城投债信用等级的评定需要考虑：（1）宏观经济因素。包括区域经济政策、区域经济发展水平、国家产业政策等的影响。（2）地方政府因素。包括财政实力、地方财政对城投公司的支持力度等。（3）城投公司自身经营状况与财务实力分析因素。包括与地方政府关系的密切程度、管理能力、发展能力、财务实力、特殊事项分析等。

（二）美国市政债券法律制度

美国市政债券是由州政府、地方政府及其授权机构发行的一种有价证券。从1825年纽约州通过发行市政债券筹资修建伊利运河开始，美国市政债券经过将近200年的发展，目前已经建立了包括债券发行、债券交易、债券评级等在内的，较为完备的地方政府债券制度，并被许多国家所借鉴。我国地方政府债券类型就是以美国市政债券种类的划分标准确立的，其中一般债券类似于美国的一般责任债券，专项债券类似于美国的收益债券。

在美国《联邦宪法》和各州宪法中赋予了州政府举债权，并规定了各州举债限额。发行市政债券是州政府举借债务的主要途径，其立法包括《证券法》、《证券交易法》、《公共事业控股公司法》、《信托债券法》、《投资顾问法》等。此外，美国证券交易委员会、市政债券法规制定委员会、美国证券承销商协会制定的相关制度也是美国市政债券发行、交易的行为准则。

美国市政债券主要包括两类：一般责任债券（General Obligation Bonds）和收益债券（Revenue Bonds）。一般责任债券是州政府、地方政府及其授权机构以其信用为基础，以税收作为偿债担保的债券。一般责任债券主要是为没有收益的项目融资而发行的债券，如修建地下管道、市政道路等。收入债券是州政府、地方政府及其授权机构以项目收益为偿债来源的债券。收入债券是为有收益的项目融资而发行的债券，如修建高速公路、学校、公立医院、发电站等。

美国市政债券的发行主体较为广泛，不仅包括各州政府（state），还包括各市（city）、县（county）、镇（town）、学区（school district）、特区（district）以及市政公司（municipal corporation），而中国地方政府债券的发行主体只能是31个省级政府和5个计划单列市。虽然融资平台和美国的市政公司在职能上具有相似性，但是我国法律明令禁止融资平台成为地方政府债券的发行主体。

美国市政债券的一大优势就是市政债券与保险业务相结合。市政债券保险在美国市政债券中被广泛采用，大约有一半以上的市政债券在发行时，都选择投保市政债券保险。在美国，市政债券保险是一种保险类型，当发生债券发行人违约的情况，由保险公司担保偿付债券的本金和利息，债券发行人或保险债券的持有人向承保人一次性支付或者分期支付保金。从20世纪70年代开始，债券保险公司开始为市政债券提供保险。第一个专门为市政债券提供保险的独立资本化运作的保险公司是美国市政债券保险公司（AMBAC），1973年AMBAC加入市政债券保险公司协会（MBIA），AMBAC、MBIA与金融担保保险公司（FGIC）、财务安全保险公司（FSA）并称为四大市政债券保险公司。

市政债券保险是市政债券中常见的信用增级方式，可以提高债券的信用评级。除此之外，债券保险还有以下优势：首先，为政府单位、机构及发行债券的机构节约利息支出。其次，为购买人或被保险债券持有人减少发行人不能支付本息的可能性。如果承保人的信用评级高于发行人，还可以避免降级的风险。再次，债券保险的方式不仅增强了市政债券的流动性，同时，在这样的模式下，承保人还可以提供信用担保、尽职调查、监督等服务。没有投保的市政债券，如果发生违约，债券受托人通常不会采用适当的补救措施，债券持有人将不会获得补偿。

美国市政债券制度和中国地方政府债券制度相比，有以下不同：首先，美国市政债券发行主体除州政府及其地方政府外，还包括学区、特区和市政公司，其主体范围较之我国要广泛得多。究其原因，主要是美国市政债券法律制度完善，市政债券市场机制健全，地方政府举债融资行为规范，并且有市政债券保险等配套制度，即便发行主体多元化也不会引发发行主体滥发债券的情况。而我国长期以来，地方政府举债行为不规范，存在很多违法违规行为，因此需要通过限制发行主体规范举债行为。其次，美国市政债券的持有人主要是各州居民，而我国地方政府债券的持有人主要是银行，因此债务风险主要集中于金融机构。再次，持有美国市政债券的个人可以免征个人所得税，但我国没有此项规定。虽然我国和美国在国家制度、财政分权体制、市场经济程度等方面不同，但是美国市政债券制度中投资者构成、税收优惠、增信方式等方面可以为我国地方政府债券制度的完善提供借鉴。

（三）地方政府债券信用评级法律制度

债券信用评级是信用机构运用一定的等级符号表示债券发行主体或债项的信用风险程度。债券信用评级可以直接反映出债券发行人的偿还意愿及偿还能力，不同的评级等级可以反映出不同债券发行主体的信用。我国地区经济发展不平衡，地方政府经济发展水平、财政收入、基础设施建设程度不同，因此不同地方政府发行的地方政府债券的风险也不同。对地方政府债券进行评级，可以帮助市场中的投资者进行风险识别与风险防控。

根据《关于做好2015年地方政府一般债券发行工作的通知》（财库〔2015〕68号文）和《关于做好2015年地方政府专项债券发行工作的通知》（财库〔2015〕85号文）中关于地方政府债券信用评级的规定，一般债券和专项债券只需要进行债项信用评级。

根据各省份披露的地方政府债券信用评级报告，目前可以开展地方政府债券信用评级的机构包括以下几个：大连市、广东省、贵州省、湖北省、江西省、宁波市、山东省的地方政府债券由上海新世纪资信评估投资服务有限公司进行信用评级；北京市、福建省、广西壮族自治区、河北省、河南省、湖南省、江苏省、内蒙古自治区、陕西省、四川省、西藏自治区、新疆维吾尔自治区、浙江省、重庆市的地方政府债券由中债资信评估有限责任公司进行信用评级；安徽省、山西省的地方政府债券由东方金诚国际信用评估有限公司进行信用评价；甘肃省、吉林省、厦门市、天津市、云南省的地方政府债券由联合资信评估有限公司进行信用评级。海南省、黑龙江省、辽宁省、宁夏回族自治区、青岛市、青海省的地方政府债券由大公国际资信评估有限公司进行信用评价。上海的地方政府债券则由中诚信国际信用评级有限责任公司进行信用评级。

1. 地方政府债券信用评级的考虑因素

美国市政债券信用评级的机构包括标准普尔（Standard Poor）、穆迪（Moody）、惠誉（Fitch）三家公司。这三家机构所采用的评级要素各不相同。标准普尔采用的是五要素框架：政府架构、财政管理、地方经济、当年预算、地方政府债务情况。穆迪采用的是四要素框架：财政管理、地方经济、当年预算、地方政府债务情况，没有将政府架构这一因素包含在内。惠誉与穆迪所考量的要素大致相同，包括财政管理、地方经济、当年预算、地方政府债务情况要素。不过三家评级机构之中，惠誉的子要素相对较为丰富，例如在地方经济这一项下，还包括经济的驱动因素、收入和财富、就业状况、其他人口以及税收负担等子要素。

根据各省及计划单列市公布的地方政府债券信用评级报告来看，评级机构对我国地方政府债券的信用评级主要考虑以下因素。

（1）财政体制

从行政管理和财政管理上来看，中央与地方关系高度紧密，从而决定了地方政府的信用情况。在行政上地方政府具有非独立性，地方在很大程度上依赖于中央的领导，中央政府指导地方政府进行辖区内的管理活动。我国的财政分税体制中一直存在着中央和地方财权和事权划分不平衡的问题，地方政府财权过小而事权过大，由此引发了地方政府的大规模举债措施。我国进行财政税收管理体制改革势必会影响地方的信用评级。

（2）宏观经济和政策环境

在对地方政府债券信用评级的过程中，必须要考虑地方经济的发展水平、发展前景、经济结构、国家的区域政策以及宏观经济政策对该地区的影响。在我国，针对不同的地区，国家通常会采取不同的政策，比如西部大开发、中部崛起战略，这些地区将会享受到政策倾斜和政策扶持。具体到发行地方政府债券上，会对发行规模、发行利率以及偿还能力产生影响。

（3）财政平衡能力和稳定性

各地方的财政收入状况直接关系到地方政府能否偿还到期债务，地方财政实力越强，越能够提供更高的偿还保障。因此评级公司对地方政府债券进行信用评级时的一项重要指标就是地方政府的财政收支状况以及财政收入的稳定性。在地方政府财政平衡能力和稳定性这一项下，评级公司还需对地方政府一般公共预算收入情况、支出情况以及收支平衡情况，地方政府性基金收入情况、支出情况以及政府性基金预算平衡的稳定性，地方政府国有资本经营预算平衡能力与稳定性等情况一并进行考量。

(4) 政府债务及偿债能力

地方政府债务的规模、存量债务、债务增长水平、负债率等因素都会影响地方政府债券评级结果。在评级过程中，评级机构会对政府公布的债务总量、债务结构、举债主体和资金来源、债务负担、债务偿付能力、债务管控措施、债务管控能力等现实要素进行评价，地方政府可以对上述要素进行调整，优化政府债务结构，降低地方政府债务规模，从而提高债券的信用级别。

(5) 地方政府治理水平

地方政府作为偿债主体，只有有效管理本地区的经济、政治、文化、民生等事务，地方经济才能持续健康的发展，地方财政收入才能有保障，地方政府才能有效防控地方政府债券的偿还风险。同时，由于偿债风险主要由发债规模与偿债情况两个因素决定，这两个因素又深受地方政府政策法规的影响，因此，地方政府颁布的政策法规等也是影响偿债风险的主要因素。除此之外，地方政府官员的变更，后任官员对前任政府举借的债务持何种态度，采取何种举措同样会影响地方政府债券的信用评级。

2. 我国地方债券信用评级机制存在的法律问题

(1) 信息披露程度低

信息披露的最主要目的是将影响地方政府债券兑付风险的信息公布给投资者，再由投资者根据公布的信息决定是否投资，信息披露解决了债券发行人和债券投资者信息不对称的问题，这也是公平原则在市场交易中的体现。

财库〔2014〕69号文、财预〔2015〕47号文、财库〔2015〕64号文、财库〔2015〕68号文、财库〔2015〕85号文都存在关于地方政府债券信息披露的直接规定，包括要按照市场化原则择优选择信用评级机构；要规范实施评级活动，任何个人和组织不得对评级机构的评级工作进行干预；要严格遵守信用评级协议，认真履行协议规定的职责和义务，主动公开信息，并对所公开信息的准确性和真实性负责等内容。但目前对于地方政府债券信息披露的规定比较原则化，缺乏具体的可操作性规定。

（2）评级结果具有同质性

根据指导意见，地方政府债券信用评级等级被划分为"三等九级"，用符号表示为：AAA、AA、A、BBB、BB、B、CCC、CC、C，并用"＋""－"进行微调。就目前公布的各省份以及计划单列市的信用评级报告而言，所有地方政府信用评级均为AAA级。但就经济发展水平而言，我国东西部地区存在显著差异，不同区域，甚至同一区域的不同地方政府之间，财政实力相差悬殊。不考虑经济发达程度、财政收入状况、经济增长潜力以及偿债能力的差异，将地方政府债券统一评级为AAA债券，地方政府债券的投资者无法通过信用评级来进行风险识别和风险防范。评级意见有主观性，不同的评级机构对同一评级对象的评级结果很可能不同。相比之下，美国市政债券的信用评级更为科学、合理，不同的州政府发行的市政债券在等级上具有差异性（见表4—1）。三家评级机构对同一债券出具了不同的评级意见，同时50个州的信用等级也呈现出差异性。

表4—1　　　　　美国50个州债券信用评级级别统计

州名	年份	惠誉	穆迪	标准普尔
阿拉巴马	2016	AA＋	Aa1	AA
阿拉斯加	2016	Aa1	AA＋	AA＋
亚利桑那	2012	AA	Aa2	AA－
阿肯色	2016	—	—	AA
加利福尼亚	2016	A＋	Aa3	AA－

续表

州名	年份	惠誉	穆迪	标准普尔
科罗拉多	2016	—	Aa2	—
康涅狄格	2016	—	—	AA−
特拉华	2016	AAA	AAa	AAA
佛罗里达	2016	AA−	Aa3	—
佐治亚	2016	AAA	Aaa	AAA
夏威夷	2016	AA	Aa2	AA
爱达荷	2016	—	Aaa	—
伊利诺斯	2016	—	—	AA
印第安纳	2016	—	—	AA+
艾奥瓦	2016	—	Aa2	AA
堪萨斯	2016	—	—	AA
肯塔基	2016	—	Aa3	—
路易斯安那	2016	AA−	Aa3	AA
缅因	2016	—	Aa2	AA
马里兰	2016	AAA	Aaa	AAA
马萨诸塞	2016	—	—	AA
密歇根	2016	—	—	AA−
明尼苏达	2016	—	—	BB+
密西西比	2016	AA	Aa2	AA
密苏里	2016	AA+	Aa1	AA+
蒙大拿	2015	AA+	Aa1	AA
内布拉斯加	2016	—	Aa3	—
内华达	2016	AA+	Aa2	AA
新罕布什尔	2014	AA+	Aa1	AA
新泽西	2014	—	—	AA
新墨西哥	2016	—	Aa2	AA−
纽约	2015	AA+	Aa1	AA+
北卡罗来纳	2015	AAA	Aaa	AAA
北达科他	2016	—	Aa2	—
俄亥俄	2016	AA+	Aa1	AA+
俄克拉荷马	2013	AA+	Aa2	AA+

续表

州名	年份	惠誉	穆迪	标准普尔
俄勒冈	2016	AA+	Aa1	AA+
宾夕法尼亚	2016	—	—	AA-
罗德岛	2016	—	—	BBB+
南卡罗来那	2016	AAA	Aaa	AA+
南达科他	2015	—	—	AA+
田纳西	2016	AAA	Aaa	AAA
德克萨斯	2016	—	Aaa	AAA
犹他	2015	AAA	Aaa	AAA
佛蒙特	2015	AAA	Aaa	AA+
弗吉尼亚	2015	AA	Aa1	AA-
华盛顿	2016	AA+	Aa1	AA+
西弗吉尼亚	2015	AA	Aa1	AA-
威斯康星	2016	AA	Aa2	AA
怀俄明	2015	—	—	AA-
哥伦比亚特区	—	—	—	—

资料来源：根据美国50个州披露的地方政府债券信用评级报告整理。

（3）评级方法不科学

地方政府债券评级方法是指运用统计、评价方法对信用评级指标进行梳理、归纳，对地方政府债券的信用情况以及偿债风险进行分析总结。我国现行的评级方法主要是引入国际通行做法，比如标准普尔、穆迪、惠誉的评级方法，但是这种移植来的评级方法并没有考虑到我国的特殊国情，难免会产生不相融、不配套的问题。

（4）信用评级机构不独立

评级机构对地方政府债券做的信用评级结果，是投资者决定的重要依据。评级机构不受干扰，独立进行评级是保证评级结果权威性的重要前提。信用评级结果与债券的发行利率直接相关。一般而言，信用等级越高，地方政府债券的发行利率越低。当信用等级越低时，投资者的购买意愿更弱，地方政府则需要用更高的债券发行利率吸引投资者。作为发行人的地方政府很可能会出于降低成本的目的干预评级机构的评级活动。目前，有一些评级机构，具有政府背景，因此在对地方政府债券进行评级时，很难保证独立性。

3. 完善我国地方政府债券信用评级法律制度的对策

（1）构建完备的地方政府债券信用评级体系

目前，关于地方政府债券信用评级的规定散见于众多法律规范，但是规定都不具体。应该对地方政府债券的信用评级的对象、评级方法、评级指标等内容进行整合和完善，构建完备的地方政府债券的信用评级体系，增强信用评级的规范性和可操作性，使地方政府债券的信用评级可以有效发挥风险识别和风险防控的作用。

（2）制定严格的信息披露制度

目前有关信息披露的规定仅作出了原则性的规定。首先，信息披露应该具有完整性，除披露地方经济状况、地方政府债务情况外，还应该进一步包括发行方的债务存量数额、债务结构比例、将来债务负担以及还款计划、融资方案、债券优先级、还本付息期限、方式及还本付息的资金来源、债券评级、承销合同等相关信息、信用增级方式以及有助于改善对债券信用状况判断的信息和任何可能显著影响债券发行和偿付的事项。除了涉及政府保密的信息外，一切信息均应对外披露，有利于投资者对发行的地方政府债券的全面了解。其次，信息披露还应该具有及时性。在地方政府债券发行期间，及时公布关于地方政府债券的相关信息，帮助投资者及早做出投资决策。再次，信息披露应该具有持续性。有关地方政府债券信用评级的规定要求，在债券到期前，机构随时根据地方经济发展情况、政府财政情况，进行跟踪评级，及时调整评级结果，并予以披露。

（3）用市场机制对信用级别进行纠偏

信用评级机构对地方政府债券的信用评级报告，仅是信用评级机构的单方评价，为投资者提供参考。投资者在选择是否投资时绝不会只依据一份评级报告。如果一个地区的财政能力差，偿还债务的能力明显较弱，即使它的信用评级结果再高，投资者对评级结果的认同度也会偏低。

（4）制定科学的地方政府债券信用评级方法

因为地方政府债券信用评级在我国才刚刚起步，评级理念、评级人才、评级方法还在探索中，我国的地方政府债券评级技术还不成熟，因此评级过程中难免会产生各种问题。虽然不同的评级机构的评级方法体系不同，但评级基本理念一致，通过定性和定量分析，对同一评级对象的评级结果相差不多。在设计我国评级制度时，可以在结合我国具体国情的基础上，借鉴标普、穆迪、惠誉等评级机构的做法，以其先进经验实现我国地方政府债券信用评级体制的科学化和合理化。

（5）明确评级机构的法律职责

应加强评级机构的内部治理与外部监管，在保证其独立性的基础上进行信用评级。应该根据有关信用评级的法律规定，要求评级机构所采取的评级标准和评级流程必须公开，保证评级的真实性、准确性。此外，需要具体规定各地选择评级公司的标准，防范招标中的"暗箱操作"，防范价格战和恶性竞争。同时，明确界定评级机构的权利和责任以及评级机构在评级活动中违反法律规定和评级协议时应该承担的法律后果。

三 地方政府融资平台债务资金支出管理法律制度

合法合理地利用融资平台的债务资金，不仅应该规范债务资金的用途，还应当建立一套完备的动态监管体系，使债务资金使用的全过程均置于监管之中，这样可以充分发挥地方政府的公共职能，提高债务资金使用效率，避免债务资金的不当使用而引发的债务风险。

（一）地方政府融资平台债务资金的法定用途

融资平台债务资金的使用，既要有合法性，又要有合理性。因此，应首先从现行的法律规定出发，在符合既有规定的情况下合理使用债务资金；其次，应深入分析理论基础，探析债务资金使用的合理性依据；最后，应具体分析债务资金的支出投向，以便在实践中落实。

1. 现行法律对债务资金用途的规定

新《预算法》第35条规定："地方政府举借的债务只能用于公益性资本支出，不得用于经常性支出。" 2010年以后，中央政府开始进一步加强对地方政府融资平台的整治。发改委在2881号文中规定："投融资平台公司发行企业债券所募资金，应主要用于对经济社会发展和改善人民群众生活具有重要作用的基础设施和市政公用事业领域。"国发〔2014〕43号也明确指出："地方政府举借的债务，只能用于公益性资本支出和适度归还存量债务，不得用于经常性支出。"

公益性资本支出包括两个方面，公益性和资本性支出。公益性是相对于营利性而言的，指为了实现社会公共利益，不以营利为目的。从财政学的视角看来，依据产生效益的时间，可以将政府的财政支出划分为经常性支出和资本性支出。经常性支出指为维护政府和公共部门正常运转所产生的必要支出。经常性支出会使社会直接受益或当期受益，并直接构成了当期公共物品的成本。资本性支出是指通过它所取得的效益，可以在多个会计期间所发生的那些支出。从会计角度来看，这类支出应予以资本化，先计入资产类科目，然后再分期按所得到的效益转入适当的费用科目。公益性资本支出具有公共产品的属性，主要表现为基础设施和公益性项目等。可见，关于债务资金用途的立法目的，是希冀通过地方政府将债务资金用于公益性资本支出，而产生具有长远性和连续性的社会福利。

2. 债务资金用途的理论基础

（1）代际公平理论

公益性资本支出具有投入大、周期长、配套性强的特点，并且在一般情况下不能中断。属于公益性资本支出支持的项目，其现金流前期投入较后期更大，建设期需要有大量的资金支持，后期运营中的投入会有所下降，同时会产生社会福利。但是，政府财政的现金流相对稳定，并且受到财政预算等制度的约束，可能造成前期投入不足的情况。如果前期的资金缺口由当时的地方政府以财政支出的方式填补，就会导致代际失衡的产生，即"当代人建设，后代人享用"。建设期巨大的成本由当代来承担，而运营期的收益则归于后代，这显失公平。

通过融资平台形成债务资金进行公益性资本项目建设，能够解决代际不公平的问题。融资平台通过举借债务，一方面能够满足项目前期巨大投入的资金需求，保证项目的顺利完成；另一方面，其债务资金可以分期计入项目运营期的会计年度内，由不同代际主体分担项目成本，使项目债务偿还主体和项目收益主体趋向一致，以保证代际公平。

（2）政府干预理论

西方古典经济学理论认为，在完全竞争的环境下，市场可以通过价格机制实现资源的有效利用，经济学一般称之为帕累托最优。政府的角色定位仅限于"守夜人"。但市场竞争中存在着许多阻碍竞争机制发挥作用的因素，如垄断、信息不对称等，这些因素会导致市场失灵，市场效率也因此受损，因此不可能实现完全竞争的市场。市场失灵为政府干预提供了正当性。政府通过财税手段、货币手段干预市场，以克服市场失灵问题。

公益性资本支出主要用于提供公共物品和公共服务，包括城市基础设施、城镇化改造、修建学校、公立医院、图书馆等。为社会提供公共物品，加强基础设施建设不仅是政府的必要职责，同时也是增加社会福利的必然要求。而市场具有唯利性，由于没有利润或者利润率低，私人部门不愿意进入该领域。因此，这些公益性资本支出项目必须由政府主导，运用公共资金提供。而政府是国家机关，是公法人，不能从事经营性投融资活动。同时政府主要履行行政管理职能，没有较高的项目管理水平和专业人才。针对政府管理身份的障碍和管理水平的欠缺问题，一般政府采用设立特殊目的工具（Special Purpose Vehicle，SPV）的方式从事市场行为。融资平台在本质上就属于地方政府的特殊目的工具，为地方政府从事公益性项目的投融资活动。

（3）公共财政理论

公共财政理论强调财政的公共性，"公共财政支出主要是向国民提供公共产品和公共服务"[①]。根据公共财政理论，政府支出应该与政府的公共服务职能相联系，公益性资本支出应集中于社会公共用途，包括民生、基础设施建设、环保等领域。

政府的财政收入主要来自税收，纳税在实质上是对公民财产权的部分剥夺，政府的财政收入用于提高公民和社会的总体福利为政府征税提供了正当性。公益性资本支出项目充分体现了政府的公共服务职能，这部分项目主要是依靠政府财政收入偿还的，在地方财

---

① 赵云旗：《地方政府债务资金的使用与管理》，《财会研究》2011年第10期。

政收入不能满足项目资本需求时,可以通过举债融资实现其职能。在新《预算法》实施前,融资平台是实现地方政府公共政策,履行地方政府公共职能的重要工具,融资平台的作用不仅在于为地方政府融资,其职能还包括为公益性项目进行投资。新《预算法》实施后,融资平台虽然不再具有为地方政府融资的职能,但是还将代替地方政府,继续履行公益性项目的投资职能。

(二) 债务资金支出投向

根据 2010 年和 2013 年的审计结果,融资平台债务资金支出投向主要为:基础设施建设、土地收储、保障性住房、农林水利、生态建设和环境保护、工业和能源等方面(详见表 4—2 和表 4—3)。

表 4—2　　2010 年底全国地方政府性债务余额支出投向情况

单位:亿元,%

债务支出投向类别	政府性债务		政府负有偿还责任的债务		政府负有担保责任的债务		其他相关债务	
	债务额	占比	债务额	占比	债务额	占比	债务额	占比
市政建设	35301.04	36.72	24711.15	42.03	4917.68	22.55	5672.21	36.53
交通运输	23924.46	24.89	8717.74	14.83	10769.62	49.39	4437.10	28.58
土地收储	10208.83	10.62	9380.69	15.95	556.99	2.55	271.15	1.75
科教文卫、保障性住房	9169.02	9.54	4374.67	7.44	1318.02	6.04	3476.33	22.39
农林水利建设	4584.10	4.77	3273.78	5.57	874.53	4.01	435.79	2.81
生态建设和环境保护	2733.15	2.84	1932.03	3.29	403.72	1.85	397.40	2.56
化解地方金融风险	1109.69	1.15	823.35	1.40	281.29	1.29	5.05	0.03
工业	1282.87	1.33	681.18	1.16	579.46	2.66	22.23	0.14
能源	241.39	0.25	44.78	0.08	189.91	0.87	6.70	0.04

续表

债务支出投向类别	政府性债务		政府负有偿还责任的债务		政府负有担保责任的债务		其他相关债务	
	债务额	占比	债务额	占比	债务额	占比	债务额	占比
其他	7575.89	7.88	4858.12	8.26	1915.40	8.78	802.37	5.17
合计	96130.44	100.00	58797.49	100.00	21806.62	100.00	15526.33	100.00

资料来源：根据2010年审计署《全国地方政府性债务审计结果》整理。

表4—3　　　　2013年6月底地方政府性债务余额支出投向情况

单位：亿元，%

债务支出投向类别	政府性债务		政府负有偿还责任的债务		政府负有担保责任的债务		政府可能承担一定救助责任的债务	
	债务额	占比	债务额	占比	债务额	占比	债务额	占比
市政建设	58030.64	36.84	37935.06	37.49	5265.29	33.68	14830.29	36.45
土地收储	18792.06	11.93	16892.67	16.69	1078.08	6.90	821.31	2.02
交通运输设施建设	40927.37	25.98	13943.06	13.78	13188.99	84.35	13795.32	33.91
保障性住房	10947.83	6.95	6851.71	6.77	1420.38	9.08	2675.74	6.58
教科文卫	9726.06	6.17	4878.77	4.82	752.55	4.81	4094.74	10.06
农林水利建设	5434.39	3.45	4085.97	4.04	580.17	3.71	768.25	1.89
生态建设和环境保护	4539.92	2.88	3218.89	3.18	434.60	2.78	886.43	2.18
工业和能源	2292.56	1.46	1227.07	1.21	805.04	5.15	260.45	0.64
其他	16818.13	10.68	12155.57	12.01	2110.29	13.50	2552.27	6.27
合计	157508.47	100.00	101188.77	100.00	15635.39	100.00	40684.31	100.00

资料来源：根据2013年审计署《全国地方政府性债务审计结果》整理。

1. 基础设施建设

基础设施的建设如市政建设、交通运输设施建设以及科教文卫事业的发展已越来越成为民众所迫切需要的，同时也成为地方政府招商引资的基础。现阶段,城镇化已经成为一种不可逆转的潮流,其发展有利于缩小我国的城乡差距。而基础设施建设的发展正是城镇化发展的显著特征之一,融资平台也正是我国城镇化快速发展趋势下的产物。随着城镇化的进一步发展,在此过程中基础设施建设需求会不断增长,融资平台的债务资金可以用于弥补城镇化建设中资金缺口,促进城镇化发展,不断加强基础设施建设。

2. 土地收储

《土地储备管理办法》将土地储备定义为:"市、县人民政府国土资源管理部门为实现调控土地市场、促进土地资源合理利用目标,依法取得土地,进行前期开发、储存以备供应土地的行为。""结合该办法和各地方行政法规和地方政府规章,可以看出土地收储的范围主要有:土地回收、土地收购、土地征收以及因围垦、填海等。"[①] 土地收储主要是将非经营性、工业用地等土地转化为经营性土地。土地收储对地方经济的发展发挥着重要作用,可以帮助政府调节土地市场,并在促进土地资源的有效利用和实现城市总体规划方面起到了积极作用。融资平台的债务资金用于土地收储方面,可以为地方政府的经济发展提供物质基础,同时政府在土地收储过程中形成的土地出让金收入也是融资平台偿还债务的重要来源。

3. 保障性住房

从经济学的角度来看,民生工作具有显著的公益性特征,并会产生正外部性,它一方面能让人民感受到更多的幸福感,另一方面也为经济的发展奠定了基础。发改委在2011年6月发文指出:要优先批准融资平台通过发行企业债券的形式,完成保障性住房建设。融资平台为保障性住房的筹资提供了资金支持。

---

① 陈晓方:《我国土地储备制度正当性考辨——以收储范围为视角》,《北京大学学报》(哲学社会科学版) 2011 年第 48 卷第 5 期。

保障性住房的建设能够帮助更多的中低收入居民解决住房问题。由于城乡间差距的存在，城市的人口上升迅速，房价不断攀升，政府承担着社会公共服务的职能，因而有义务建设保障性住房，提高中低收入居民的社会福利水平。为实现政府提供保障性住房的职能，融资平台的债务资金可以用于保障性住房建设方面，以满足中低收入者的基本住房需求。

4. 农林水利建设

农业水利设施是农业发展不可或缺的基础，具体包括农田灌溉、水库及水域治理等。通过提高农业生产力，一方面可以贯彻相关的国家政策，着力解决"三农问题"；另一方面，有助于提高我国的粮食安全。农业水利建设能够产生长期的经济效益，融资平台投资农林水利建设，虽然前期的投资较大，但项目建成后，可以大力促进农村经济的发展，切实提高农民的收入。

5. 生态建设和环境保护

环境资源包括空气、水资源、森林资源等，这些是人类赖以生存的物质条件，同时也是实现可持续发展的必要条件。一旦环境出现问题，其治理时间长、见效慢，并且治理成本较大。当今中国，环境污染问题凸显，环境治理已经显得尤为紧迫，因此地方政府在环境和生态保护方面支出了大量资金支持。而环境的改善不仅使当代人受益，而且是有利于后代人的。考虑代际公平因素，地方政府在生态建设和环境保护上的支出能带来长期效益，当代人和后代人均能从中获益。因此产生的债务亦应由后代人予以部分承担。

6. 工业和能源

工业和能源的发展不仅可以提高国民经济水平的产业，还有利于提高我国的国际竞争力。对于地方政府而言，工业的发展有利于当地的就业率和人民收入水平的提高。当今能源已经成为各行各业发展所不可或缺的，国际上能源的竞争也变得越来越激烈，能源的充分利用成为地方政府所关注的重要问题，能源产业的转型也变得紧迫。地方工业和能源的发展，可以提高地方的竞争优势，为地方产业的发展提供动力，但这些发展都需要地方政府的财政支持，当财政支持不能满足其发展，在必要时融资平台可以通过举债融资的方式提供资金支持。

地方政府债务资金应限定为公益性资本支出，而非经常性支出。这些债务资金不应该进入竞争性领域，要严格控制其投向营利性项目或能够通过市场化方式筹集资金的项目。使用债务资金的各部门和各单位，要严格按照财政部门下达的债务预算方案使用债务资金，杜绝擅自挪用或擅自改变资金用途的行为。

（三）债务资金使用的动态监管

将债务资金使用的全过程纳入监管体系，对其实施动态监管，有利于规范债务资金的使用，使该资金在最大程度上发挥其作用，同时可以降低资金在使用过程中被挪用的风险，同时可以防止贪污腐败行为的发生。

1. 对债务资金的支出投向进行审议

根据中央政策，结合地方实际需求，制定该预算年度内地方政府债务资金支出投向的方案，交由地方人大审议。地方政府应严格按照法律规定，将融资平台的债务资金用于公益性资本支出，防止债务资金被违法或者变相地违法使用。

将债务资金的支出投向交由立法审议，是预算法治和预算民主的必然要求。预算法治要求将政府的财政收入纳入预算体系，在《预算法》的框架下安排预算行为。债务资金支出属于财政支出，应该按照《预算法》的要求和相关法律程序，将地方政府债务资金支出纳入预算体系，保障债务资金按照法定要求支出。强调立法机关对财政支出的审议，可以对地方政府财权进行法律规制，防止地方政府滥用债务资金，以及由此造成的债务资金过度使用、偿债压力大、政府信用减损等问题。当地方政府没有按照《预算法》的规定和立法机关审计的方案支出时，地方政府应当承担相关财政法律责任。地方政府债务资金重点投向基础设施领域和公益性项目，这些公共物品和公共服务关系到每一位公民的切身利益，因此应该充分体现大多数公民意志。将地方政府债务资金投向交由立法机关审议，这是公民民主权利的体现，可以让公民通过民主程序，充分表达自己的意愿和看法，也是实现公共财政权的必经程序。

2. 对债务资金投资项目进行评审

使用债务资金投资的项目需由有关部门组织专家评审，并依照法定程序进行审批。重大投资项目要履行听证程序，保证项目投资的科学性、有效性，防止出现重复投资和无效投资。债务资金的使用，应以公共服务为出发点，从公民的需求出发，尤其是大型基础设施建设，应根据实际情况，结合本地方的财力，科学规划，合理使用资金，杜绝"形象工程"和"献礼工程"。首先，应遵循科学的方法和客观规律，对于项目的评审，应组织有关的专家进行论证，对项目预期的风险进行预估，对项目中可能涉及的问题进行研究论证。如果经过评审发现风险较大或按期实施将造成巨大损失时，可以立即停止方案的实施，或者更改方案，保证项目的完成。其次，应体现民主，关系民众切身利益的项目，可以通过举办听证会等形式，充分听取公众的意见和建议。

3. 对在建项目的债务资金使用情况进行定期汇报

应加强地方政府和融资平台的风险防范意识，定期将债务资金使用情况、投资项目进度等报告财政部门、行政主管部门，对在建项目的债务资金使用情况定期汇报，可以及时掌握债务资金使用情况、全面防控债务风险的发生、积极有效地处理债务资金使用过程中出现的突发问题,确保债务资金合法使用以及投资项目的顺利进行。监管部门应全程严格监督资金使用的情况,对于违法违规行为应及时制止,并制定处置方案。如果债务资金使用不规范,未按照法律规定和预算支出方案使用,监管部门应及时查处、及时纠正,对于违反相关法律规定,应采取必要的惩处措施。而银行机构、信托公司等作为债权人,应对融资平台债务资金的使用进行追踪与动态监督,当发现债务资金可能或者已经被挪作他用,可以要求立即停止不良使用,必要时可以冻结相关资产。如果融资平台债务在到期后不能偿还,银行等机构应及时做出保全的相关措施。

4. 对已完成项目的债务资金使用情况进行考核

对于项目资金是否按照支出方向进行投资、资金是否被挪用、项目是否达到预期目标等情况进行考核,并做出综合评价。建立项目管理责任制度,对于建设中的问题应及时查处并采取措施,对于违法犯罪行为,实行严格的责任追究制,对于项目管理责任实行终身负责。融资平台债务资金投向为公益性资本支出,所以相关项目的建设具体体现了政府职能的履行,有必要为此类项目设立严格的标准,一旦发生事故,会对社会的稳定产生影响,而且会使地方政府的债务风险在瞬间提升。因而,保证工程质量是极为关键的,必须用严格的标准来制约,提高融资平台资金使用效率。完善竣工验收程序,降低道德风险和腐败产生的可能性,缩小权力寻租的空间,保证项目的合格。

综上所述,对融资平台债务资金的支出实行严格的动态监管,一方面要明确监管部门,协调不同部门之间的职能,使融资平台债务资金的举借、使用、偿还等环节都纳入监管框架。另一方面,应提高融资平台债务资金合理合法使用的意识,加强融资平台债务资金使用的规范性。并严格遵守法律规定,对融资平台在债务资金使用过程中出现的违法违规行为,追究其法律责任。但是,对于融资平台债务资金支出的监管，要在法律制度的框架下，依照法律规定和法律程序进行。要充分发挥市场机制的资金配置和监督作用，防止地方政府过度干预，避免重复投资、低效率投资。

第五章

地方政府融资平台债务处置法律机制

一 地方政府融资平台债务法律属性的认定

融资平台负责的项目主要是基础设施建设项目，其中的部分项目属于地方政府应当提供的公共产品，由此产生的债务应当由地方政府承担。因此，从法律属性上对融资平台的债务主要认定为两部分：政府债务与企业债务。

（一）认定为政府债务

1. 认定为政府债务的法理基础

政府性债务是政府为履行其职责而产生的债务，中央政府代表国家对内对外举债，其债务称为"国债"，债务资金用于弥补中央的财政不足以实现中央政府的职能。地方政府举债则主要是为了满足区域经济发展的需要，支持特定建设项目。在认定政府性债务时，需要从政府性债务的内涵以及政府性债务的范围两个方面把握。

就政府债务的内涵而言，界定政府债务的前提是明确政府的经济职能与政府的支出范围。政府职能与经济体制、社会制度存在密切联系，不同的经济体制下，政府扮演着不同的角色。对于地方政府职能的界定主要从两个方面出发：首先，地方政府应当提供什么，可以通过公共产品理论分析。20世纪末出现的公共产品理论，针对公共产品应当由政府提供还是由私人主体提供，以及公共产品供给规模与价格的确定进行了深入的研究。萨缪尔森在公共利益理论的基础上，分析了纯公共产品的供给，在《公共支出的纯粹理论》中提出了关于公共产品的经典定义："每一个人对这种产品的消费并不减少任何他人也对这种产品的消费"，以其为首的新古典综合学派认为纯公共产品应当由政府垄断供给。除此之外的"公地悲剧"、"囚徒困境"和"集体行动的逻辑"等模型都指出：公共产品由市场提供时，会降低效率。布坎南则根据部门利益理论以及可竞争市场理论等，提出了新的公共管理模式，认为准公共产品可以通过民营化、公私合作的方式提供。之后的理论发展更偏向于运用激励性政策提高公共产品的供给效率。至此，公共产品理论的研究结果可以总结为：纯粹的公共产品由政府部门提供，准公共产品可以采取民营化及公私合作的方式提供。其次，政府供给与其他供给模式的关系，主要是政府与市场的关系。重商主义主张国家干预经济活动，古典经济学则认为政府的职能应当是有限的，不能干预经济的运行，政府的作用只是"守夜人"，政府的职能限于维护法制、保护知识产权、提供公共产品等。经济大萧条之后，主张政府干预的凯恩斯主义开始兴盛，该学派认为政府不应是有限的，在市场失灵时，政府应当强有力地干预经济活动。新自由主义经济则主张市场发挥主导作用，认为任何政府的干预都会带来损失。可见，在经济运行良好的情况下，主张市场为主的理论较为盛行。在出现经济萧条或市场失灵时，主张政府干预的学说则处于上风。综上，政府的职能应当限于保障经济的稳健运行，提供基础的行政、司法及公共产品与公共服务。当市场能够调整产品的供给时，由市场作为调控手段；在市场不能调整、市场主体不愿意提供时，由政府供给。因此，地方政府的供给范围应当包括纯粹的公共产品以及市场主体不愿意提供的准公共产品，与此相关的政府支出形成的债务属于政府性债务。

除了从内涵上界定政府债务外，还应当从外延上界定政府债务的范围。就会计层面而言，凡是会带来主体资产减损的义务都属于广义的债务。就地方政府而言，预期一定会带来的减损属于地方政府负有偿还责任的债务，可能带来的减损为地方政府负有担保责任的债务、地方政府可能承担一定救助责任的债务。其一，政府负有偿还责任的债务。根据2013年审计署公布的关于全国政府性债务的审计报告，地方政府债务的举债主体包括融资平台、政府部门或机构以及国有独资企业等。这些主体在举借债务时，往往是基于地方政府的授权或委托。其中融资平台多是以获得特许经营权的形式承接项目并负责融资。政府部门与机构是具体履行政府职能的主体，具有行政主体资格，其债务自然由政府的财政收入负责偿还，属于政府性债务，其中直接以政府名义举借的债务属于政府债务，在具体认定时需要明确该部门或机构是否具有以政府名义作为的权力，例如，派出机构只有在权限范围内才具有行政主体资格。国有独资企业与部分事业单位大多具有提供公共服务的职能，当其行为与政府的职能重合时，产生的债务属于政府性债务。具体可细分为政府负有偿还责任的债务与政府负有担保责任的债务。其二，政府负有担保责任的债务。根据担保的形式不同，担保分为人保与物保，物保包括抵押担保与质押担保。地方政府的债务担保主要是以土地收益权进行抵押担保，我国法律不允许政府担保，政府做出的担保承诺或担保合同无效，但根据《担保法》解释的规定，担保合同的无效并不必然免除地方政府的责任。其三，政府可能承担一定救助责任的债务。此种债务是指在一般的资金支持机制失效时，政府为履行社会保障职能而实施的救助。例如，当养老基金不足以支付养老金时，政府财政给予的资金支持。此种债务并不是政府的法定债务，只有当政府最终实际偿还时才构成政府债务。

在融资平台的融资行为中，地方政府往往存在承诺还款、出具担保函等形式的保证行为，贷款人基于这样的行为，认为地方政府会在融资平台不能还款的时候予以救助，对融资平台的债务进行兜底。在这样的心理预期下，银行等资金供给方往往更愿意向融资平台提供借款。因此，债权人对政府的保证行为形成了信赖利益，如果政府在融资平台债务清理中，将所有的债务都认定为融资平台债务，地方政府不再承担担保责任，则相当于政府撤销担保，这样的撤销行为会造成债权人期待利益的损失。为保护债权人的信赖利益，应当将该部分债务纳入地方政府性债务统一管理，按照原有合同的约定或者重新达成的还款协议，由地方政府承担相应的担保责任。

2. 认定为政府债务的债务范围

根据融资平台债务处置的相关文件，对于只承担公益性项目且还款主要依靠财政性资金的融资平台，应当由地方政府明确还款责任后对融资平台做出清理，即，纯粹的公益性项目所产生的债务列为地方政府债务。文件中明确了主要依靠财政资金偿还是指还款来源70%以上来自财政资金。融资平台债务核算暂行办法中规定，公益性项目，是指为社会公共利益服务、不以营利为目的的投资项目，如市政建设、公共交通等基础设施项目，以及公共卫生、基础科研、基础教育、保障性安居工程等基本建设项目。这样的界定太过笼统，"不以营利为目的"属于主观状态，难以判断。

为了准确地将应当由政府偿还的债务归为地方政府债务，需要准确界定公益性项目的范围。根据之前的分析，纯粹的公共产品应当由政府提供，此处的公益性项目应当属于纯粹的公共产品，可以从公共产品的相关理论出发分析此处的公益性项目。关于公共产品的界定存在多种观点：萨缪尔森强调其公用的成本为零，同时无法排除他人对此产品的共享；鲍德威与威迪逊强调公共产品的公用性；萨瓦斯与奥斯特罗姆夫妇强调消费上的非排他性与共同性等。公益性项目兼具公益性与公共产品的特征，其特征表现为：其一，为公共利益，不收费或费用很低；其二，非排他性的界定。此处的非排他性应该仅指在技术上不排他或排他成本很高，这样的特征使得私人出于营利性考虑而退出市场，只能由政府提供。对于那些在技术上可以排他，习惯于政府免费提供或者是出于正外部性由政府提供的产品，应当属于准公共产品，政府和社会资本都可以提供。因此，在界定公益性项目时，应当从其是否具有可替代的市场供给主体出发，当存在市场供给主体或政府与市场共同提供时，属于准公共产品，不属于此处的公益项目，只有政府对其承担担保责任时才纳入政府性债务。

3. 认定为政府债务的合法性问题

将融资平台的部分债务认定为地方政府债务属于行政性的认定，对该行为合法性的分析可以从行政行为合法性的相关理论出发，包括形式上的合法性与实质意义上的合法性，形式上的合法性是指行为符合现有法律法规的规定，实质意义上的合法性是指其行为是否具有合理性，包括行为是否满足公平公正原则、比例原则，是否考虑相关因素等具体的原则。

（1）形式合法性

形式上的合法是指行为是否符合法律法规的规定。其一，由企业债务转向政府债务首先带来的是债务主体的变更，应满足有关债务主体变更的规定。融资平台的债务属于公司债务，即私债。地方政府的债务属于政府债务，即公债。将融资平台的部分债务认定为地方政府债务属于债务主体的变更，由此导致了债务性质的转变。根据《合同法》第84—86条的规定，这种主体的变更属于债务承担，具体地属于免责的债务承担，需要经过债权人的同意，否则对债权人不发生效力，债权人仍有权向原债务人主张债权。认定为政府债务属于行使行政权力的结果，未事先获得债权人同意，在形式上不符合《合同法》的规定。其二，由企业债务转换为政府债务增加了纳税人的负担，应满足有关纳税人权利保护的法律规定。在认定为政府债务之前，该部分债务属于私债，理应由融资平台的经营收益偿还。虽然实际上该部分债务由财政资金偿还，但是在名义上融资平台属于债务人，在其收益提高的情况下，融资平台仍会以其收益来偿还债务，即存在该部分债务由社会资金偿还的可能。将该部分债务认定为政府债务之后，政府成为债务人，在任何情况下都需要财政资金来偿还债务。而政府的财政收入主要来源于税收收入，即，该部分债务最终由纳税人实际承担。目前的规定只是要求财政部将本年度政府债务置换的额度报全国人大批准，但并没有要求具体进行置换的地方政府将置换额度报本级人大审批。在这一行为中实际增加了纳税人的负担，但是并没有经过代议制机关的表决程序。我国的政体是人民代表大会制度，人民代表大会是法定的民意代表机关，政府代表人民行使管理国家的权力，因此，政府的决策都应当经过人民代表大会的表决机制，听取人民的意见，保证决策反映人民的意志，增加纳税人负担的行为应当经过人民代表大会制度审议，确保纳税人的知情权，当人民代表大会审议不予通过此项议案时，该政策不应予以实施，积极发挥人民代表大会的职能。美国关于政府债务的制度规定也是如此，根据怀俄明州宪法第16条的规定，县、乡、村及任何的政府部门，举债金额超过税收收入时，必须获得本选区人民的投票通过。阿肯色州宪法第16条规定，政府发行债券必须在普选或关于该问题的补选中，获得大多数选民的同意。这些规定都体现出政府举债应当充分保障纳税人的知情权。

(2) 实质合法性

实质上的合法是从法律的理念、价值标准等方面出发，分析行为在社会治理、经济发展等方面是否具有合理性。其一，就社会治理而言。融资平台的债务处置与地方政府债务管理息息相关，将融资平台的债务中该由政府偿还的债务纳入地方政府债务有利于明确地方政府的隐性债务，在确定地方政府债务规模的基础上，采取措施防控地方政府债务风险及其传导。同时，将应当由政府偿还的债务归为政府性债务，有助于政府按期清偿债务，减少政府违约的发生，在维护政府信用的基础上保证法律与政策的实施效果。其二，就经济发展而言。纯粹的公共产品属于政府的职能范围，在银行等资金提供方出借资金时，政府的信用担保是一个重要的因素。若政府在该方面出现违约，必然会影响此类项目的后续融资。在分税制改革之后，地方政府财政收入比重快速降低，严重影响地方政府财力状况，同时，随着我国经济发展进入新常态，各地区经济增速明显下降，在这样的双重影响下，地方政府可用于基础设施建设的资金明显不足，这也正是融资平台产生的主要原因。如果此时地方政府不断发生债务违约事件，通过市场获得建设资金的融资途径会受到严重影响，即使政府找到了融资平台的替代品，在信用下降的情况下，基础设施建设项目的进行必然受到影响。除了从社会治理、经济发展方面考虑债务认定行为的合理性之外，也可以从是否满足合理性原则的具体要求出发进行分析。此处主要分析该行为是否满足比例原则。比例原则又称最小伤害原则，是指行政权力在行使过程中要将对相对人或相关人的损害降到最小。将融资平台的部分债务认定为政府债务，虽然在债务人的确定上侵犯了债权人的选择权，但通过将该部分债务纳入政府债务,迫使政府在保障自身信用的压力下积极偿还债务,更有助于债权人债权的有效实现。

(二) 认定为企业债务

根据融资平台清理规范的规定,对于承担公益性项目,有稳定的经营性收入,且主要依靠自身资金偿还债务的融资平台,以及承担非公益性项目的融资平台,按一般企业进行管理,即该部分债务计入企业债务。首先,公益性项目主要依靠私有资金偿还的债务。此处的公益性项目属于准公共产品,既可以由社会资本提供,也可以由政府与社会共同提供,当融资平台能够以自有资金偿还此类项目的债务时,推定融资平台为实际偿还人,即真实的债务人。其次,非公益性项目产生的债务。对于非公益性项目,在市场经济体制下,应当主要由市场提供。因为非公益性项目与公益性项目相比,最大的特征就是消费的排他性,个人的消费可以有效降低他人对该产品的使用效用,这使产品提供者进行收费或差别对待存在可能,也正是这样的特征为产品提供者带来了收益。在逐利的心理动机下,私主体更倾向于提供此类产品。除此之外,由于市场中竞争机制的存在,为了获得更高的市场份额,私主体会不断提高产品与服务的质量。将该部分产品交由私主体提供,有助于提高产品与服务的供给质量,带来更高的社会效用。根据"谁获益谁支付"的市场原则,此类项目的债务应当由融资平台偿还。

"主要依靠自身收益偿还"是指偿债基金70%以上来自融资平台的自身收益。"非公益性项目"是指除公益性项目之外的项目,可以结合消费者获得的效用与其为该产品支付的价格进行分析。在非公益性项目中,消费者需要为其获得的产品或服务支付市场价格甚至是更高的价格。可以基于此判断是否属于非公益性项目。其次，该产品在市场上有无替代供给者。非公益项目具有营利性，私主体的供给意愿较高，如果市场上有替代的供给者，并且其指定的产品或服务价格与融资平台提供的该部分产品的收费相当，或者是更低，则该项目必然属于非公益性项目。

二 地方政府融资平台纳入预算管理的法律问题

（一）纳入预算管理债务的法定类型

根据新《预算法》的规定，地方政府的债务应纳入全口径预算管理，融资平台的部分债务在认定为地方政府债务后，需与现行的地方政府性债务管理体制进行对接，明确债务类型，进而运用预算管理该部分债务。

根据第四章的分析，融资平台负责的没有项目收益、主要靠财政收入偿还的债务应当纳入地方政府债务管理。根据政府性债务管理意见之规定，地方政府债务要以全口径的方式分门别类地纳入预算管理，地方政府甄别后的存量债务应当逐级上报至国务院，经批准后纳入预算管理。从融资平台到地方政府再到预算管理，该部分债务的如何归类直接关系到债务处置的后果。

根据《地方政府存量债务纳入预算管理清理甄别办法》的规定，政府负有偿还责任的债务按一般债务与专项债务纳入地方政府债务。其中一般债务包括两类项目产生的债务：其一，项目没有收益，该项目的债务主要计划由一般公共预算收入偿还。其二，项目有一定收益，但收益无法覆盖的部分债务。应当归入专项债务的是指项目有一定收益，其中收益能够覆盖的部分债务。这样规定的原因在于一般债务与专项债务在偿债资金上的差异。专项债务是政府在提供特定类型项目时所负的债务，该部分债务在政府财政收入中有对应的还款来源，主要以政府性基金或专项收入偿还。一般债务是指为没有收益的公益性事业发展举借，主要以一般公共预算收入偿还。

根据国发〔2014〕43号文的规定，地方政府可以通过发行政府债券置换存量债务，一般债务与专项债务在债券的选择上存在以下区别：一般债务对应一般债券，专项债务对应专项债券。首先，有权发行的主体不同：一般债券的发行主体是省级政府，市、县级政府需要发行一般债券的，只能上报至省级政府，由省级政府代发。专项债券的发行主体是地方政府，即包括省级、市级、县级政府。其次，发行方式不同：一般债券按照规定在银行间债券市场或者证券交易所市场等发行；专项债券的发行则采取承销或招标的方式，在发行结束之后，按照规定及时在全国债券市场或者是证券交易所债券市场进行交易。再次，监管不同：一般债券纳入预算管理，省级财政部门新增的债券额度需要编制预算调整方案，经省级政府同意后报省级人大审批。在发行结束后，应在15个工作日内，及时向财政部有关部门备案。专项债券的发行则更多地遵守市场化的规则，地方政府既是发行主体也是还债主体，对于债券额度没有统一的监管，只是要求在发行结束后15个工作日内及时报财政部备案，并通过有关网站公布发行结果。

（二）债务资金的预算收入管理

甄别为政府债务后，该部分债务即进入地方政府债务的管理体系。在既有的地方政府债务管理框架下，该部分债务主要面临两个问题：纳入政府债务后，该债务所得收益是否也一并纳入政府收入的范围？政府偿还该部分债务的资金在政府支出中怎样列出？

首先，债务收益的定位。将融资平台的部分债务甄别为地方政府债务，属于债务承担行为，地方政府成为新的债务人。根据权利义务概括转移原则，此时，地方政府应当享有融资平台原来享有的作为债务人的相关权利，这一点，从《合同法》关于债务人抗辩权的规定中可以体现出来①。据此，地方政府作为新的债务人在承继债务时，应当同时获得该债务带来的收益，主要是债务收入。在公益性项目中，这样的收益体现为在建项目的建设资金与对已建成项目的经营管理权。那么该部分收益该怎样计入地方政府的财政收入呢？地方政府财政收入包括一般公共预算收入、政府性基金收入、国有资本经营收入、社会保险基金收入以及上级的财政转移支付和税收返还等。根据《预算法》第27条的规定，一般公共预算收入包括五种具体的收入②，这些收入中并不包括债务收入，即使将债务收入认定为此处规定的其他收入，也明显存在分类不清的问题。

其次，债务收益的监管。根据预算法定原则与预算民主原则，政府的财政权力、财政程序、财政义务以及财政责任都应当符合法律的规定。同时，政府的权力必须置于人民的监督之下。就我国的政体而言，任何一级政府行使行政权力都必须符合宪法与法律的规定，政府的任何行为都应当经过人民的授权，人民授权的法定途径是人民代表大会制度。将甄别为政府债务的债务收益纳入地方政府财政收入，属于地方政府预算收入增加的情形，根据《预算法》的规定，应当由本级政府的财政部门编制预算调整方案，报本级人大常委会审批。目前的债务管理文件中并没有涉及债务收入与地方政府收入的衔接问题，不利于将该部分收入纳入预算管理。

---

① 《合同法》第85条规定"债务人转移债务的，新债务人可以主张原债务人对债权人的抗辩"。即，新债务人享有了原债务人的相关权利。

② 《预算法》第27条规定："一般公共预算收入包括税收收入、行政事业性收费收入、国有资源有偿使用收入以及转移性收入及其他收入。"

(三) 偿债资金的预算支出管理

首先，偿债支出的定位。甄别为政府债务后，该部分债务由政府的财政收入予以偿还，则形成了新的政府支出。只有对地方政府支出进行全面核算，才能将地方政府债务全口径纳入预算管理。根据国发〔2014〕43号文件的规定，地方政府债务一般债务的收支与一般公共预算对接，专项债务的收支与政府性基金预算相对接。就专项债务而言，根据我国《预算法》的规定，政府财政支出应当列入政府预算进行统一的审批管理。地方政府的财政支出包括一般公共预算支出、政府基金支出、国有资本以及社会保险基金的支出。一般公共预算支出根据不同的分类标准，可以划分为不同的种类。在这些类别中，并不直接包含偿还债务支出这一支出类别。在国家统计年鉴中，政府一般公共预算支出包括政府债务付息支出，但不包括偿还债务本金的支出。财政支出是政府职能发挥最主要的途径，也因此成为判断政府类型的主要指标。虽然目前政府债务清理属于重要任务，但仍需要保证政府一般职能的正常行使，避免出现公共产品供给的大幅度下降，保障经济平稳运行。因此，偿债支出在财政支出中的占比应控制在合理范围内。同时，随着我国供给侧结构性改革的推进，政府职能逐渐由建设型转向服务型，政府直接用于经济建设的投入在政府支出中的比重必将逐渐下降，在政府债务清理工作中，政府用于偿还债务的资金在政府支出中的比重必定出现上升，为了更好地判断政府在经济生活中扮演的角色、政府职能的转变方式与转变程度，其财政支出结构必须在财政预、决算中得到完整的反映。因此，需要将偿债支出清楚地归为政府财政支出的一种类型，作为独立的指标，在政府一般公共预算支出中予以准确的体现。

其次，支出的预算管理。在宪政国家，国家财政最显著的特征就是财政法治与财政民主。主要表现为预算法治与预算民主。在我国，人民代表大会也是民意代表机关，通过制定法律的形式约束财政，以预算法定提高预算民主的实现水平。随着我国社会主义法制建设的逐步推进，财政预算管理的法治化水平在不断提升。用于偿还债务的支出按照规定与地方政府一般公共预算以及政府性基金预算对接后，该资金的使用即需按照相应的法定程序进行。根据《预算法》的规定，地方政府一般公共预算应当由本级政府财政部门制定，在本级人大会议举行前经专门委员会进行初步审查，在经过本级人大会议审查批准之后实施。当地方政府需要在既有的预算方案下作出调整时，地方政府财政部门应当编制调整方案，报本级人大常委会审查批准后实施。偿还甄别为政府债务的资金支出，属于本期财政支出的增加，在既有预算之下，需要编制调整方案并报本级人大常委会审查批准。除此之外，纳入地方政府专项债务的部分，其偿债资金纳入政府性基金支出，此种做法存在合理性问题。政府性基金是为了支持特定公共基础设施建设，向公民、法人、其他组织征收的具有专项用途的财政资金。与行政事业性收费以及税收不同，在具体的基金设计中，政府性基金更加类似于"特定公课"。其最大的特征就在于缴费人与基金项目之间存在着特定的利益关系，因为基金缴费，义务人免除了特定的公法义务等。如果将甄别为政府专项债务的债务纳入政府性基金的预算管理，则意味着原本的缴费义务人承担了更多的义务，甚至是与自己利益无关的义务，这样一来，缴费义务人与基金项目的潜在利益关系就会被冲淡，影响义务人的缴费热情，也不利于政府性基金的可持续发展。

（四）国外地方政府债务预算管理的实践及启示

由于经济建设任务被地方政府所分担，各国基本都存在地方政府债务管理之实践。在控制地方政府债务规模方面,各国采取了不同的方式,主要包括两种模式:其一,中央政府对地方政府的债务规模进行行政化的控制;其二,通过在法律中规定举债程序、举债规模、举债条件等,有效控制地方政府的债务规模。此处,主要介绍第二种控制模式,即政府债务规模的法律控制。

与我国财政要求平衡预算不同,美国各州的财政采取分类管理的方式,对于经常性预算,一般都要求达到收支平衡,对于资本性预算则允许以负债的形式筹集资金。在联邦制下,中央政府对州以下政府的债务管控相对较少,各州通过本州的宪法和法令实现自我管理。我国地方政府融资平台主要负责的是基础设施建设项目,在美国,基础设施建设的支出属于政府的资本性预算,由政府通过债券等形式为项目融资。首先,在项目的选取上,地方政府要对该项目进行综合的评定。评定的范围包括该项目能为本区域经济发展带来的预期收益、项目的建设成本与政府支付能力等,以保证该项目是值得投资的,并且在政府财力的承受范围之内。其次,债券使用的控制。专门的预算人员与计划人员会对项目规划仔细检查,"只有在债务偿还期与项目周期接近时才会使用政府公债"[1]。为项目进行债券融资时,地方政府会事先组织全民投票,这样的制度设计不仅保证了纳税人的知情权,也保证了财政的合法性与政府财务透明。为了保证纳税人了解预期承担的税收,对于跨年度的资本项目,政府会准备好项目的预期规划。最后,关于债券发行的审批。美国各级政府实行独立的财政预算,对于市政债券的发行,各级政府独立决定,不需要上级政府的批准,各级政府自行制定法律管理本地区的市政债券。但是不排除部分州对市政债券规定较高层次的审批。例如,北卡罗来纳州宪法第 5 条规定,关于市政债券审批

---

[1] 李萍:《地方政府债务管理:国际比较与借鉴》,中国财政经济出版社 2009 年版,第 88 页。

上，在进行全民投票前，需由州政府财政部门之下的地方政府委员会进行审批。除程序上的规定外，各州政府设立了众多的指标来控制政府债务的规模。这些指标包括债务率、负债率、偿债率、偿债准备金余额比例等。其中由债务率测算地方政府的还贷能力，偿债率反映出政府的预算灵活程度，通过与一般财政收入的比较也反映出政府的债务承受能力。[1]

俄罗斯在推行改革的过程中，也曾面临财政体制改革政府债务管理的问题。自1993年确定联邦政体以来，俄罗斯在政治、经济等方面的改革从未停止过，从计划经济到市场经济，随着市场的不断健全，地方政府采取的融资方式更加多样化，在1998年经济危机发生之后，开始出现大范围的地方政府债务违约。为加强对地方政府债务的管理，俄罗斯《预算法》的历次修改中都体现了规模控制、举债主体要求等内容。其《预算法》对地方政府债务的管理主要体现在以下几个方面：其一，债务限额方面。《预算法》第104条规定了国家与地方政府的债务限额，规定应最大限度内保证预算开支，107条规定，地方政府及其组织的借款，不得超过各自预算收入的总额。其二，指标的运用方面。在联邦体制下，各地区政府规定了不同的指标，控制政府债务规模、预测债务风险，从而及时采取有效的措施处理债务，防止债务风险的扩大与传导。这些指标包括：债务在总收入中的比率不得超过100%；债务运行支出不得超过总体预算支出的15%，防止地方政府的融资支出在政府预算支出占过高的比例，保证预算支出结构的合理性与政府公共服务职能的正常发挥，同时，这一指标也能用于判断该笔债务是否值得举借，当举借该债务会影响政府其他支出活动时，该债务对于政府的

---

[1] 根据美国全国州预算官员协会（NASBO）的调查，37个州对一般责任债券规定了限额。债务率指州及州以下地方政府债务余额/政府年度总收入，一般规定在90%—120%；负债率是指州政府债务余额/州内生产总值，一般规定在13%—16%；偿债率是指债务支出/经常性财政收入，一般规定在7%以下。

效用将会下降；预算赤字不得超过收入的15%，这一指标主要是从政府的承受能力出发的，政府的预算收入是偿还债务的主要资金来源，当预算赤字占预算收入的比重过高时，政府很有可能出现偿还能力不足的情形，债务违约风险也会上升。在债务担保方面，俄罗斯禁止地方政府对国有企业的债务提供担保，并且，中央政府对地方政府的债券也不能承担保证责任。首先，政府举债的程序法定化。政府债务的规模关乎财政的稳定与经济的平稳运行，各国在控制政府债务规模时，都从举债主体、举债方式、条件与程序等方面做出了规定，通过法律的形式从源头上避免政府债务规模的过度膨胀。我国政府在举债时缺乏严格的法定程序，从而造成了债务监管不力、地方政府隐性债务增多的后果，只有将政府举债行为置于法律的控制下，才能保障纳税人的知情权与公民监督的有效实现，实现透明化。就我国的政治体制而言，地方政府的举债行为应当得到人大的审批，在每一年的政府预算报告中，都应当列明本年度的主要建设任务与预期的举债规模，同时应当对项目的建设目的、需要的资金投入规模以及拟获取的预期收益等作出详细的分析，交由人大代表判断该项目是否值得进行，是否值得政府负债。其次，采用指标控制政府债务规模。债务余额与财政收入的比值。财政收入反映的是当期的财政实力，也是预期的地方政府债务承担能力，通过财政收入来衡量政府可以举借的债务规模，有利于保证政府债务的偿还率，防止出现大量不能清偿的债务。当然，当期的财政收入并不能作为测算政府债务承受能力的唯一指标，在引入债务承担能力测算的时候，还应考虑预期的财政收入、突发情况需要留足的准备金等。债务余额与当地人口数的比值，即人均债务。地方政府的债务最终由纳税人负担，当地的人口数是税收收入的基础。规定人均债务上限，实际是从政府财政承受能力的角度出发，保证政府债务偿还率。在确定这一上限时，需要结合不同地区经济发展水平等因素，防止人均承担的政府债务规模过大。除此之外，还可以采取从程序上控制债务规模的相关指标，例如偿债率。规定偿债率的下限，在地方政府偿债率低于这一指标时，不得再举借新的债务。这一指标的运用可以防止地方政府未清偿债务的累积，防止债务规模过大。

三　地方政府融资平台存量债务置换中的法律问题

融资平台主要负责基础设施建设项目，其最显著的特征是前期投入高、资本回收期限长，项目期限一般在 10 年以上。而融资平台的债务主要通过银行贷款的方式获得资金，贷款的期限一般都是 3—5 年，资本回收与债务偿还存在严重的期限错配，这也正是融资平台债务风险高的重要原因。为缓解融资平台贷款集中到期带来的债务集中偿还风险，国发〔2014〕43 号文中规定，对于纳入预算管理的地方政府存量债务，各地区可通过申请发行地方政府债券进行置换，以此实现地方政府举债方式的规范化。债务置换是指通过定向承销的方式向原债权人发行政府债券，将其类型的债务置换成地方政府债券，从而改变债务结构与还款期的分布，缓解债务风险。

（一）债务置换的基本情况

1. 置换对象与置换方式

根据 43 号文的规定，债务置换的对象是地方政府存量债务。此处的存量债务是指截至 2015 年 12 月 31 日的地方政府债务。在新《预算法》实施之后，融资平台不得再新增政府债务，也就是说，融资平台在 2014 年 12 月 31 日前产生的地方政府或有债务才属于置换的范围。具体而言，债务置换的对象主要是地方政府以融资平台等主体的名义，获得的银行贷款、信托、银信理财产品等形式的债务。将这些债务作为置换对象有以下几个方面的原因：其一，使政府举债符合新《预算法》的规定。根据新《预算法》的规定，地方政府的举债方式仅限于政府债券。通过这样的债务置换，可以将其他形式的政府债务置换为政府债券，实现由非标准资产向标准资产的转换。其二，有利于降低地方政府债务成本。通过银行贷款、信托等形式形成的债务，其债务利率一般在8%左右，而地方政府债券的平均利率则仅为3.8%，通过将其他形式的债务置换为地方政府债券，可以有效降低地方政府的债务成本。其三，有利于缓释地方政府偿债风险。根据2013年的审计报告，截至2013年6月底的地方政府性债务中，2015年到期债务2.8万亿元，根据2016年统计年鉴，2015年全国分地区一般公共预算收入合计8.3万亿元。到期债务占预算收入的33.7%，偿债风险大。通过债务可以延长债务的偿还期限，避免出现地方政府债务违约，其四，有利于提高地方政府债务流动性。相比于银行贷款等形式的债务，政府债券可以在债券市场上流通，将其他形式的债务置换为地方政府债券，能够显著提高债务的流动性。

根据政府债务置换的文件，2015年与2016年的政府债务置换均采取定向承销的方式发行置换债券。政府债券在本质上仍属于债券，具有债券的一般特征。债券是主体募集资金的一种方式，根据发行对象不同，债券发行可分为公开发行与定向发行两种形式。公开发行是指在公开交易市场上发行债券，进入该市场的交易主体都可能成为债券的购买者，债券发行人无法控制该笔债券最终的持有人范围，这样的模式能够使发行人在短期内获得融资，并且能够满足高额度的资金需求。同时，由于购买人具有非确定性，购买人之间的竞争机制使债券价格成为买卖双方博弈的结果。定向发行是指在发行之前已经确定了该笔债券的受众，针对特定主体发行，债券价格在市场机制下由双方协商确定。除了融资，由于能够控制该债券的购买人，定向发行往往能够帮助发行人实现特定目的。公司股份的定向增发就属于此种类型，通过定向增发可以达到改变股权结构等目的。地方政府债券的发行，由地方政府财政部门负责，具体计划会同央行省级分行以及银监局制定。确定发行安排之后，地方财政部门需要根据拟置换的债务确定债权人，即此次承销的承销团成员，根据拟置换的债务规模确定主承销人，在主承销人中选定一人作为簿记管理人，建档后，簿记管理人根据申报利率将申报人按利率从低到高排序。

在债务置换时采取定向承销的方式，主要是因为这样的发行方式有助于债务置换的成功推行。具体体现在以下几个方面：首先，相对于一般债券而言，避免发行主体信用评级下降带来的影响。随着地方政府债务的清理，地方政府的担保行为得到严格的限制，可用于担保的财产将严格按照法律规定界定，这样一来，地方政府能用作债券担保的资产相比之前不规范的阶段就会大大减少。同时，地方政府债务的清理甄别，将各地方政府的债务规模及债务率、债务风险等指标逐步公开，在正常的信用评级机制下，地方政府债券的信用评级必定下降，公众对政府债券的盲目追逐会有所减退。其次，相对于国债而言，避免收益差距带来的影响。在公开发行的环境下，地方政府债券面对众多投资人，投资人也面对着众多类型的债券，投资者的主动选择空间更大，通过市场机制形成的债券收益率较低，同时，地方政府债券不属于国债，不是法定的免税事由，不存在吸引原债权人购买的因素。在定向承销中，原债权人自主选择程度小，成功发行的可能性远远高于公开发行。除此之外，选择定向承销的另一个主要原因是政策的系统性。债务置换的制度必须与其他相关的制度相协调才能有效实施，特别是与金融制度的协调。在我国银行主导型的金融体制下，定向承销最有助于债务置换的实现。地方政府债务置换的对象是银行贷款以及地方政府向信托公司、保险公司举借的债务，不管是保险还是信托，最终都与商业银行相关，银行是地方政府债务置换的主要交易方。除了央行购买之外，无论是公开发行还是定向发行，银行都是主要的购买人，在定向承销中，通过中央银行的政策优惠，商业银行更愿意参与到债务置换中来。

2. 置换价格与债券类型

财政部、中国人民银行、银监会〔2015〕102 号文，其附件《2015 年地方政府债务置换规程》（以下简称《规程》）中对债务置换的价格做了限定。根据《规程》的规定，置换债券的利率只能在基于记账式国债收益率确定的区间内浮动。[①] 这样的规定明显属于对置换债券发行价格的行政管制。虽然债务置换选择了定向承销的方式，但这并不意味着一定要对债券价格进行管制，仍然可以采取交易双方协商的方式确定债券的发行价格。对置换债券进行价格管制的原因在于，缩小双方的交易成本，促进债务置换的实施。按照协商的方式确定发行价格，需要交易双方多次的博弈行为，这样的多次博弈会带来大量的时间成本。在目前地方政府债务亟须规范管理、融资平台债务亟须清理的情况下，这样的方式显然不利于政策实施效果的快速达成。

置换债券是地方政府为处置存量债务而发行的债券，属于地方政府债券。地方政府债券包括一般债券与专项债券，一般债券对应无收益的公益性项目，主要依靠财政资金偿还；专项债券对应有一定收益的公益性项目，依靠其对应的政府性基金或专项收入偿还。

[①] 102 号文件中规定："发行利率区间下限不得低于发行日前 1—5 个工作日相同待偿期记账式国债收益率平均值，上限不得高于发行日前 1—5 个工作日相同待偿期记账式国债收益率平均值上浮 30%。"

根据 2015 年地方政府债务置换的管理办法，置换债券包括一般债券与专项债券。一般债券的期限为 1、3、5、7、10 年，文件中规定，单一期限的债券规模不得超过总定向发行规模的 30%。这样规定的原因在于，一般债券对应的是无收益的公益性项目，该部分债券的偿还主要依靠财政收入，近几年受经济下滑的影响，地方政府财政收入出现明显的下降。随着供给侧改革的推进，地方政府的土地财政收入必然也会受到影响，短期内不会出现大幅度的财政收入增加。规定单一期限的债务规模占比有利于保障不同偿还期债券的合理分布，减少财政偿还不能的发生概率。专项债券的期限包括 1、2、3、5、7、10 年，文件中规定 7 年与 10 年期的债券不得超过 50%，这是因为专项债券对应的是有一定收益的项目，除了项目收益以外还有专项基金收益作为偿还债券的资金。这样的规定旨在尽快偿还该部分债务，防止部分地方政府借债务置换恶意拖延债务，损害债权人的利益。2015 年全年共进行了三批债务置换，额度共计 3.2 万亿元。以其中 10、11、12 月发行的置换债券来看，三个月全国共发行置换债券 94 支，其中，一般债券 56 支，专项债券 38 支。一般债券占 59.6%。[①] 出现这种现象的原因在于，纯公益性项目的不存在现金流，债务偿还资金不足，需要置换的债务基数大。

（二）债务置换的合法性分析

债务置换具有行政行为的特征，而行政行为的一大准则是"法无授权即禁止"，为了防止行政权力的滥用，需要对债务置换的合法性进行分析。包括实质意义上的合法性与形式意义上的合法性。

1. 实质合法性

实质意义上的合法性即合理性。根据以上的分析，地方政府债

---

① 资料来源：Wind 数据库。

务置换行为是一种类行政行为，因此在分析其合理性时可以用判断行政行为合理性的标准，这些标准包括公平公正对待原则、考虑相关因素原则以及比例原则。其中，比例原则包括合目的性、适当性以及损害最小原则。因为地方政府债务置换存在利弊两个方面，因此，此处对其合理性的分析采用比例原则。

（1）债务置换带来了政府债务结构的优化

根据2013年的设计报告，截至2013年6月底，地方政府性债务规模为178908.66亿元，其中发行债券18456.91亿元，占比为10.31%，地方政府债券6636.02亿元，占比仅达3.7%。而银行贷款的规模为10187.39亿元，占比高达56.55%。随着国发〔2014〕43号文允许地方政府通过债务置换的方式处理存量债务以来，2015年全年，全国共置换地方政府债3.2万亿元。根据财政部公布的2015年全国财政决算表，截至2015年末，地方政府一般债务余额为9927.40亿元，其中一般债券38515.90亿元，占比为38.79%；地方政府专项债务余额为60801.90亿元，其中专项债券9743.40亿元，占比为16.02%。总的来说，到2015年末，地方政府债务中，地方政府债券占比达到68.23%。即，经过债务置换，债券融资在地方政府融资方式中占比得到了极大的提高。相比于之前，地方政府直接融资方式得到更大程度地运用，地方政府的债务结构得到了有效的优化。[①]

（2）债务置换使得银行面对的信用风险下降

经清理甄别认定为地方政府债务的融资平台债务，虽然存在政府担保，但却不完全是政府信用，该融资平台的经营状况等也会影响该债务的实现状况，其中，政府信用也主要是市、县两级政府的

[①] 此处需要注意地方政府债务与地方政府性债务的区别，地方政府性债务除了地方政府债务之外，还包括地方政府或有债务。但在地方政府性债务中，地方政府债务仍是主要的部分，因此，通过计算地方政府债务中政府债券的占比能够说明债券在政府融资中使用程度的变化。

信用。采用债务置换，根据文件中的规定，发行置换债券的主体是省级政府或享有省级政府经济权力的计划单列市，该债券直接体现省级政府的信用状况，较之前的市县级政府信用而言，信用层级得到了提高。

但是，地方政府债务置换也带来了以下问题。首先，银行收益的损失。截至2014年底，地方政府债务余额90%以上都是通过非政府债券的方式举借的，包括银行贷款、信托等，这些债务的成本基本在10%左右。2015年全年发行的地方政府债券的平均利率为3.5%左右，就对应的债务规模而言，通过债务置换，地方政府可节约2000亿元左右的利息。地方政府节约的就是原债权人损失的，对银行而言，贷款额度在短期内迅速缩减，在存贷比的规定下，会影响到原定的借款安排与资金使用安排。其次，银行资产负债期限的错配。相对于银行贷款而言，地方政府债券的期限较长，债务置换之后，如果原有的债务期限不变的话，银行的资产期限明显被拉长，这样一来，极有可能导致银行出现借短贷长的问题，这样的风险不利于银行的资产安全。同时，虽然文件规定银行可以将置换后的政府债券作为抵押，向SLF申请流动性，但是相比于之前的贷款而言，银行的流动性仍出现了显著下降。

总的来说，债务置换有利于地方政府的债务处置而不利于银行的收益。这涉及公共利益与私人利益的关系问题。根据比例原则，行政行为要将可能造成的损害控制在最小范围内，就债务置换而言，就是在债券利率的确定上，以及通过其他途径减少商业银行的损失。在这方面，目前的文件允许商业银行用该债券向中央银行申请流动性，也就是说银行的贷款损失在一定程度上得到了弥补，这是政府就其债务置换行为的合理性做出的努力。就宪政国家的建设而言，宪政的建设的主线就是国家财产与私人财权的博弈。只有政府的所有行为秉持宪政思想，才能真正实现民主政治，实现依法治国。

2. 形式合法性

(1) 债务置换与财政法定原则

关于债务置换的规定主要有国务院43号文、财政部关于地方政府债券发行的通知以及三部委联合印发的通知等，就法律层级而言，这些文件都以通知的形式呈现，属于规范性文件。债务置换属于对地方政府债务的处置，处置效果直接关系到政府的债务余额及之后的财政支出安排，属于财政范围内的事项。在宪政国家理念下，财政法定与财政民主是对政府财政权力制约的两项重要原则，是财政体制改革必须遵守的原则。财政法治是指财政事项与财政权力必须置于法律的监督之下，包括财政权力法定、财政义务法定、财政程序法定以及财政监督法定。财政实际上是国家财政权与公民财产权博弈的结果，而在财政中，限制公民财产权的制度主要是税收制度，因此，财政法定与财政民主最关注的问题就是税收问题。随着经济的发展，国家影响公民财产权的行为已经远远超过了税收的范围，政府债券的发行、转移支付的额度与分配等都会影响公民财产权。因此，这些事项也应当遵守财政法定的原则。地方政府债务置换属于影响公民财产权的事项，也应当严格遵守财政法定原则与财政民主原则。目前的债务置换仅仅以一般的规范性文件予以规定，规定层级低，不符合财政法定的原则。

(2) 债务置换的程序合法性分析

债务置换的程序包括制定发行计划、确定承销团成员、询价定价、债券发行等环节。债务置换将地方政府与银行之间的借贷关系变成了债券发行人与债券持有人的关系，属于债务形式的变更。具体而言，属于债务偿还方式的变更。根据《合同法》的规定，除法定变更与裁判变更以外的变更采用协议变更的方式。即，想要改变合同内容的，必须与合同相对方协商一致。虽然债务置换的文件中规定，在发行之前，财政部门应当与债权人达成协议，但是，此处的协商一致与《合同法》中要求的协商一致意思表示的真实性显然不同。合同主体之间的关系属于民事法律关系，民事法律关系最大的特点就是主体的平等性，正是因为这样的平等性，双方在磋商过程中，才享有平等的权利义务，在法律层面而言，双方谈判的进退空间是基本相当的，在此基础上的意思表示行为才是真实有效的。债务的定向置换以国家规范性文件的形式发布，在一开始就具有浓厚的行政色彩，因为是定向置换，在政策之下，债权人根本没有选择的余地，只能在规定的利率范围内，争取靠近原本的债权标的额度。置换的文件中虽然要求协商一致，但一方是公主体，一方是私主体，地位不同，协商结果必然对公主体更加有利。

（3）置换主体及其权限的合法性分析

首先，债务置换的管理权限。关于政府债务置换的规定主要是由财政部制定的，具体由财政部的国库司制定的。根据财政部各部门的职能划分，国库司主要负责拟定国库的管理工作，管理国债的发行与兑付、政府非税收收入的收缴等工作。地方政府债务置换的是政府债券的发行，国库司管理国债的发行，具有长期的管理经验。从大的方面来说，债务置换属于财政领域的问题，由财政部负责也理所当然，国库司作为财政部各部门中与该问题联系最密切的部门，自然可以作为该问题相关文件的起草者与发行者。其次，债务置换的实施及置换债券的发行权限。地方政府的债务置换是在全国人大、国务院批准下，由财政部确定当年的债务置换额度，由需要进行置换的地方政府进行申请进行的。确定并负责债务置换事项的主体是财政部，具体发行置换债券的主体是地方政府。再次，财政部的管理权限。财政部属于国务院的组成部门，具有行政主体资格。根据国务院各部门的权限划分，财政部有权管理与财政相关的事项，并在符合上位法的条件下制定相关的部门规章。财政部的该权力是国务院权力的一部分,国务院的权力则来自《宪法》的规定。最后,地方政府发行置换债券的权限。43号文件中允许地方政府通过发行政府债券的形式置换存量债务,这样的规定相当于一种授权行为,新《预算法》赋予了地方政府发行政府债券的权力,43号文则赋予了地方政府运用债券进行债务置换的权力。这样的授权是否合法呢?行政行为属于"法无授权即禁止"的范畴,只有法律才能对行政主体进行授权,《预算法》的授权显然是合法的。根据《宪法》的规定,国务院可以在授权范围内通过制定行政法规等进行行政管理,允许地方政府进行债务置换是国务院行使管理职能的体现,其权力来自《宪法》的规定。

(三)债务置换行为的法律性质

对于不同主体而言,地方政府债务置换的实质性影响是不同的。就地方政府而言,债务置换属于债务重组的一种形式。在债务置换之前,此部分债务属于银行贷款或者是向其他金融机构融资形成的债务。根据审计署2013年的审计报告,截至2013年6月底,该部分债务在地方政府性债务中占到66.4%。可见,地方政府债务中间接融资占比较高。相比之下,债券融资仅占10.31%,直接融资比例低。间接融资与金融机构直接相关,而金融机构的典型特征就在于负债经营,这样的经营模式不仅带来了高风险,而且因为不同金融机构之间联系密切,一个金融机构的危机往往会引发整个金融行业的风险,金融风险具有高度的并发性。同时,金融风险的传染性极强,在统一的货币市场下,金融行业的危机会快速波及债券市场、股票市场。将政府财政与金融机构直接相连,不利于财政安全与财政稳定。通过债务置换的方式,逐步实现地方政府举债的规范化,将债券作为唯一的举债方式,有助于通过直接融资的方式降低债务风险,防止金融风险向财政风险的传导。

就商业银行而言，属于债权实现方式的变更。在置换之前，银行的债权只能依靠作为债务人的地方政府偿还，在债务置换之后，虽然该部分定向承销的债券不能在债券市场上流通，但是却可以作为抵押或质押向中央银行申请流动性，具体可以通过将该部分债券作为抵押向央行常备借贷便利（SLF）申请1—3个月的贷款，解决短期流动性不足的问题，可以将该部分债券作为质押，向MLF申请贷款，这样一来可用于放贷的资金就会增加，有助于改善银行的资产结构。

市场行为与行政行为最主要的区别在于，市场行为中双方主体的地位更加平等，对于交易进程享有大致相同的主动权，交易价格由双方通过市场博弈形成。在行政行为或类行政行为中，政府一方享有更多的主动权，交易价格、交易方式等因素都受到政府的影响。在地方政府置换债券的定向发行过程中，发行安排由地方财政部门与央行省级分行及银监局共同确定，虽然发行利率的确定过程中会向承销团成员询价，但发行规程的文件中已经明确规定了利率的上下限，最终的发行利率必须在该范围内。除此之外，在最终买受人的确定上，定向置换中，簿记管理人对所有报价由低到高进行排序，最终确定该笔债券的买受人，这显然是不符合市场机制的。因此，债务置换本质上是一种具有强烈行政摊派色彩的行为。

四 地方政府融资平台在建项目增量债务的法律处置

根据财政部、人民银行、银监会制定的融资平台在建项目后续融资问题的意见中的规定，在建项目需要满足两个条件：首先，在国务院43号文成文日2014年9月21日之前，已经完成相关手续。43号文规定了地方政府存量债务处置的方式与在建项目后续融资问题，该意见主要针对融资平台的相关问题做出了细化的规定。根据一般的法理，法律及其解释对相关概念的界定应当保持一致，意见中的在建项目与43号文中的在建项目在内涵与外延上均应保持一致。就制定主体而言，43号文由国务院制定，意见由国务院组成部门制定；就职能划分而言，组成部门是国务院职能的具体承担者。组成部门的行政权力来自国务院的授权，其行为应当与国务院保持一致。其次，项目已经开工建设。此处没有规定项目完成率，只规定了项目开始建设，原因在于融资平台项目的特殊性。融资平台负责的项目主要是基础设施建设项目，此类项目前期投入大，且一旦开始建设，建设投入就会迅速贬值，如果此时中断项目的资金供给，会造成人力与财力的损失。同时，在融资平台清理之前，其项目承担着为地方政府融资的任务，在项目开始的时候，地方政府很有可能已经投入了部分资金，为防止国有资产的贬值，有必要将所有已经开工建设的项目纳入在建项目的范畴，统一制定债务处置政策，保证在建项目的完成。

存量融资与新增融资的分割点为2014年12月31日，新《预算法》的实施日期为2015年1月1日。以新《预算法》的实施作为划分新旧债务的时间点，主要在于新《预算法》要求地方政府债务全口径纳入预算管理，并规定了地方政府的举债方式与举债途径。在《预算法》实施之前的融资平台债务中，存在地方政府违规担保的行为，地方政府对该项目的投资往往都是隐性的，没有纳入地方政府的预算管理。之后的融资平台则不再新增政府性债务，其债务中不允许存在地方政府担保的现象。将两种情况区别对待，主要是基于法不溯及既往的原则。法不溯及既往是指法律只对其有效期间内发生的行为产生约束力，之前或之后发生的行为不受该法律规制。以城投债为例，之前的法律虽然规定政府不得发行债券进行融资，但是并没有规定政府不能通过组建公司，以公司的名义进行融资。地方政府为了获得资金，通过城投公司发行城投债。2015年之后，城投债被明令禁止，但是若因此而撤销之前地方政府通过城投公司发行的城投债，无论对地方政府还是对债券持有人而言，都是不公平的，因为他们在做出该行为的时候，并不知道这样的行为是不被允许的。

自2015年开始，融资平台的新增债务与地方政府无关。根据之前的界定，在建项目的存量债务是截至2014年12月31日的债务，因此，该部分债务中可能存在政府性债务。根据《意见》，对于存量的贷款，合同未到期的，要继续按照合同提供贷款。对于合同到期，项目运营收入不足以还本付息的，在各方协商一致的情况下，延长贷款期限。应当注意的是，文件要求，对于续签的合同，应与原来的合同保持责任一致，只是需要补充合格有效的抵押品、质押品。也就是说如果原来的借款合同中，存在地方政府的隐性担保的话，地方政府仍然需要承担担保责任，只是担保物需变更为合格有效的抵、质押品。即该部分债务仍然是地方政府负有偿还责任的债务。但是从延长贷款期限可以看出，该部分债务的偿还资金最终仍主要是项目的运营收益。政府的担保责任只是通过抵押物、质押物的方式实现，之前不符合担保规定的担保物都要进行替换，补充担保物的价值。为了保证该担保行为不影响公共资产的价值，担保的资产必须是可依法合规变现的非公益性有效资产。这样的规定实际是在处理存量债务的同时，对地方政府融资行为的逐步规制。

在建项目的既有债务包括产生于2014年12月31日之前的存量债务，也包括之后的增量债务。为保证在建项目的完成，对于其新增的融资需求，地方政府按照不同的方式予以处理。适合采用PPP模式的，优先采用PPP模式，不宜采用PPP模式并且没有其他资金来源的，由地方政府进行融资，以政府债券的形式举借。

根据融资平台在建项目后续融资意见中的规定，在建项目中不宜采用PPP模式，且没有其他资金来源的，由地方政府通过发行债券等形式募集。这样的规定实际上将该部分的融资任务交给了地方政府，同时构成了政府债务的一部分。将该部分债务交由地方政府负担的原因在于：政府对市场的补充职能。根据文件中的规定，PPP模式显然是优先适用的，与财政支出的考量因素不同，社会资本在投资时，更加看重项目的收益性，这是一种市场经济下的利益选择，对于那些无法满足PPP要求的项目，或者是牵扯到国家秘密等原因不宜采用PPP模式的项目，是市场无法调整到的领域，此时，政府应充分发挥其职能，弥补市场失灵。

除此之外的项目采用PPP的模式融资。PPP为政府与社会资本合作模式，具体包括BOT、BTO以及PPP产业投资基金、资产证券化等形式。此处重点介绍PPP产业投资基金的运用及其中的问题。具体而言PPP产业投资基金就是政府与社会资本合作成立基金，通过基金的形式筹集资金，再将所筹集的资金投资于符合条件的PPP项目。在这样的合作中，根据出资方主导性的不同，PPP产业基金可以分为政府主导型、金融机构主导型以及社会资本主导型。在不同性质资金的主导下，基金的运营中心、主导价值必然不同，选择不同的经营模式也不同。政府主导型产业基金中通常采取引导基金与产业基金的形式，地方政府作为劣后级，是项目风险的最终承担者；金融机构主导型中，负责项目建设的公司作为劣后级，同时是风险的第一承担人，项目的选取不需上升到省级，项目准入更简单；社会企业主导型中，政府不是出资人，只是授予企业特许经营权，企业要承担更大的风险，但企业的自主决策权也更大。

采用PPP模式的原因在于，相比于以往的融资方式，PPP存在以下优势。首先，期限错配问题的解决。政府与社会资本的合作模式有很多，但并不是所有的合作模式都属于PPP。PPP的核心思想在于整合政府与社会资本的优势，在二者之间建立一种长期的合作关系，因此，PPP项目的期限一般都在20年以上。之前地方政府运用的BT，只关注与项目的建设速度，建设公司对项目的后期运营及管理并不负责，造成了大量的豆腐渣工程，这样的合作模式就不属于目前提倡的PPP模式。相比之前的融资方式，PPP与项目的期限更加匹配。其次，PPP模式下，社会资本不仅负责项目的建设，还要负责项目建成后的运营与管理，且其收益主要来自项目的运营收益而不是政府的直接付款，因此，建设项目的质量会得到更好的保障。同时，由于社会资本在项目建成后的运营与资金管理方面有长期的经验积累，因此能够更好地提高项目收益率。

不管PPP具体采用了哪种模式，其形成的债务都属于公司或合伙等形式的私债，政府作为投资人，承担的责任大小按市场规则确定。以PPP政府产业基金为例，由于政府是PPP的投资人，基金的债务最终是由其出资人偿还的，地方政府存在承担清偿责任的可能。就公司型PPP产业基金而言，地方政府作为发起人之一，在公司成立后成为公司的股东，根据《公司法》的规定，有限责任公司的股东以其出资额为限，对公司的债务承担有限责任。在有限合伙型PPP产业基金中，地方政府都是作为有限合伙人参与的，根据《合伙企业法》的规定，有限合伙人不参与合伙事务的管理，仅承担出资义务，对于合伙的债务也仅以其出资为限承担有限责任。因此，PPP产业基金下，地方政府可能承担的债务规模仅限于其对基金的出资额。

在建项目的存量债务处置与之前分析的融资平台存量债务处置基本相同，关于其中的法律问题，在之前的篇幅中已经进行了分析，此处不再赘述。此处主要分析在运用PPP模式进行融资时，所面临的法律问题。第一，PPP中政府支出价值的评估。根据财政部发行的PPP财政管理暂行办法，在PPP模式下，政府可以直接投入资金，也可以通过转让特许经营权、将既有国有资产或股权作价入股等方式进行投资。除了直接的资金投入之外，其他的投资方式都需要确定投资的价值。根据《公司法》第 27 条的规定，股东的非货币出资必须经过资产评估。股东的出资全部足额缴纳时，必须经法定验资机构验资合格。在此处，政府作为公主体进行出资，为避免国有资产的价值被高估或低估，最有效的方式就是运用市场定价的形式。就特许经营权而言，要结合其能够带来的未来收益，参照市场上的同类情况，确定其价值。对于国有资产的价值，可以经评估机构评估确定。对于国有股权，可以参照确定交易之前的价值予以确定，防止投资信息带来的股权现值增加而造成误导定价。第二，PPP 中政府支出规模的法律控制。首先，建立权责发生制的政府财务管理制度。融资平台的产生最初就是地方政府规避法律规定，进行融资的工具。也正是因此，造成了地方政府大量的运行债务，在监管不到位的情况下，造成地方政府债务规模激增、债务风险高的现状。对融资平台进行清理之后，PPP 模式成为地方政府融资的重要途径，基于融资平台的前车之鉴，对于 PPP 中的政府支出必须进行有效的监管。解决此类问题的根本方法在于建立权责发生制的政府财务管理制度，及时从资产、负债方面反映政府的财务状况，防止隐性债务累积引发债务风险。其次，通过政府预算进行控制。如前所述，在 PPP 中，政府支出的形式是多样化的，就其中财政资金的支出，应当按照《预算法》的规定，纳入预算管理。具体而言，该部分支出也应向其他的政府支出一样，经过人大的审查与批准。就财政支出分类来说，此部分财政支出应属于专项支出。该部分支出纳入政府财政支出，与其他支出加总后的规模，应当在当年经审批的该政府的债务限额内，受政府债务限额的管理。就支出的程序而言，应当经本级政府同意后，报本级民意代表机关进行审批。最后，通过政府综合财务报告进行控制。当政府的投资进入项目后，通过采购或建设形成的资产属于国有资产，为实施对该部分国有资产的有效管理，根据我国法律的规定，对政府投资形成的国有资产应当在政府综合财务报告中反映。根据十八届三中全会通过的关于深化改革的决定，关于政府综合财务报告制度，要将之前的收付实现制改为权责发生制。这样的改变其实是政府管理模式向市场主体管理模式的学习。根据我国会计法的规定，企业的支出与收入按照权责发生制记账。权责发生制与收付实现制的不同不仅存在于时间点的确定上，更多的是，财务管理理念的不同。权责发生制下，主体享有确定的获益权利时，该权利就应当作为资产记账，也就是说在该部分收益还没有实际获得时，就已经在账簿中得到了体现。当主体的某个行为带来预期收入的减损时，该债务就要计入账簿中。在这样的模式下，更能体现当期主体行为的价值。这样一来，每一期的债务都是由于该期的不当行为形成的，由本届政府负责，从而实现代际公平。

除上述问题外，在运用PPP模式为基础设施建设项目融资时还存在以下的风险。其一，投资项目选定风险。PPP项目的选定直接关乎国有资本的投资结果，为了防止因项目不符合规定而带来的投资风险，需要从制度层面确定项目选定的程序及相关的考评方法。首先，在项目的选定上。此时的政府，不仅仅是公主体，更是一个市场体制下的投资者。政府财政部门应当考虑该项目能够带来的预期收益以及全周期下政府要为该项目投资的规模，结合目前的财政状况，判断该项目的收益是否可期，该项目需要的支出是否可以承担，从而判断该项目是否值得投资。其次，对PPP项目的考核，不仅限于投资之前，在投资过程中，也要对前期的投资进行绩效评价，从而确定之后的支出规模。这就需要定期（可采取每季度的形式）对上一期的投资收益状况进行报告，当之前的政府支出没有带来收益，甚至是亏损的情况下，可以适当减少下一期的政府支出，同时，应当结合项目周期，及时对政府支出的规模以及支出的方式进行调整。调整必须经过本级政府的同意。其二，社会资本违约风险。既然是与社会资本的合作，在市场化的背景下，就不得不考虑社会资本的道德风险问题。首先，在签订与社会资本的合作协议时，设定违约责任。明确界定社会资本的权利与义务，以及当其出现违约行为时应当承担的责任，该责任的设置必须符合法律规定，不得以行政处罚的方式作出，因为在合作模式下，政府的身份应当更多的是类似于私主体的合作者，而不是完全的行政主体。其次，政府应当有应急计划。当社会资本出现违约时，政府应当保证有合格的主体作为替代者保证项目的正常运转，防止项目突然中止带来的损失。同时，政府应当设计国有资本的退出机制，保证国有资本及国有资产能够及时转让或变现。最后，信息的公开与监督。针对PPP项目，应当设置专门的公开平台，建设机构要及时将项目的运转状况、收益状况进行控制，便于社会监督。政府也可以通过监理人的选定来实现项目违约风险的规避。

五 地方政府融资平台债务违约的法律处置

（一）认定为政府债务的债务违约处置

对于不能偿还的债务，各国政府的处理方式存在区别，通常的做法包括债务减记与债务偿还。债务减记是指债务人与债权人通过达成合意，减少债务人账面的债务额度。最为典型的案例就是希腊政府主权债务危机时的主权债务减记，这样的债务减记必须通过所有投资人的同意，债务减记并不是债务的实际抵免，只是变更了偿还方式或是偿还期限。就地方政府的债务而言，也有国家采取过债务减记的方式，我国的地方政府债务置换实质上也属于债务减记的一种。当债务减记能够成功的时候，地方政府的债务风险便能够得到一定的缓解。但是由于债务并没有实际偿还，并且未能造成地方政府债务偿还能力的实际提高,这就会使地方政府陷入了一种选择性违约的境地。债务减记最显著的长处就在于,通过账面债务额度的减少,能够避免债务规模过大对政府正常项目融资造成的影响,同时,能够有效减少系统性金融风险的发生概率。

当以上两种方式都不能化解债务风险时,则会债务违约。就目前的实践来看,政府破产制度是应对政府债务违约的主要制度,而美国是适用政府破产制度的典型国家。就适用范围上来说,破产制度只能适用于地方政府。美国实行联邦制,在联邦政府之下,各州政府独立管理本州的事务,州政府以下为地方政府,包括市、县、乡镇、自治市以及特别区等。根据美国《破产法》的规定,联邦政府与州政府不能适用破产制度。就适用条件而言,破产制度适用的前提是地方政府陷入支付不能的状态,这一点与企业破产制度的规定是相同的。对于企业的支付不能一般通过资产负债表判断。对地方政府而言,其资产往往是已经投入使用的基础设施或者是其他公益性产品,不具有自由流通性,很难通过市场判断其价值。因此,判断其支付不能的依据主要是债务规模与预期的财政收入,即通过预期现金流对债务的覆盖率来判断。就债权人的保护而言,美国《破产法》要求地方政府在进入破产程序之前,必须已经与债权人进行了可能的协商,也就是说破产制度是作为地方政府与债权人无法达成协议的一种制度补充。这样的制度设计就合同纠纷的解决机制设计一样,当政府能够通过协商这种私力救济的方式解决纠纷时,就没有必要采用公力救济。但与一般纠纷当事人的自由选择不同,在政府与债权人的此种纠纷中,政府必须首先尽最大的可能与债权人协商,协商成为一种前置的程序。从这种制度设计可以看出,在美国地方政府债务纠纷首先是按照民事纠纷处置的,在民事法律关系中,主体的意思表示优先,意思表示一致是解决纠纷的重要条件,允许双方首先通过协商的方式解决纠纷,有助于双方意思表示的充分发挥。同时，要求地方政府尽可能与债权人协商一致，是对债权人的保护。由于债务偿还方式的变更直接关乎债权人能不能按期、按量实现其债权，因此地方政府作为债务人在债务处置时应经过债权人的同意。就破产结果而言，地方政府破产产生的直接结果就是经过法院确认的债务调整计划。与企业破产不同的是，在地方政府破产中，只有作为债务人的地方政府有权提出债务调整计划，债权人只能对债务调整计划投票。就中央政府对破产地方政府的态度而言，因为美国实行的是联邦制，州政府拥有独立的财政管辖权，因此，在地方政府破产时中央政府并不实施救助。

对于制度后发国而言，在解决问题时学习先进国家的经验、进行制度移植是最常用的办法。也正是因为后发优势的存在，才产生了大量的比较研究。关于目前政府债务危机的化解，讨论最多的就是政府破产制度的引进。在制度的移植与引进中，不仅需要考虑制度在他国适用的结果，更要通过制度的实践总结其成功的要素。在此基础上分析该制度是否值得引进。通过以上对美国政府破产制度的介绍，可以得出，地方政府破产制度在美国的成功应用得益于以下几个因素：首先，联邦制的政体。在这样的政治体制下，州政府拥有相对独立的管理权，即使存在联邦政府对州政府的转移支付，但财政资金的使用仍然是由州政府自主决定的。其次，法治理念。美国的法治化程度较高，不管是普通公民还是政府在处理问题时都习惯通过法律的途径，即使是政治问题，通常也会转换为法律问题，基于对司法终极的奉行，通过司法程序获得的结果不会受到政治势力的影响。这样的思维模式下，对政府债务的管理都是通过法律的方式，规定政府债务限额、举债方式与举债程序，同时，在风险的化解上，也采取破产这一更类似市场主体问题的处理方式。

正如之前的分析一样，政府破产制度之所以能够在美国取得成功，是多种因素综合作用的结果。从我国现状出发进行分析，当下引入政府破产制度面临以下问题：首先，无法确定地方政府是否满足申请破产的条件。就美国、南非、巴西等国的地方政府破产制度而言，虽然具体的制度规定不同，但存在一个共同的特征——地方政府不能偿还到期债务。对这一状态的判断需要考虑地方政府预期财政收入与地方政府债务两方面的状况，而高度的财政透明与适当的财政报告是获取这两方面数据的基础。就财政收入而言，年度与季度的政府财政报告中都进行了全面的公示。预期的财政收入也通过政府预算报告进行了公示。相比之下，地方政府的债务数据则十分笼统。我国的财政报告中主要是财政收入与财政支出，不存在政府债务这一项。这样一来，就无法判断某一地方政府的债务总量是多少、是否不能偿还到期债务。其次，无法确定破产案件的主管部门。在美国的政府破产中，专门的破产法院是破产案件的主管部门，负责确定破产申请是否满足条件、确定重整方案是否通过。破产法院属于司法领域，根据美国三权分立的体制设计原则，破产法院不受地方政府的控制，因此在对待政府债务重组方案时，能够较为客观的判断，实现政府职能维持与债权人利益保护的平衡。我国并没有专门的破产法院，如果引入破产制度的话，破产案件应当由哪类法院主管呢？一般的人民法院在多方面受地方政府的影响，如果将破产案件交由其处理，极易使破产程序成为地方政府拖延债务的工具，无法达到债务处置的目的。再次，无法达到破产制度的目的。实施政府破产制度的一个重要原因就是，破产制度为发生债务危机的地方政府提供了喘息的机会。政府的破产制度与企业的破产制度不同，一般并不会真的使地方政府破产，只是让其提出重整方案，在债权人同意的前提下实现地方政府的债务重整，确保其在一定期限内偿还债务。债务重整的核心是地方政府与债权人整体就债务偿还问题达成协议，债权人在对地方政府提出的重整方案进行判断时，各债权人需要明确该政府的债务包括哪些，更需要明确各笔债务的偿还方式、担保等问题。这些都需要债务信息的全面公开才能实现，我国的财政公开显然不能达到这样的水平。综上，我国目前不应引入地方政府破产制度。

虽然目前不宜引入政府破产制度，但是，就债务处置的制度设计而言，破产制度仍具有诸多借鉴意义。首先，保证地方政府职能的行使。破产程序启动后，冻结程序同时启动，冻结程序是破产法院的一种授权，可以冻结正在进行的诉讼并阻止其继续执行。同时，《破产法》第9章规定，地方政府的部分资产可免于执行。这些规定的目的都是保证地方政府基本职能的发挥，防止出现公共产品供给的大量减少。其次，政府债务市场化、法治化。在处理地方政府与其特殊目的公司的关系时，以双方签订的协议为准，尊重市场机制下双方意思表达的结果。政府通过债券的形式举债，其债券在债券市场上发行与流通，进行债券评级、主体财务状况公示，通过债券市场上的竞争，由投资者最终决定债券的发行规模。同时，建立地方政府资产负债表，在一般企业资产负债管理的基础上进行改进，准确反映地方政府的负债状况，将隐性债务或或有债务全部纳入统计范围内，运用债券市场的公示机制，保证投资人全面了解地方政府的财政实力与债务现状。在一般投资者规避风险的行为模式下，防控地方政府债务风险。

（二）认定为企业债务的违约债务处置

市场经济最主要的特征就是个体意愿的表达与自由的竞争机制。在这样的环境下，不仅需要各种保证主体正常运行的制度安排，由于失败的存在，为了让市场运行更有效率，同样需要退出机制的存在。退出为一般企业的融资平台，在债务违约时，也面临这样的问题。针对这样的问题，存在法律程序内的救济与法律程序外的救济，此处主要分析法律程序内的救济。

1. 企业破产

破产制度一方面使不能偿还到期债务的企业退出市场，另一方面更多的是实现债权人与债务人之间的利益平衡。从不同的关注点出发，破产制度具有不同的意义。首先，就市场监管而言，破产制度有助于发挥责任制度的威慑作用。根据 Steven Shavell 的分析，在不同的责任制度下，行为主体处于不同的注意状态，责任制度的存在有助于社会总收益的增加，最佳的责任制度能够实现既有模式下社会收益的最大化。根据科斯的分析，产权明晰有助于主体行为边界的确定，包括行为水平与注意水平。在产权明晰与责任制度的基础上，企业能够采取适当的注意水平，提高产品与服务的质量与水平，降低不当行为的社会损害，提高社会资源的适用效率，实现社会总体福利的增加。其次，就权利保护而言，破产制度有助于实现纠纷双方权利的平等保护。以往的《破产法》主张债权人保护主义，认为在破产程序中，最重要的就是保护债权人的利益。随着市场经济水平的提高，现代《破产法》注重的不仅仅是债权人的利益保护，也包括作为弱势方的债务人的利益保护以及债务人股东、经营者等相关主体利益的保护。通过在众多主体之间利益的合理分配，保障市场秩序的有序运转。

2. 债务重组

相对于破产程序而言，重整程序针对的是那些虽然出现了破产原因，但仍然有望通过内部的调整恢复盈利能力的企业。在市场的淘汰机制下，这样的制度给了企业重生的机会。在重整制度中，法院的职能不仅体现在重整计划的审核与重整人、重整监督人的确定上，还体现在通过保全程序，法院对作为债务人的重整企业的资产处分行为做出了限制，通过重整债权的确认，为债权人的权利保护提供了通道。债务重整属于非诉讼程序,其首要的目的在于挽救濒临灭绝的企业,防止企业破产。公司的建立与运行实际上是基于发起人之间的契约,想要通过重整程序拯救公司,必然需要部分股权在权益上做出让步,仍需股东达成合意。重整的核心是重整方案,在重整方案中,需要对公司的债务规模、还债资金来源与债务偿还计划等做出明确的表示,在关系人会议审议表决之后执行。

从以上的分析中可以看出,破产程序与重整程序存在以下不同:破产程序侧重于债权人的利益保护,重整程序侧重于企业经营能力的恢复;破产程序中牵扯的法律关系众多,主要是利益的分配过程,重整程序是公司债务偿还方案的重新调整;破产程序针对的是陷入支付不能且明显缺乏清偿能力的企业,重整程序针对的是虽然陷入支付不能但仍有希望的企业。就融资平台的债务处置而言,若将其认定为一般的企业,平台公司不能偿还债务时,其债权人与作为债务人的融资平台都可以提出破产申请或重整申请,通过破产清算或重整解决双方的纠纷。

(三) 美国特殊目的公司债务违约处置对我国的启示

美国特殊目的公司(SPV)也扮演着与我国融资平台公司相似的角色。这些公司一般通过与地方政府签订特许经营协议(Franchise Agreement)等方式,获得授权,进而从事城市基础设施的建设或提供公共服务。为保证项目完成,SPV可以通过发行债券等形式举债,其债务资金的使用具有政府目的,地方政府对其部分债务承担偿还责任。这些特征都与我国融资平台的特征相吻合,两者具有可对比性。本部分选用2010年拉斯维加斯单轨电车违约案,对美国此类公司违约债务的处置方式进行分析与说明。

拉斯维加斯单轨电车公司(以下简称LVMC)是一家由州政府发起设立、私人部门运营、从事公共交通设施建设的非营利性机构。该公司于2000年获得克拉克县政府（Clark County）的授权，进行有轨电车的建设与运营。为完成建设任务，9月12日，由内华达州商业部与工业部作为发起人，与受托人国富银行（Wells Fargo）签订协议，发行6.5亿美元的债券。同时，两部门与LVMC签订融资协议，将债券贷给LVMC，这些债券分优先级与劣后级发行，优先级由AMBAC公司进行担保。由于对电车经营状况的预期存在较大偏差，以及后期补救措施的不当，公司业务收入急剧下滑，无法按期偿还贷款，最终投资者回收率只有2%，发生债券违约。随着第一笔不能清偿债务的到期，2010年1月13日，LVMC依据《破产法》第11条向内华达州破产法院提出破产申请。

在案件的审理过程中，关于两部门发起的债券的定性，成为案件的主要争议点。担保人与受托人均认为该债券属于市政债券，应当完全由地方政府偿还，理由是：该债券的使用具有政府目的，同时该公司在财务等多方面受到州政府的完全控制。州政府认为该债券不属于市政债券，理由是：该债券虽然享受免税政策，但这仅是市政债券的一个特征，仅具有该特征不足以推定此债券属于市政债券。要判断其是否属于市政债券，需要判断其中政府偿还责任的大小。通过以上对案件事实的介绍，不难发现，在这个案件中存在以下法律关系：首先，两部门与银行之间的托管合同（indenture）。此两者的关系中，银行作为受托人，接受债务人的收入并向债券持有人付款。LVMC作为债务人，地方政府的部门只是为其提供了融资通道。其次，两部门与LVMC之间的融资关系。两部门基于与LVMC之间的融资协议（financing agreement）向该公司提供资金。政府部门的偿还责任仅限于其担保范围内，对于地方政府来说，这种融资方式具有无追索权性质。LVMC承担偿还贷款的责任，以其项目净收入作为担保。再次，LVMC与克拉克县之间的特许经营协议。根据协议，LVMC承担项目的建设与运营，达到一定期限之后转给政府。可见，在该案例的融资模式中，地方政府仅仅在担保范围内承担责任，在担保范围之外，债券持有人不享有追索权。因此，该债券不属于市政债券。结合《破产法》第九章的否定性规定分析。《破产法》第九章规定，以下类型债券的案件不受第九章调整：A. 由政府发行的产业收入债券，如果仅作为私人企业的融资提供通道的话，不列入第九章的调整范围。B. 以税收收入作为担保的债券等。该案例中，政府的两个部门只是为 LVMC 融资提供了通道，即使存在政府责任界定不清的情形，该债券也应当排除在第九章之外。最后，破产法院认为，该案件中地方政府承担有限责任，且其与 LVMC 融资协议已经公示，投资者应当知晓，认为该债券不属于市政债券，由此产生的债务属于私人部门的债务，地方政府仅依据融资协议承担有限责任。

该案例可以为我国融资平台的债务处置提供两方面的经验：首先，明确划分政府与企业责任边界的重要性。从以上案件可以看出，破产法院将此处的债务认定为私人部门债务的原因在于：其一，政府承担有限责任，即，存在义务边界。其二，该边界通过公示为投资者所知晓。投资者应当认识到该债券属于一般企业债券。将该债券认定为一般债券是防止双方产生争议的原因就在于，政府与私人部门的融资协议中对双方的权利义务边界没有明确划分。可见，该特殊目的公司与政府部门发生纠纷的原因就在于双方的权利义务未进行明确的划分。我国融资平台也存在着上述问题，在融资平台的融资行为中，地方政府往往提供的是隐性的担保，政府的责任边界难以确定。同时，不管是债券还是银行贷款，平台公司的融资中，没有将其与政府之间的关系明确公示，投资者在投资时不仅应考虑平台公司的信用状况，更应着重考虑其后的地方政府信用状况，且投资者往往会将地方政府的担保作用扩大化，导致债务规模较大的结果。其次，此类债务的处置方式。从法院对该案件的审判可以看出，融资协议是解决此类纠纷的第一选择。我国之前的融资平台与政府之间往往不存在规范的融资协议，政府的担保行为也多是以安慰函等形式呈现的，此两者均不能实现双方权利义务的明确划分。因此，我国便从政府的职能出发对融资平台的债务进行了划分，但这只是行政性的处置，并不符合市场规则。实现融资平台规范化管理之后，融资平台与地方政府之间的权利义务按照市场化的协议进行确定，产生的纠纷也按照市场规则解决，从而实现以市场规则调整市场行为。

第六章

地方政府融资平台债务
风险预警法律机制

为了防止融资平台债务风险的累积和新增风险的发生，融资平台的监管部门应该制定融资平台债务风险预警的法律规范，逐步构建融资平台风险预警法律制度，使融资平台风险预警机制规范化、制度化、长效化。

债务风险原因复杂，因此对债务风险进行定量和定性分析，运用科学的方法进行跟踪、监控，对于债务风险防控是至关重要的，尤其是在债务危机的萌芽阶段对其进行遏制具有显著效果。构建地方政府债务风险预警法律机制，能够准确地识别风险、及时地处理风险、科学地防范风险。

在融资平台债务中，一部分属于政府债务，一部分属于企业债务。对属于企业债务的融资平台债务，融资平台自身承担偿还责任。如果到期不能偿还债务，融资平台可以和债权人协商，依法通过债务重组、企业破产等市场化方式解决。如果债务处置造成损失的，由融资平台和债权人依法承担相应部分，对于这部分债务，主要依照《合同法》、《公司法》、《担保法》、《破产法》等法律规定，按照市场化原则处置，一般情况下不会形成较大的债务风险，企业可以根据自身债务情况，制定该企业的风险防范措施。在各国实践中，除金融机构和上市公司外，政府对企业风险防范没有统一的制度性要求，也没有国家针对企业制定专门的风险防范机制。但是，目前世界上很多国家都建立了地方政府债务风险法律预警机制。因为对于地方政府具有偿还责任的债务，如果地方政府到期不能偿还债务，容易引发财政风险和金融风险，因此各国对待这部分债务都采取非常谨慎的态度。故，以下对融资平台债务风险预警机制的探讨，主要从地方政府债务风险预警机制的角度展开。

一　地方政府融资平台债务风险预警体系

融资平台债务风险预警体系指以对融资平台债务风险的分析为基础，观察系列统计指标和统计数据变化，运用模型，对地方政府面临的风险进行识别，同时向决策部门发出预警，以便决策部门及时采取措施，以最小的成本控制风险，从而减轻其负担，获得整体安全的管理方法。

（一）债务风险预警体系的基本框架

1. 债务风险预警机制的目标

（1）能够系统全面地分析融资平台债务风险的本质、特征、形成原因以及表现形式，如实反映当前融资平台债务风险情况，并评估债务风险等级，反映融资平台债务的优劣程度。

（2）在详细分析现行融资平台债务情况的基础上，能够对其债务风险进行定量分析，估计和预测融资平台债务危机发生概率的大小以及由此将要造成的损失程度，准确预测融资平台债务风险的走势，判断融资平台债务风险的危急程度，在债务危机发生之前及时发出预警，指导地方政府出台相应的解决地方政府债务危机的对策。

（3）能够根据预警的结果对融资平台债务进行整体的把控，并及时地反馈方案对融资平台债务形式的影响，指导地方政府适时调整预防政策，减小融资平台债务风险发生的概率，提高债务风险应急处置的效果。

2. 债务风险预警机制所遵循的原则

（1）科学性原则

融资平台债务风险预警系统应当真实反映融资平台债务的运作原理，因而所选指标应全面、准确地反映债务因素，预警结果应概括大部分债务风险。

（2）时效性原则

要求融资平台债务风险预警系统能够在时间上具有连续性、内容上具有可比性和完整性，以保证预警机制的时效性。因此只有遵循时效性原则，才能及时进行债务处置，减小风险的危害性，实现防范融资平台债务风险的预警目的。

（3）可操作原则

融资平台债务风险预警机制所选取的指标、模型、风险区间可以有效进行定性分析、简单快捷操作，对融资平台的债务风险状况实时发出预警信号，并做出防范债务风险的对策。

（4）系统性原则

债务风险系统预警机制要从整体上考虑，各个要素、各个环节应当相互衔接，系统地把握融资平台的债务风险情况。

（5）弹性原则

债务风险预警的阈值，应该具有可以浮动调整的空间，从而使融资平台经营有一定的灵活性，又不会影响融资平台的整体状况。

3. 债务风险预警的监测体系

融资平台债务风险信息的收集、风险的识别和风险的评估等各个程序都离不开相关监管部门的监测工作，组织监管的体系是融资平台债务风险预警机制正常运行的组织基础。组织监测体系的各项工作包括对不同监管部门工作的调配，对具体的相关人员的工作安排以及明确规定相关工作人员的职权和违背监管职责所要承担的相应责任。因此，融资平台债务风险预警的监管体系是确保融资平台债务风险预警机制正常运作的重要基础。目前，从其他国家实践经验来看，主要有以下三种监测体系。

（1）垂直监测体系

此种组织体系和融资平台债务风险预警结果的上报同样是一个垂直的预警体系，此种体系的工作流程根据不同的情况分为自上而下和自下而上两种选择方式。垂直组织管理体系最大的优点是工作流程简单、操作容易。此种体系仅限监控不复杂对象和相关因素不多的对象。但是此种组织监测体系大多数情况下仅仅只能监控一个系列的预警信号，适用此种组织管理体系不能同时监控多种风险预警信息和多个部门的风险。在我国，影响融资平台债务风险形成的原因有很多，是包括国家政策、财政体制、经济结构等多种因素在内共同作用的结果。所以，此种垂直组织管理体系不符合实施全方面监控融资平台债务风险的要求。

（2）横向监测体系

此种组织模式大多情况都是围绕地方政府部门与债务风险的管理部门为中心的。横向组织体系和负有监控职责的风险管理部门之间相互协作、紧密合作，确保融资平台债务风险信息的传递在时间上具有连续性、在实施上具有可操作性、具有内容的完整性，进而形成高质量的组织管理体系。此种组织管理模式需要由各地方政府的相关部门牵头，其他部门参加，但在具体的实践环节中会牵扯到相关地方政府部门的利益和工作人员的调配，有一定的困难。

（3）交叉监测体系

交叉监测体系是垂直监测体系和横向监测体系的有机结合。在融资平台债务风险形成的原因复杂的情况下，为了确保监管部门能够正常的监测融资平台债务风险，可以将垂直组织体系和横向组织体系融合在一起，吸取各自的优点同时弥补各自的不足。虽然运用这种相融合的体系可能会在实际应用中造成许多不必要的麻烦，但是可以区分监控各部门的风险预警信息，选择最适当的模式，不仅能够确保监管的及时性与有效性，同时也能够确保债务风险监测的全面性。

鉴于我国融资平台的管理部门繁多，各部门各有职责。银监会控制商业银行对融资平台企业的贷款余额。发改委负责监管融资平台企业发行长期的城投债的债券规模。财政部门掌管地方政府部门对融资平台企业投资的总额以及出资的方式。中国人民银行监管融资平台企业发行的短期和中期的城投债，以及其直接领导下的企业征信系统对融资平台企业的基本信息，在商业银行的贷款总额担保等信贷信息。

因此基于对国外三种组织模式的考察以及对我国融资平台监管现状的分析，我国在中央和各省之间应适用垂直的组织管理体系，在省级与市县级之间应适用横向的组织管理体系，这样的制度设计可以及时、全面、有效地监控融资平台债务风险。

(二) 债务风险的识别

1. 风险识别的必要性

在我国，影响融资平台债务风险的因素具有多样性、复杂性，各因素的影响程度也不同。因此，在构建融资平台债务风险预警机制前，应对债务风险因素加以判断。债务风险识别之目的是评估地方政府所面临的各种风险发生的概率，同时对不同风险的影响因子给出判别，以便采取相应的应对措施。

风险识别应遵守准确性、及时性和全面性原则。准确识别风有利于监测部门分清主从，重点防范主要风险。及时地识别风险可及时防范给地方经济乃至全国经济带来巨大的损失。全面识别风险可系统认识产生债务风险的因素，同时对可能发生的结果进行预测。

2. 风险识别的方法

风险识别分为定性分析与定量分析两大类。定性分析指从理论角度对风险因素类别、结构和未来走势进行识别和判断。定量分析则采取统计和计量方法，对衡量指标进行处理，得出量化结论。常用的风险识别方法包括如下几点。

(1) 专家意见调查法。指对各专家的意见进行搜集汇总，总结影响债务风险的重要因素。此方法的优点在于应用方便、应用范围较广，但主观性较强。主要运用于没有统一结论的事件。

(2) 数据分析法。以地方政府的财政收支情况为依据，对政府的财政实力进行分析，从财务的角度发现政府的潜在风险。数据分析法的优点在于客观、真实，结论具有可靠性。而缺点在于难以收集相关的真实信息从而无法运用此方法。

(3) 案例分析法。指对同类案例进行比较与分析，关注其中的研究方法与先进经验，进而判断当前面临的风险。案例分析较为细致、涉及范围广，具有一定的借鉴意义。但由于风险事件的差异性，经所得出的结果能否直接为我国所用仍值得商榷。

从宏观上讲，我国融资平台债务风险受政策、法律的影响较大。新《预算法》修改后，在地方政府债务管理方面明确了立法。因此，在此法制背景下，可以综合运用这些方法。搜集各专家的意见总结影响债务风险的重要因素，同时还要结合国外发达国家如美国、法国、澳大利亚多年来总结出来的实践经验，将专家意见和国外实践结合起来，进而更准确地识别融资平台的债务风险。直接借鉴与我国国情相符的外国经验，再结合我国相关领域专家的论证确定符合我国融资平台的债务风险因素。

(三) 债务风险预警指标体系
1. 债务风险指标体系的设立
（1）风险预警指标选取的原则

融资平台风险具有系统性和综合性，不能仅仅以个别指标进行测量，否则将无法准确反映债务风险的真实水平。应以其含义、特点及主要内容为基础，构建一个层次分明、结构完整、指标可比的评价指标体系。"融资平台风险指标体系的设计思想，来自融资风险的丰富内涵和基本特征，应该体现两大特色。"[①] 一方面，要与国际指标接轨。目前正在使用的风险预警指标体系是以国际通用指标原则为基础设立的。在指标的设立方面，应关注指标的通用性，选取在国际上都通用的风险预警指标，提高可比性。另一方面，根据我国融资平台债务情况选取合适指标。从我国当前的国情出发，关注融资平台的特点，设计科学合理的指标，达到比较全面、完整地反映融资平台债务风险的目标，准确真实地反映融资平台债务风险的态势。

选取指标是构建融资平台风险预警系统的首要任务，是核心要素，直接关系到预测风险能否及时准确。融资平台风险预警指标体系是对融资平台风险的一种度量标准，因此在筛选指标时应遵循以下基本原则。第一，科学性原则。建立科学的指标体系，可以保证风险评价工作的质量，可以准确反映融资平台的风险状况。第二，可操作性原则。风险评价指标体系的建立，要尽最大限度选取关联性强的、有代表性的重要指标，要充分考虑相对的系统性和完整性。同时还要关注指标能否在实践中进行操作。第三，针对性原

---

① 周孝华、周青：《地方政府投融资平台风险管理——基于重庆市投融资平台的实证研究》，经济管理出版社2012年版，第90页。

则。融资平台的风险由有机整体的一系列独立、相关指标组成，指标选择应成熟，可以科学、全面地反映融资平台的主要内涵。第四，定性与定量相结合的原则。融资平台债务风险水平是抽象概念，在融资平台风险综合评估中应考虑融资平台风险的定性和定量指标的影响。第五，系统性原则。融资平台是一个庞大的系统，评估其风险水平，必须从系统的角度出发。在相互联系的系统中，相互约束是系统的特点。因此，在设计融资平台风险评估体系时应考虑综合，不能只单独使用某些指标，应尽可能全面覆盖风险的主要方面，对融资平台的风险进行全面的分析评估。第六，层次性原则。建立风险指标体系不是每个预警指标的简单叠加，而是应力求遵循分级原则。在风险评估过程中，风险预警系统可以分为多个层次，各层次选择了一些指标进行评估。这样一方面可以方便分析评估，另一方面也可以反映不同层次的融资平台风险状况。第七，发展方针。风险指标设计时，要从风险来源的形成、发展及其动态趋势进行研究，结合时间和空间的变化来探索融资平台风险来源的变化和环境条件的变化。

（2）风险指标

从各国管理地方政府债务的经验来看，衡量地方政府债务风险的主要指标包括负债率、债务率、新增债务率、偿债率、利息支出率、债务依存度、资产负债率和担保债务比重等（详见表6—1）。

表6—1　　　　　　　政府债务风险预警指标

指标名称	公式	说明
负债率	政府的债务余额/当年GDP	反映地方经济总规模对政府债务的承载能力及地方政府的风险程度，或地方经济增长对政府举债的依赖程度。
债务率	年末政府债务余额/当年财政收入	反映地方政府通过动用当期财政收入满足偿债需求的能力，该指标是对地方政府债务总余额的控制

续表

指标名称	公式	说明
资产负债率	债务余额/当年可动用资产价值	反映地方政府资产的偿债能力以及负债结构和总体风险状况
债务依存度	当年的举债额/当年全部财政支出	反映当年地方政府财政支出对借款的依赖程度
新增债务率	当年新增债务额/当年财政收入增量	反映地方政府当期财政收入增量对新增债务的保障能力，这是对地方政府债务增量的控制指标
偿债率	当前债务还本付息额/当年财政收入	反映地方政府当期财政收入中用于偿还债务本息的能力
利息支出率	当年利息支出额/当年财政收入	反映地方政府通过动用当期财政收入支付债务利息的能力
担保债务比重	年末担保债务余额/当年财政收入	反映地方政府的担保风险。

如果按目标分类划分，前七个衡量当地政府的直接债务风险，最后一个衡量当地政府或有负债的风险。在七项直接债务衡量指标中，负债率、债务率、资产负债率、债务依存度主要用以判断地方政府存量债务情况。新增债务率主要反映的是新增债务的情况。偿债率以及利息支出率则体现地方政府偿还债务的能力。在这些指标中，国际上通常使用负债率指标和债务率指标。

(3) 债务风险警戒线

在确定了地方政府债务计量标准所要求的指标后，有必要找出与指标相对应的风险，即当指标值达到某个条件时，将地方政府的债务风险纳入警戒区域。从各国情况来看，地方政府所欠的债务大都是内债，根据具体国情，各国对统计有关指标采取不同的方法，造成的风险警示线值差别很大（详见表6—2）。地方政府债务风险警示线，目前尚没有统一的国际标准。但是一般来说，债务率在

100%左右。而负债率指标，一般采用比较方法，在经济发展水平相同的国家间进行对比。

表6—2 债务风险预警指标区间值

指标 国家	负债率	债务率	资产 负债率	债务 依存度	新增 债务率	偿债率	利息 支出率	担保债务 比重
美国	[13, 14]	[90, 120]	[0, 8]			[0, 10]		
加拿大	[0, 25]							
新西兰		[0.150]	[0, 10]				[0, 15] [0, 20]	
日本				[20, 30]	[0, 9]			
韩国						[0, 20]		
巴西		[0, 120]			[0, 18]	[0, 13]		[0, 22]
波兰						[0, 15]		
哥伦比亚		[0, 80]					[0, 40]	[0, 150]

资料来源：中国财政部网站工行投行研究中心。

2. 债务风险预警方法

选择不同的融资平台债务风险预警方法，结论可能不同。不同的样本适用不同的预警方法。当预警方法与我国融资平台的特点相符合，才能得出可靠的结果，此结果才能具有现实价值。目前，常用的地方政府债务风险预警方法有以下两种。

（1）单一指标预警法

单一指数法是指从融资平台的债务风险指数体系中选出最具影响力的单一指标。同时，融资平台的风险根据每个单一指标的风险临界值进行判断。

用于评估融资平台债务风险的指标包括：财政赤字率，即地方政府赤字与本地年度GDP的比率，该指数大小可以反映当地财力对其债务的承受能力。债务依存度，地方当年新增债务总额占当年财政支出的比例，比例越大，表明当地政府对债务的依赖越大，债务负担越重。偿债率，当年地方政府还本付息总额占当年地方政府财政收入的比例。

单指标分析方法的优点在于简单易行，只使用少量的数据指标即可。缺点在于，如果同时计算多个单一指标，各指标的警示标准不一致，当指标数值冲突时，容易得出不一致的结论。

（2）综合预警法

综合预警方法是指综合考虑各类风险因素，选择一些可代表各类风险的指标进行风险综合评估，从而得出综合风险水平，进而确定结论。综合评价方法可以全面分析各种风险因素的影响程度，可以弥补单一变量模型的片面性。从其他国家采取的预警方式来看，各国主要采用以模糊评估分析为基础的预警方法。

模糊综合评价方法是将定性分析和定量分析整合集成的方法。对大量模糊难以量化的预警信息进行评价。模糊综合评价法是在债务情况、风险成因、风险类型有充分了解、认知的基础上，设立一科学合理的风险预警指标体系，并确定风险预警指标体系的评估级别。根据每个因素的影响因子，采用适当的模型求出风险因素的变化，同时在此基础上对其进行多层级整体评价，总结最终评估结果，得出最终的风险预警结果。模糊评价方法的数学模型易于操作且方便，可以充分评价各种因素，并给出唯一的评价结果。该方法已广泛应用于企业财务预警操作中，应逐步适用于地方政府债务风险预警操作中去。

由于目前中国的融资平台是一个复杂的经济体系，融资平台中任何风险因素的发展都有可能导致整个地方政府严重的债务危机，所以融资平台债务风险预警具有全局性。目前我国在 2014 年对地方政府性债务进行清理甄别的过程中，采用综合债务率指标。综合债务率由一般债务率和专项债务率、新增债务率、偿债率和逾期债务率按照一定的权重测算。由于目前政府债务资金预算、国库总会计核算、行政事业单位财务会计等制度尚待完善，利息负担率、或有债务转化率和资产负债率指标暂不能准确测算，此次测算中综合债务率未包含这三个指标。

根据《2014年底地方政府债务风险指标测算说明》，综合债务率的测算公式为：

1. 债务率

$$一般债务率 = \frac{一般债务余额 \div 债务年限}{一般公共预算可偿债财力} \times 100\%$$

$$专项债务率 = \frac{专项债务余额 \div 债务年限}{政府性基金预算可偿债财力} \times 100\%$$

2. 新增债务率。该指标反映地方政府债务增长速度

$$一般债务新增债务率 = \frac{一般债务余额增长额}{上年一般债务余额} \times 100\%$$

$$专项债务新增债务率 = \frac{专项债务余额增长额}{上年专项债务余额} \times 100\%$$

3. 偿债率。该指标反映地方政府当期财政支出中用于偿还债务本金的比重

$$一般债务偿债率 = \frac{一般债务还本额}{一般公共预算支出 + 一般债务还本支出} \times 100\%$$

$$专项债务偿债率 = \frac{专项债务还本额}{政府性基金预算支出 + 专项债务还本支出} \times 100\%$$

4. 逾期债务率

$$一般债务逾期率 = \frac{一般债务逾期债务余额}{一般债务余额} \times 100\%$$

$$专项债务逾期率 = \frac{专项债务逾期债务余额}{专项债务余额} \times 100\%$$

5. 综合债务率

综合债务率 = $\sum$ 分项风险指标值 × 权重

综合债务率反映某地区整体债务风险情况。分项风险指标权重暂定为：一般债务率0.3、专项债务率0.2，一般债务新增债务率0.05、专项债务新增债务率0.05，一般债务偿债率0.1、专项债务偿债率0.1，一般债务逾期率0.1、专项债务逾期率0.1。

（四）债务风险预警的程序

风险预警是一个完整的系统工程，是预警环节中各种收集、识别、评估和控制行为的有机体，它既为融资平台债务风险的控制提供决策依据，又为不同的监管部门提供监控的手段与工具。要进行融资平台债务风险预警就要系统考虑如何安排预警系统实施的具体步骤，从而对将要发生的风险进行全面的分析后制订出针对性的解决方案，即对风险监控和状况评估做出适当的行为指令。风险预警的具体实施中的各个环节是否完善、合理关系到融资平台运转过程中的各种债务风险能否得到准确地掌握与监控，进而关系到风险预警最终目标是否能够实现。融资平台风险预警的程序总体来说主要分为以下步骤。第一步，风险预警信息的收集。风险预警信息的收集是风险预警机制能否准确预警的基础，风险预警信息收集的过程中要保证风险预警信息完整性、准确性以及真实性，信息的涉及范围要全面，有关信息收集完后，将所有的信息进行归纳，筛选出影响融资平台债务风险的有关信息。第二步，预警指标的选择。在融资平台债务风险预警指标的筛选上应该尽可能使指标的选取能充分体现地方政府的债务构成和债务期限等问题。然后根据相关的因素确定风险指标及其阈值。第三步，确定的预警方法。对于不同债务类型的地方政府债务，可以分别采用定性或者定量指标进行预警。例如，对地方政府直接债务情况可以采用定量指标，对于地方政府或有债务可以采用定性指标。第四步，确定阈值。研究其他国家的相关经验或实践，同时了解地区的经济发展状况来确定风险的临界值。第五步，发出警报。根据债务风险等级及综合预警结果发出警报。

二 地方政府债务风险预警法律机制的域外考察

虽然我国已经初步构建起了地方政府性债务预警框架，但是还很不完善。美国、澳大利亚、巴西等许多国家都建立了系统、完备的地方政府债务风险防控法律机制。对国外地方政府债务风险预警法律机制进行考察，可以为我国提供借鉴。

（一）地方政府债务预警体系

实践中，外资政府着力预防和监督地方政府的债务风险，同时建立了较全面的风险预警系统，实时进行监管。一些国家还建立了风险预警系统，监测和评估地方政府债务的总体风险，各国中央政府按照地方政府的财务状况排名，作为监测和管理风险的依据。

1. 美国地方政府债务风险预警体系

美国地方政府债务风险预警机制已经发展得比较成熟。20世纪七八十年代，美国发生了多起影响较大的地方政府违约事件，如1975年纽约市政债券违约、1978年克里弗兰违约、1983年华盛顿电力供应系统违约等。为此，美国政府间关系咨询委员会对各州财政紧急情况进行了一系列研究，建议国家政府加强对地方财政监测，防止危机再次发生。之后各州都建立了债务风险预警法律机制，其中俄亥俄州较多地接受了美国政府间关系咨询委员会的建议，并在此基础上发起了一个地方财政监测计划。"1979年，俄亥俄州通过了《地方财政紧急状态法》，该法律规定了实施财政监测计划的程序。"①

俄亥俄州的州审计局被授权执行监控计划，首先，要对俄亥俄州的地方政府债务风险进行审查和评估，观察地方政府债务风险值是否已经接近高度警戒的状况，如果地方政府的财政情况符合《地方财政紧急状态法》规定的三种情况之一或更多时，州审计局会将地方政府拉入"预警名单"，并向地方政府发出正式的预警通报，宣布对其施以动态监控。"在州审计局确定上述情况不再存在并宣布从'预警名单'中将其取消前，该监控程序一直有效，如果州审计局发现该地方政府财政状况进一步恶化，并达到了'财政危机'的程度，则将该地方政府从'预警名单'中移至'危机名单'。"②

美国大部分州及以下地方政府都通过宪法对政府举债进行严格限制。对举债主体、举债方式、债务信息披露等都有严格的规定。州和地方政府必须遵循政府会计准则委员会的规则，如实记录和报告政府债务。各州也根据本州具体情况，通过法律规定符合本地区实际情况的债务风险指标。通过法定的量化指标对地方政府债务进行规模控制和预警。量化指标包括绝对量指标和相对量指标。从相对量上控制债务的总规模不得超过某一标准，如亚拉巴马州宪法第13条第224节规定："负债超过资产评估价值3.5%的政府，不得再发行新增债券。低于3.5%的政府可以在现有债务的基础上，可以发现资产评估值1.5%的新增债务规模。"其宪法修正案第342条规定："债务规模超过资产评估值5%的县政府不得新增债务，包括发行债券或通过基金等现有法律允许的途径举债。"联邦政府对地方政府债务控制的债务率标准为90%—120%，负债率为13%—

---

① 李萍：《地方政府债务管理：国际比较与借鉴》，中国财政经济出版社2009年版，第90页。

② 赵晔：《现阶段中国地方政府债务风险评价与管理研究》，西南交通大学出版社2011年版，第144页。

16%,当地方政府债务率或负债率超过其区间上限时,地方政府就应进行预警,防范债务风险。

2. 哥伦比亚地方政府债务风险预警体系

哥伦比亚是拉美地区分权程度较高的政府之一,政府体系包括中央政府、32个省政府及1064个市级政府三级。1993年之前,该国地方政府借款仅需履行一次登记手续,不受财政部门控制,1997年的《358号法律》(红黄绿灯法律)规定了对地方政府债务的具体限制,从根本上改变了这种状况。

1997年《358号法律》将地方政府借款与其支付能力结合,通过两个指标来约束地方政府债务。一是现金流量指标,通过地方政府债务利息支付占经常性盈余的比例,说明当地政府的财政资金流动性。二是偿付指标,以当地政府债务余额占经常性收入的比例,评估当地政府偿还地方政府债务的能力。

基于上述两个指标的设立,哥伦比亚建立了一套类似于交通信号灯的地方政府债务风险预警体系。主要依据两种指标分别根据风险区间值来确定亮灯区域,随后进一步确定最后亮灯区域。实践中,至少有一个指示灯是红灯,最后的结果是红灯;如果没有指示灯是红的,只要有黄灯指示灯,最后的结果就是黄灯;如果两个指标是绿色的,则最后的结果是绿灯。按照哥伦比亚的地方政府的风险预警机制,其将红灯的亮灯区域称之为严重负债区,将黄灯的亮灯区域称之为中等负债区,将绿灯的亮灯区域称之为自主负债区(详见表6—3)。

表6—3　　　《385号法律》规定的债务风险预警指标区间

风险预警指标	红灯区	黄灯区	绿灯区
流动性指标	[60%, ∞]	[40%, 50%]	[0, 40%]
偿债能力指标	[80%, ∞]	[0, 80%]	[0, 80%]

但《358号法律》在实施过程中，没有取得很好的执行效果，于是2003年又制定了《795号法律》，将《358号法律》中黄灯区取消。修订后的法律对当地政府的借款限制更加严格，只要有指示灯亮起红色，则结果是红灯（详见表6—4）。

表6—4　　　　《795号法律》规定的债务风险预警指标区间

风险预警指标	红灯区	绿灯区
流动性指标	[40%，∞]	[0，40%]
偿债能力指标	[80%，∞]	[0，80%]
债务处置规定	地方政府可以自行签订新的贷款合同	禁止地方政府借款

2003年哥伦比亚又制定了《第819号法律》，规定：中央政府和地方政府每年都要提出持续十年的宏观经济框架，中央和地方政府的预算也要完全符合宏观经济框架。法律进一步规定，各级政府财政管理必须严格按照中期宏观经济框架，如果政府计划减税或提高支出，使支出超过预期，则必须经中央财政部批准。

3. 波兰地方政府债务风险预警体制

波兰政府创建了系统的风险指标，对各级地方政府的债务风险进行实时预警。依据《公共财政法》，创建了债务余额/GDP以及债务成本/GDP，该风险指标用以说明地方经济对地方政府债务的承受力及债务可持续发展程度。如果债务余额/GDP占比超过50%—55%时，将按照法律规定的程序对其进行整改。

波兰综合债务管理信息系统主要用于估计和监测债务风险，在此基础上可建立更有效的债务管理体制。该体制将支持债务管理和预算过程（包括融资要求和债务成本管理），强调债务的市场化管理，采用先进的分析工具来降低债务成本，这有利于波兰国内资本市场的发展，完善政府债务风险管理。

(二) 地方政府债务风险预警信息披露制度

1. 美国的市政债券信息披露制度

美国的市政债券信息披露制度已经日趋成熟，在提高市场透明度方面一直做着巨大的努力。市政债券规则制定委员会（Municipal Securities Rulemaking Board）一直致力于提高市政债券市场信息披露和市场透明度。在 2008 年 3 月推出了一个免费在线的网站 EMMA（Elctronic Municipal Market Access）。

EMMA 是一个美国市政债券官方数据库，数据库中包含几乎所有的市政债券的全面信息。访问 EMMA 的网站是完全免费的，其向公众提供官方披露的市政债券市场的信息如交易数据、信用评级等。电子市政债券市场准入（EMMA）网站的成立，是为了增加市政债券透明度和提供至关重要的市政债券市场的披露信息，EMMA 为投资者提供查询市政债券的关键信息。EMMA 的信息呈现方式是专门针对在金融或者投资方面不擅长的非专业投资者。EMMA 提供超过一百万个市政债券的官方披露和贸易价格数据。EMMA 网站的首页为投资者提供市政债券信息的披露。这些信息包括官方声明的文件，大多数新发行市政债券，"529 学会救助计划"和其他自 1990 年以来发行的市政债券。EMMA 还提供了访问提前偿还债券的文件，这些文件详细整理了新的债券发行时现有债券发行者的收益情况（通常是在一个较低的利率再融资其债务），并持续披露描述债券整体运行情况的详细信息和市政债券发行人必须提供的信息。额外披露发行人自愿提供的一些债券信息。

MSRB 收集和公开传播市政债券的信息，以便投资者能对市政债券市场做出准确的判断。EMMA 网站是一个巨大的市政债券电子图书馆，提供文件、贸易价格数据，对市政债券发行者整个生命周期的持续披露。EMMA 还提供了市场透明度的数据，其中包括交易发生 2005 年 1 月 31 日之后债券的实时价格和收益率及债券买卖情况。市政债券的利率，包括拍卖债券利率和即期债务的浮动利率也都可以在 EMMA 查到。所有的市政债券信息在 EMMA 网站都可以以 PDF 的格式提供给投资者。EMMA 提供的具体信息类型包括：官方声明和其他官方文件；当前的信用评级；年度财务报告、项目公告和其他持续披露信息；实时的交易价格和收益率；债券的可变利率；市政债券市场的统计。

同时 MSRB 为新入行的投资者和州及地方政府设计了一系列的用户指南，方便其使用 EMMA 网站查找相关信息。网站还设有 EMMA 教育中心更好地帮助投资者理解 EMMA 网站提供的市政债券披露的文件和市场透明度数据。但是投资者应注意的是没有一个数据和文件资源库包含有关市政债券安全方面的所有信息，包括 EMMA。EMMA 包含多种功能以帮助投资者更好地熟悉市政债券市场。在市场统计部分，投资者可以查看每日交易数据包括偿债能力的大小，还款的期限以及还款来源。一个综合的专业术语表用人们易于理解的语言提供常见的和技术性很强的市政债券术语的定义供新入行的投资者查询。

2. 澳大利亚地方政府债务报告制度

澳大利亚是世界上鲜有的建立了相对完整的地方政府债务报告制度的国家。在处理地方债务时，澳大利亚政府强制地方政府报告直接债务，也需要报告或有负债。在维多利亚州，政府要求国库局在提交给议会和公众的年度和半年度预算草案中列入风险报告。本报告要详细说明影响财政状况的主要因素，如国内生产总值（GDP）、就业、工资、价格和利率等主要经济指标的变化情况；可量化的财务风险，虽然发生这些情况概率和时间不确定；不可量化的政府承诺带来的风险，这些承诺涉及政府担保、法律诉讼、政府对环境破产所应承担的法律责任以及地方公共服务需求可能发生的变化。

三 我国融资平台债务风险预警法律机制的现状及完善措施

(一) 我国地方政府融资平台债务风险预警法律机制的现状

虽然我国地方政府性债务风险目前在总体上是可控的，但也存在部分地区偿债困难的情况，个别地区政府债务率超过100%，容易引发区域性系统风险，因此有必要建立地方政府性债务风险预警法律机制。

新《预算法》第35条第5款规定："国务院建立地方政府债务风险评估和预警机制、应急处置机制以及责任追究制度。国务院财政部门对地方政府债务实施监督。"国发〔2014〕43号文中规定："财政部应该根据各地区债务率、新增债务率、偿债率等债务风险指标，评估各地区的债务风险，对高风险地区进行风险预警，并要求地方政府建立债务风险应急处置机制，采取针对性措施，降低债务风险。"

为落实《预算法》和国发〔2014〕43号关于建立地方政府债务风险预警机制的要求，2016年10月27日，国务院办公厅下发了国办函〔2016〕88号文，对地方政府性债务风险应急处置做出了系统性安排，建立了风险预警机制。首先，财政部定期对各地区政府性债务风险进行评估和预警，并及时通报有关部门和省级政府。其次，地方各级政府应该就预计发生违约的地方政府性债务的类别、债权人、债务人、债务期限、本息情况等及时报告上级财政部门。再次，对不同类型的地方政府性债务进行分类处置，实现债权人和债务人风险分担。最后，以地方政府性债务风险事件的性质、影响范围和危害程度等为依据，将政府性债务风险事件划分为四级：Ⅰ级（特大）、Ⅱ级（重大）、Ⅲ级（较大）、Ⅳ级（一般）。不同等级的风险事件，都规定了不同的适应情况，便于风险的有效识别，并针对不同债务风险等级，采取不同的应急处置方案。

2016年11月3日，财政部下发了财预〔2016〕152号文。作为国办函〔2016〕88号文的配套文件，对地方政府债务中地方政府债券、银行贷款、BT类债务、企业债券类债务、信托类债务、个人借款类债务中的存量政府债务和存量或有债务的债务范围、偿债责任界定以及债务履行责任进行了详尽规定。

从全国范围来看，目前31个省级政府全部制定了风险预警和防范机制。例如在《陕西省政府性债务管理办法》中，第5章专章规定了风险预警，包括建立风险预警指标、风险预警通报和约谈制度、债务风险应急处置机制和部门债务风险预警机制。

融资平台债务风险预警机制只有一些原则性规定，缺乏系统性，还有必要通过立法进一步完善，使债务风险预警机制上升到法律制度的高度。将债务风险识别的科学性与法律的规范性相结合，可以使债务风险预警活动有法可依，对债务风险预警行为起到约束作用。

（二）完善我国地方政府性债务风险预警法律机制的措施

1. 构建债务风险预警体系

债务风险评估是融资平台风险预警体系的重要环节，我国缺乏对融资平台债务风险准确识别和有效评估，造成长期以来对地方政府债务难以有效监管。对产生融资平台债务风险的影响要素进行研究，有助于做出正确判断。目前尚未形成衡量融资平台债务风险的统一标准与方法，特别是在量化债务风险方面，这无疑给地方政府债务的预警加大了难度。

我国对融资平台企业的监管部门众多，各个监管部门对融资平台企业的监管各有侧重。由于我国融资平台企业可以通过向商业银行贷款和发行城投债两种方式进行融资,所以银监会的职能部门对贷款的风险进行评估,证监会的职能部门对城投债的风险进行评估。

风险评估是指对融资平台债务风险进行全面分析,了解其性质、特征的同时对各部门提供的风险预警的信息资料进行全面整理,带入预警模型中对其进行量化,以此得出危机产生的可能性大小。

采用债务负担率、偿债率、债务依存度等,设立不同风险预警值的预警机制,通过比较不同预警值,明确地方政府债务运行是否处于无风险的区间中。当风险度量值显示债务不安全时,应采取措施,防止债务无限扩大,导致危机。

通过地方政府的净值或负债率进行认定。净值是政府债务承受能力的底线。"如果政府的净值为正,就说明它的资产足以抵偿现有的债务"[1];如果净值为负,则表示已资不抵债,政府处于财政危机临界点。还可通过政府的资产负债表,将财政部门未来的非债务收入和非债务支出折算成现成值分别计算。由于我国目前尚未编制地方政府资产负债表,因此无法采用该种方法进行风险评估。

利用风险评估的指标对债务风险加以定量的分析已经是国际上通用的做法,所以我们也可以借鉴国外通用的做法,利用风险指标对地方政府面临的融资平台的债务风险实施预测评估,以便正确地把握现在及未来风险的走向。

债务风险形成复杂,衡量债务风险的指标也尚未达成一致。不同国家所选指标不同。但从世界各国管理地方政府债务选取的指标来看,涉及的重点指标包括负债率、债务率、新增债务率、偿债

---

[1] 贺忠厚、武永义、张召娣:《地方政府债务风险的防化与预警》,《财政研究》2006 年第 1 期。

率、利息支出率、债务依存度、资产负债率和担保债务比重等。因此我国可以借鉴国外的经验选取风险评估的指标,地方政府债务管理部门对这些风险指标依托相关部门披露的风险预警信息进行定性和定量分析将其量化,与风险区间进行比较以此来预测风险发生的概率。

2. 建立融资平台债务风险预警信息的披露制度

融资平台债务风险预警信息的披露是准确发出风险预警信号的关键,融资平台债务风险预警信息披露的不完整、不真实就会导致带入预警模型后得出的量化结果不科学、不客观,就不能把握现在以及将来融资平台债务风险状况,起不到风险预警的效果,徒有其表,华而不实。融资平台债务风险预警的科学性、客观性取决于风险预警信息的披露程度,因此要在法律的层面上建立严格的风险预警信息的披露制度,明确披露的主体和内容,以及对信息披露不真实部门的相关责任人的法律处罚。

我国现阶段在融资平台债务信息披露不充分,导致监管部门难以充分了解融资平台的债务风险状况,不利于其对融资平台债务风险进行正确预警。因此,制定有效的信息披露制度,披露隐性债务,同时确保融资平台准确上报债务情况。

对于信息的披露制度,可以借鉴本书介绍国家如巴西、美国和澳大利亚的实践经验。披露制度主要包括披露的主体、内容和载体等内容。

(1) 披露主体

主体问题实质上是解决由谁监管的问题。目前融资平台的监管主体混乱,有运输部门、发改部门、国资部门,甚至旅游部门也可负责,地方政府无法掌握平台公司财务状况。当前融资平台债务总额较大,所以应建立债务风险监管机构管理融资平台,汇总信息,统一披露。

(2) 披露内容

资产负债表、利润表、现金表、所有者权益变动表，可以反映公司的财务、运作、现金等状况。报表附注中应注明融资平台贷款金额、还款期限、还款方式以及提供相应抵押和质押的问题。各地方政府融资公司通过省级的债务风险监管机构定期向中央的债务风险监管机构提交财务报告，债务风险监督部门编制全国各地平台公司的综合会计报表，服务管理部门，投资者和债权人等。

地方政府首先对会计报表进行汇总，而后添加一张附表——地方政府财务状况收支情况表，其披露的内容包括：GDP、财政收入支出、当年债务偿还情况、债务余额、偿债能力和债务风险指标，对于担保或有负债的信息以及融资平台之外债务总额等信息。

银监会定期向债务风险监管机构披露商业银行的贷款余额及对融资平台贷款风险的评估结果。财政部门定期向债务风险监管机构披露对融资平台企业投资的规模和出资的方式。中国人民银行对其直接管理的企业征信系统中关于融资平台的情况定期向债务风险监管机构上报。证监会对融资平台企业发行城投债的情况定期上报给债务风险监管机构。

（3）披露载体

我国可以借鉴巴西的与所有银行联网的"国家信息系统"，哥伦比亚的"综合财政信息系统"，美国的电子市政市场准入网站。我国的债务风险监管机构也可以建立一个融资平台债务风险信息系统，债务风险监管机构对其汇总的有关融资平台的各项信息分门别类定期发布到信息系统中，供公众免费查询。

3. 完善债务风险预警结果处理机制

各监管机构的职能部门对融资平台的债务风险评估的结果上报债务风险监管部门，债务监管部门根据已构建的预警模型计算出风险值大小，然后与事先设定的警戒线相对比，根据不同风险评估预警结果采取不同措施。

（1）当融资平台债务风险预警的结果处于无风险区间时，省级债务管理部门应对其常规监控，把握债务风险走向，及时反馈预警信息。

（2）当融资平台债务风险预警结果处于中风险区间时，原则上不能再继续向商业银行贷款，对其监控的警戒度提高，债务管理机构协助地方政府进行整改，提供免费的顾问服务，整改期间对其进行持续动态监控，得到的实施信息反馈到中央的债务管理部门。直到风险预警结果处于无风险区间时，对其转为常规监控。

（3）当融资平台债务风险预警结果处于高风险区间时，不准其继续向商业银行贷款，对其进行高度警戒。债务管理机构制定化解融资平台现有债务的计划，协助其进行整改，并提供免费的顾问服务，直到风险逐步化解为止，实时动态监控，直到风险预警结果处于无风险区间时，对其转为常规监控。

第七章

地方政府融资平台债务监管法律机制

长期以来，融资平台举债融资行为缺乏有效的监管也是造成融资平台债务规模激增、债务风险积累的重要原因。建立融资平台债务监管法律机制，在法律框架下，监管部门可以各司其职，充分发挥其监管职责，相互配合协调，从事前、事中和事后对地方政府的债务的举借、债务资金的使用、债务的处置、债务风险的预警及风险事件的应急处理进行有效管理，避免融资平台债务存在风险隐患，进而引发债务危机。

一 我国地方政府融资平台债务监管主体及其法律职能

目前，对融资平台债务的监管权从纵向配置上来看，包括中央政府和地方政府及其相关职能部门对融资平台的监管权。从横向配置来看，包括各级政府、财政部门、银监会、审计部门和发改委对融资平台的监管权。这些监管主体一方面通过行政立法制定法律规范对融资平台债务进行管理，另一方面依照法律的授权以及行政职能的划分行使监管权。

（一）国务院制定融资平台债务监管的框架和体系

国务院于2010年、2014年颁布了国发〔2010〕19号文和国发〔2014〕43号文，2015年颁布了国办发〔2015〕40号文，加强地方政府性债务的管理，解决融资平台在建项目的后续融资问题。首先，国务院从经济发展的全局出发，对融资平台管理提出总体要求，并确立基本原则。对融资平台进行清理，要求地方各级政府对融资平台债务进行全面清理，按照一定的原则对债务进行分类后妥善处理，并要求融资平台不得从事违法融资及担保行为。其次，国务院部署各职能部门制定有关加强融资平台债务及地方政府性债务管理的各项制度，包括债务风险预警机制、债务风险应急处置机制、考核问责机制以及相关配套措施。再次，国务院负责领导融资平台债务管理工作，协调财政部门、银监会、发改委、审计部门及地方各级政府的监管职能，保证监管政策贯彻落实。

（二）财政部门对融资平台的预算监管

2010年财政部颁布了财预〔2010〕412号文和财会〔2010〕22号文，之后陆续颁布了财预〔2012〕463号文、财预〔2014〕351号文、财预〔2015〕32号文、财预〔2015〕47号文、财预〔2015〕225号文、财预〔2016〕154号文、财预〔2016〕155号文，对融资平台债务清理甄别，认定为政府债务的实行预算管理，并采取一系列措施积极化解融资平台存量债务，严格控制融资平台增量债务。

财政部的监管职能包括以下几方面：第一，首先是制定部门规章，对融资平台举债和地方政府债务举借行为进行规范和管理。第二，对融资平台债务情况进行清理核查，将符合规定的融资平台债务认定为地方政府性债务，并纳入全口径预算管理，其中将没有收益的一般债务纳入一般公共预算管理,将有收益的专项债务纳入政府性基金管理。第三,财政部根据经济发展水平、全国及地方政府财政收支情况、地方政府债务余额和债务偿还等情况,确定当年全国地方政府债务总限额。经全国人大批准后,在总限额的范围内,分配省级地方政府债务限额。第四,将全国地方政府债务执行情况编制到预算报告和预算决算报告中,由财政部提请全国人大进行审议。第五,负责统筹各省级政府债券的发行、评级、偿还等工作。第六,针对地方政府性债务风险进行应急处置。划分风险等级,根据不同的风险等级采取相应的应急处置措施。

(三)银监会对融资平台贷款的监管

从2010年开始,银监会就加强融资平台贷款风险管理颁布了银监发〔2010〕110号文、银监发〔2010〕244号文、银监办法〔2010〕309号文、银监发〔2011〕34号文、银监发〔2011〕191号文,加强对融资平台的信贷管理,规范融资平台贷款行为,防范金融风险。

银监会作为金融监管机构,对金融机构为融资平台提供贷款等进行有力的监督与管理,防止未达贷款条件、不符合贷款程序就借出贷款和轻信地方政府还款能力等盲目贷款的行为发生。金融机构贷款是融资平台最主要的资金来源,部分金融机构基于对地方政府的信任,抑或是基于地方政府的压力,将未经严格审查的贷款放贷给融资平台,形成不少呆账、烂账,造成银行机构不良贷款率上升。银监会主要负责融资平台在银行业金融机构的贷款进行监管,要求银行建立融资平台贷款台账,制定融资平台名单,对融资平台实行名单制管理,并对融资平台贷款总额进行控制,不允许银行新增贷款。同时加强对融资平台融资管理。对于自身无稳定的经营性现金流或者没有可靠偿债资金来源的融资平台,金融机构不得发放贷款。增强金融机构自身的风险意识，加强风险识别和风险管理。

（四）发改委对融资平台直接融资的监管

2010年发改委颁布了发改办财金〔2010〕2881号文，对融资平台发行债券行为进行规范。在继续支持符合条件的融资平台发行企业债券的前提下，发改委需确保融资平台资产的真实性，以确保平台公司本身有足额资本金注入的能力，而非借用公益性资产抵充资本金。坚决抵制实践中利用具有公益性质的学校、医院和事业单位等的资本金的违法设立行为和注资行为，以此防范融资平台融资融券过程中产生的金融风险。发改委的职能则主要是审核融资平台的债券发行条件和发行程序，提前防范融资平台可能出现的还债风险。同时，对于融资平台的债券发行，特别是募集资金以发行企业债券的情形下，发改委要格外注意审核两点：一是该项资金的用途是否主要用于惠及民生的公益性项目和基础设施领域，以防发行人恣意改变资金的用途，甚至私自挪作他用；二是融资平台投资的项目是否符合国家的相关政策以及中央政府宏观调控的要求。

（五）审计部门对融资平台债务的审计监管

审计部门主要负责对地方政府性债务进行审计。目前，审计部门还没有对融资平台债务和地方政府性债务进行常规审计。只有2011年审计署对截至2010年底的全国地方政府性债务进行审计，2013年对截至2013年6月底的全国政府性债务（包括中央政府政府性债务和地方政府性债务）进行了全面审计。在审计过程中，就不同类型、不同融资途径、不同举债主体、不同支出投向的地方政府性债务进行了统计，其中包括融资平台债务。审计报告对融资平台及地方政府性债务中的问题进行了分析，并提出了应对措施。审计署下属的各级审计部门主要负责对融资平台的审计工作，进行审计评价，做出审计决定或提出审计建议，督促有问题的单位进行整改，并对审计结果负责。审计对于保障融资平台财务收支的真实性、合法性和效益性，提高财政资金使用效率发挥了关键性作用。

（六）地方各级政府对融资平台债务的直接监管

地方各级政府身份具有双重性，既是融资平台的发起人股东，同时也是监管主体。地方政府以出资额为限对融资平台承担有限责任。换言之，对于融资平台的债务，地方政府将不再有义务提供担保，承担为融资平台还债的责任，同时，融资平台的债务也不应该视为地方政府的债务。在此基础上，地方各级政府应积极贯彻落实中央关于加强融资平台债务管理的各项政策，对融资平台设立和债务举借行为严格审核与监管，以防该项资金被挪作他用或者被改变用途。

二 我国地方政府融资平台债务监管中存在的法律问题

融资平台作为财政体制、金融体制、投融资体制的制度变迁与我国城镇化、工业化的历史产物，其设立在很大程度上解决了各个地方政府财政困难、融资受限等问题，为地方政府借用银行资金提供了便利条件，对地方经济社会发展和地方基础建设起到了很大的促进作用，推动了各地区城镇化和工业化进程。

但随着融资平台在我国的发展，由于法律约束不足和地方财力有限等原因，开始慢慢形成的融资规模虚大、融资渠道单一、债务担保不足、投资决策不科学等问题，使得融资平台盈利能力普遍较弱，形成的融资平台风险较大。迫使政府不得不对这一领域提高重视。目前我国融资平台债务监管存在的法律问题包括以下几个方面。

(一) 监管法律职能不清

目前，我国对于融资平台监管主体及其法律职权没有明确的规定，关于国务院、财政部门、银监会、发改委、审计部门及各级地方政府对融资平台监管职能的划分主要以监管对象为基础，以2010年以来颁布的文件为依据。对地方政府债务监管实行的是多头监管，中央层级缺乏统一的、专门的监管机构。多头监管存在监管权配置不到位、职能划分不清、责任归属不明、统计口径不一致、监管效率低下的弊端。

1994年分税制改革初步厘清了地方政府与中央政府之间的事权划分，但不同层级的地方政府之间，政府职能划分十分不明确，存在很多重复和交叉，在同一事权是存在管理缺位或重复管理，这也造成监管职能难以行使。虽然融资平台具有独立的法人资格，可以其全部财产独立承担责任。但融资平台的政府背景决定了地方政府主导融资平台经营活动，由于经验管理水平有限，缺乏必要的风险防范意识，在投融资过程中容易出现决策失误，造成不利后果。此外，地方政府既是监管主体，又是监管对象，这种身份的重叠，使地方政府对该区域内的融资平台缺乏有效监管，无法切实履行监管职能。

此外，银行等金融机构对融资平台提供资金的行为尚未受到有效监管，导致了融资平台可以通过各种方法轻易获得贷款。大多数金融机构根据融资平台所在地方政府的财政收支状况和偿还能力进行判断，以此对融资平台的贷款进行风险评估，而非以对企业法人贷款的标准分析进行贷款前的审核。监管政策不清晰，造成监管机构对金融机构向融资平台提供资金的行为不断放任，最终导致融资平台债务风险逐渐扩大。

(二) 监管缺少差异性

我国经济发展长期以来都存在结构性问题，东部、中部和西部经济发展水平差异性大。就目前我国融资平台分布现状和风险分布来看，中部和西部较之于东部风险较大。虽然东部地区的融资数量多、债务规模大，但是东部地区经济发展速度快、产业结构合理、发展潜力大、财政收入可观，因此其债务风险相对较小。东部地区的一些融资平台从事公共交通、市政建设等多个领域的基础设施建设，经过市场化治理后，融资平台内部治理完善、盈利能力强，可以完全自负盈亏。相比之下，在中西部地区，地方政府迫切想要发展当地经济和促进城镇化进程因而资金需求量大，造成中西部地区不少地方政府大量设立融资平台，盲目进行项目建设。这些融资平台规模小、内部治理结构不完善、盈利能力差，不能自负盈亏。可见，东部地区和西部地区融资平台经营及其债务情况有很多的差异性。但是目前针对融资平台债务管理的规定通常采取一刀切的方式，没有考虑到地区之间的差异性。

(三) 债务信息不透明度

关于我国融资平台及地方政府债务的信息披露公开程度差、信息质量差，也没有专门信息披露途径。及时、便利地获得准确、全面的融资平台及地方政府债务信息，是有效判断融资平台及地方政府债务风险的前提。能够获得的融资平台的债务情况，只有2011年和2013年审计署对截至2010年底和2013年6月底关于地方政府性债务审计中对融资平台数量和债务的统计，其他年份的融资平台债务数据因为没有公开而无法获取。在对融资平台实行名单制后，银监会一直对融资平台进行名单管理，但是银监会尚未对融资平台名单进行公布，数据也不可得。

将地方政府债务纳入预算管理后，依据《预算法》和《政府信息公开条例》的规定，地方政府应该公开财政预算报告和财政决算报告。但在一些省份的财政预算报告和财政决算报告中没有关于地方政府债务的内容或者内容较少、不全面，有甚者财政预算报告和财政决算报告没有披露相关内容。依据《一般债券发行管理暂行办法》和《专项债券发行管理暂行办法》的规定，评级机构应当及时公布地方政府债券信用评级报告。但有一些省没有公布该省的政府债券评级报告，还有一些省没有及时公布。可见，我国地方政府债务信息披露透明度非常低。

（四）问责机制缺位

一直以来对地方政府进行考核时，过分强调GDP在考核指标体系中的核心地位，导致地方政府片面强调地方经济增长数量，忽视经济增长质量，大搞政绩工程，在预算内资金不能满足需要时，在预算管理制度外变相融资。

虽然现行法律规定了监管主体的监管职责，但是没有对不履行监管职责的失职行为建立完善责任追究机制。银监会在《中国银监会关于加强融资平台贷款风险管理的指导意见》中提到："银行监管机构应及时提高融资平台贷款发生重大损失或存在严重风险金融机构的拨备及资本监管标准，并依法对相关机构及责任人进行处罚。"虽然强调了监管主体不依据监管政策履行监管职能，会对监管主体及责任人进行处罚，但是具体处罚程序、责任类型都缺少配套规定。

三 地方政府债务监管法律机制的域外考察

由于各国政治体制、监管对象、监管职权、融资途径的不同，不同国家的地方政府债务监管机制呈现出差异性。许多国家对地方政府债务监管机制确立得比较早，在实践中不断成熟，相关配套制度不断完善，实现了地方政府债务的有效监管，其监管机制和监管经验可以为我国提供借鉴意义。

（一）美国地方政府债务监管法律机制

在美国主要由两个机构负责对市政债券进行监测，一个是美国证券交易委员会（SEC），另一个是市政债券规则制定委员会（MSRB）。美国证券交易委员会由总统任命的五名委员组成，任期为五年，该委员会主席由总统指定，作为首席执行官。其使命是保护投资者，维护公平、有序、高效的市场，并促进资本形成。美国证券交易委员会监管源于一个简单而直接的理念，即所有投资者，无论是大型机构还是私人个人，应该有机会在购买投资前知道某些基本事实。为了实现这一目标，美国证券交易委员会要求上市公司向公众披露有意义的财务状况及其他信息。这些信息形成了一个共同的信息库，所有投资者都可以使用其中的数据做出判断，从而决定是否进行投资。只有保证数据的全面性、准确性、及时性，才能使投资者做出理性的决策。美国证券交易委员会负责监管证券市场的主要参与者，包括证券交易所，证券经纪人和经销商，投资顾问。美国证券交易委员会主要关心怎样促进相关市场的信息的披露，维护公平交易、防止欺诈。美国证券交易委员会每年会对上百个违反《证券法》的个人和公司进行执法行动，打击违规融资行为。典型的违规行为包括内幕交易、做假账、证券公司提供虚假或具误导性的证券信息。尽管美国证券交易委员会是市政债券市场的主要监督者和调整者，证券交易委员会还与许多其他机构密切合作，包括国会，其他联邦部门和机构，自我监管组织（如证券交易所），州证券监管机构和各种私营部门组织。特别是美国证券交委员会主席连同财政部部长、美联储主席和商品期货交易委员会主席，担任总统金融市场工作小组的成员。证券交易委员会的责任包括：解释和执行联邦证券法；发行新规则，并修改现行的规则；监督审查证券公司、经纪人、投资顾问以及评级机构等。

市政债券规则制定委员会（Municipal Securities Rulemaking Board，MSRB），MSRB 是一个自律组织，旨在保护投资者，市政债券的发行者和担保市政债券的实体，通过公共养老金计划促进市政债券市场的公平和效率。MSRB 主要负责为市政债券做市商制定规则，通过规范证券公司、银行以及市政顾问从事市政证券和咨询活动来履行其相应的职责。

MSRB 旨在建立促进一个自由、高效、开放的市政债券的规则，保护市政债券的投资者，州和地方政府的发行方及其他的市政和公益实体，通过对市场的监管为经销商和市政顾问建立规则，收集和传播市场信息，来促进公平和有效率的市政市场。MSRB 制定规则的目的是，保护投资者和社会公众的利益，防止欺诈和操纵的行为和做法，促进交易的公平和公正的原则。MSRB 保护投资者的规则其中最重要的是解决公平交易的义务，适用性的建议，交易定价公允，并向投资者披露重大信息。这些规则要求证券经纪人及银行在市场活动和与客户交流时遵守最高的专业水准。

（二）日本地方政府债务法律监管机制

日本的财权比较集中，中央预算收入占全国预算收入的 70% 以上。主要通过两种方式对地方财政支出的资金缺口进行弥补：一是通过中央对地方的转移支付；二是通过地方交付税和地方让与税的方式。

地方政府可以举债，但受到中央"地方财政计划"的控制，目的是细致化管理日本的地方政府债务。国家会计检察院以及地方监察委员会是日本的两大主要审计机关。会计检察院为最高审计机关,属于行政机关,但在职能上不受政府的干预,具有相对独立性,主要职能为:对中央决算。目的是对地方政府债务实行细致化管理。日本审计机构主要包括国家会计检察院和地方监察委员会。会计检察院是日本最高的审计机关,属于行政系统,但独立于政府,对中央收支决算进行审计监督;地方政府财政收支及行政审计监督由地方监察委员会负责,审计中发现的问题,可以提出改进措施或意见,甚至可以建议管理部门进行处罚,而且其影响力较大。同时,中央对地方政府借债的控制不仅包括事前授权,还对地方政府的财政活动进行监督。2006年日本的分权化改革使中央对地方政府的举债控制更多地依靠制度约束,而非行政审批。日本地方政府可以通过发行债券和借款的方式进行举债,而且债务只能用于资本性支出等特定的用途。

(三) 澳大利亚地方政府债务管理机制

为履行政府职能及实现经济发展,各国的地方政府都存在举债融资进行基础设施建设的现象,对于由此产生的地方政府债务,各国也建立了不同的债务管理机制。就债务管理的成果而言,澳大利亚属于地方政府债务监管较为成功的国家,近年来政府负债率一直维持在较低的水平。因为债务违约率低,地方政府获得的信用评级往往较高。从历史角度来看,澳大利亚在地方与中央的关系方面与我国存在相似之处,在债务管理方面,可以为我国提供经验借鉴。

中央政府对地方政府债务的管理措施,是影响地方政府债务规模与偿债水平的重要因素。在1927年之前,澳大利亚的州政府拥有独立发债的权力。在提高经济区域经济发展水平的促使下,各州政府盲目扩大债务规模,各州之间的恶性竞争严重影响了澳大利亚的经济发展,同时,由于债务规模的扩大以及偿债率的下降,澳大利亚的财政安全也受到了影响。1928年之后，联邦政府开始代各州政府发债，甚至在1984年，澳大利亚实施了总量控制的方式，由于不能满足经济发展的需要，这样的模式遭到了个别州的抵制。1990年之后，联邦政府不再代发债务，州政府的债务由州政府自发自还，对于新增债务，联邦政府不再承担偿还责任。我国新《预算法》实施之前，中央政府往往会为地方政府的债务进行兜底，类似于1990年之前的澳大利亚，新《预算法》实施之后，地方政府的债务由其自行承担，中央不再进行兜底，类似于1990年之后的澳大利亚。可见，两国在地方政府债务方面，中央与地方政府的权力变化是一致的，因此，澳大利亚在管理地方政府债务方面的经验，特别是在明确地方政府债务中中央与地方的责任边界方面，其做法值得我国借鉴。

澳大利亚的地方政府债务管理，主要包括以下几个方面：首先，管理机构的设置。在设置管理机构时，主要从两个方面出发：其一，州政府之间的债务总量需要相互协调，做到这一点需要站在联邦政府的层面进行考虑与衡量。此职能由借款委员会负责。该借款委员会隶属财政部，其监管职能主要体现为：要求地方政府提交包含政府财政情况说明等在内的借款申请书、设立债务规模控制线，同时，地方政府需要提交包含风险信息的借款计划，并对部分私人部门介入的项目中政府到期债务的情况予以说明；其二，在州范围内，需要一个机构代表需要借款的各政府部门，对外进行融资，即对本州范围内的债务进行集中管理，此职能由国库公司负责。国库不仅为州政府融资，也将州政府的剩余资金用于投资，充当财务管理的角色。就融资来说，国库公司与我国地方政府融资平台十分相似，二者发行的债券都属于企业债券，但是都存在地方政府的担保，债券性质属于准市政债券。其次，预算管理。各州的借款计划，由借款委员会进行统一审查，通过后，州政府需要严格按照财政计划举债。再次，债务报告制度。州政府和国库公司都需要按照权责发生制及时报告其债务状况。最后，地方政府债务市场化管理。通过债券、资产证券化等形式，将政府举债行为置于市场的监督之下，借助市场中的披露制度、评级制度，实现地方政府债务规模的控制。

（四）巴西地方政府债务法律监管机制

巴西地方政府债务管理主要以规则为主，强调弱化市场的债务管理体制。20世纪80年代以来，巴西先后经历了三次大规模的债务危机，自此开始对地方债务进行全面管理。由于金融市场还不够发达，中央政府对地方政府缺乏强有力的控制力，因而建立的地方债务管理体制以规则为主。通过制定实施法律法规以约束地方政府的行为，主要对财政赤字、政府支出、借款额度和类型，以及一些债务风险指标作出明确的限制。同时，巴西建立了较为完善的地方政府债务管理纠错与问责机制，如果管理部门违反《财政责任法》，未能履行管理职责，管理机构及其主要负责人要承担相应的法律责任，除了承担行政责任外，甚至还要承担刑事责任。

（五）波兰地方政府债务法律监管机制

20世纪末，波兰开始允许地方政府对外举借债务，同时以较为完整的地方政府债务管理体系监控举债行为。1994年成立公债管理局，是波兰政府的债务管理部门，隶属财政部，其主要职责是监督管理波兰中央及地方政府债务，同时对直接债务和或有负债进行预测、报告和预算管理等。

波兰于1998年出台《公共财政法》，作为规范各级政府预算管理的基本法，规定波兰采用单式预算，包括债务收入在内的所有政府年度收入均须编入总预算。同时，将地方政府预算支出分为三大类：经常性支出、资本性支出和偿债支出，支出总额须由法律明文规定。

波兰最高审计办公室每年对公共财政账户进行审计，采取严格的控制措施，并向议会报告地方政府债务的举借、使用及偿付情况。波兰地方政府的信息公开方面的规定也十分规范。各地方政府必须公开发表年度预算，同时公布来年的预算收入和支出信息。预算管理委员会被设在地方政府之下，而财务分析机构被设在省级地方政府之下，主要负责每个月向预算管理委员会提供关于预算实施的最新信息。地区会计局针对各级地方政府的预算方案和预算实施报告进行合法性审查，同时还要审查各级地方政府的财务报告的适当性和及时性，主要侧重于对各地方债务总额是否超出法定限制的审查和对预算方案的实施的审核。

从上述各国家的简要介绍来看，世界上很多成熟市场经济国家在公共财政管理方面有着较为成熟的体系，明确了中央和地方政府的职能与事权。为有效防止地方政府债务风险，多数国家通过建立风险管理体系来预防和降低风险。他们在管理地方债务方面积累了丰富的经验，值得我们借鉴和参考。

四　完善我国地方政府融资平台债务监管法律机制的举措

针对我国融资平台债务监管机制中存在的问题，结合对其他国家先进监管制度和管理水平的考察，通过加强立法机关的审议职能、设立专门的地方政府债务管理机构、采取差异化监管措施、提高债务信息透明度、加强债务管理问责五个方面完善我国融资平台债务监管法律机制。

(一) 加强立法机关对债务的审议职能

将地方政府债务纳入预算管理，是法治国家和公共财政的必然要求，被许多国家践行。法治对公共财政的规制手段之一就是通过《预算法》来规制政府财政收支行为，使其财政取之于民，用之于民，最大限度地为人民谋福祉。因而加强立法机关对政府债务行为的审议是法治国家的应有之义。因此地方政府作为国家权力的执行机关，其举债行为必须受到人大的监督与制约。我国新《预算法》规定地方政府债务要全部分类纳入一般公共预算和政府性基金预算管理，主动接受人大监督，即各级政府在限额内举借的债务必须经过本级人大或常委会的审议批准。同时应加强对地方政府一般债务与专项债务收入和还本支出的监督和管理，规范其使用行为，债务收入只能用于资本性支出，不得用于经常性支出。人大常委会应定期审查监督地方政府债务的举借、使用及偿还情况，具体到债务资金支出的具体项目、偿债计划等，从而实现对地方政府债务预算的全方面监督。

(二) 设立专门的地方政府债务管理机构

世界上绝大多数国家都存在地方政府债务监管机构。根据与财政部门间关系的不同，地方政府债务监管机构的设置主要有两种模式：第一种模式是监管机构内设于财政部，由财政部监测，多数国家都采取了此种做法。具体而言，该模式存在两种实现方式：一是由财政部相关部门承担监管职责，二是在财政部内新设一个专门的机构，由该机构负责地方政府债务的监管。采取此种做法的国家包括加拿大、菲律宾、荷兰、南非等国家。第二种模式是监管机构独立于财政部，但监管机构仍需将有关情况及时向财政部汇报。采取新设监管部门做法的国家较少，主要有澳大利亚、法国、波兰等国家。

根据新《预算法》规定，地方政府债务纳入全口径预算管理后，财政部门履行大部分监管权。在财政机关内部，预算部门具体负责地方政府债务预算、决算，国库部门具体负责地方政府债券的发行、评级、偿还。从目前的监管现状来看，在财政部内部设立专门的地方政府债务管理机构具有可行性。

作为专门的地方政府债务管理机构，应该根据债务管理的目标，履行职责，包括负责制定有关地方政府债务管理的法律法规；负责制定全国地方政府债务总限额及各地区的分配方案；建立统一的地方政府债务风险预警体系，为地方政府制定风险防控机制提供依据；负责监督各级地方政府债务预算的编制、债券评级、债务资金的使用、债务决算情况；负责对省级地方政府债务管理绩效进行考核；负责建立应急处置机制，对可能引发局部或全国系统性的风险的事件进行风险隔离，避免风险扩散；负责对违反财政法律制度、财政纪律的行为进行行政处罚；负责建设有关地方政府债务的专业信息平台，及时公布地方政府债务的相关数据和信息，为金融机构和投资者提供信息服务；负责与其他相关职能部门的协调；对地方政府债务问题进行理论研究，为国家提供政策分析和建议。

（三）采取区别化监管措施

不同地区和不同层级的融资平台在资金运作及债务风险方面具有很大的差异性，因此在制定监管政策方面，应该区别化对待，细化监管政策，针对不同地区适用不同的监管措施。为了实现对各地区的差别化，有必要建立起一个融资平台评估体系，通过资产负债率、现金流等指标对融资平台债务情况进行评估，根据资产负债率情况和现金流覆盖情况，采取相应的监管措施。针对政府财力较弱的市县级融资平台，对不符合规定的融资平台、不具有项目投资职能的融资平台应尽快清理。而对于一些经营能力强，可以实现市场化运作的融资平台，可以出台政策措施，加快其并购重组，逐步实现其市场化运作。或通过对市县级政府的融资平台的规范整合，形成治理结构完善、权属清晰的融资平台。

（四）提高债务信息透明度

依据《政府信息公开条例》有关规定，建立有利于地方政府进行债务信息披露的相关制度。确定地方政府应披露的信息的界限，包括地方政府的经济发展、财政收支、地方政府债务限额、当年地方政府债务余额、债务资金使用情况、债务资金支出投向、债务偿还情况等内容。具体操作而言，可以上市公司财务报告为模板，建立政府性债务报告体系，真实并及时地披露融资平台政府性债务的情况。

在融资平台债务信息公开方面，新的政策法规要求剥离融资平台的政府融资职能，其工具性的职能将逐渐消失。今后主要发展趋势是向市场化和实体化的经营主体转型，达到实现自主经营、自负盈亏的目的。不管融资平台的职能如何变化，其作为独立的市场主体，理应建立相应的信息披露制度。及时公开融资平台债务的财务信息，让公众能够了解其运营状况。这不仅是对地方政府融资平台的监督，也能让融资平台在社会中树立良好的企业形象，从而吸引民间资本进入。而且信息公开透明是控制地方政府融资平台债务风险的有效手段。当融资平台债务信息透明时，上级政府管理机构作为出资人可以通过信息审查判断其债务规模是否合理、银行系统也可以根据相关信息判断其是否符合发放贷款的资质。因此，建议设立专门管理、统计及公布融资平台负债与资金流向的机制，使融资平台信息公开透明。对于银行而言，政府融资平台一般需要额度大且期限长的贷款，如果仅由一家银行对其授信，不仅自身的流动性受到一定限制，而且自身对于融资平台真实负债规模与偿付能力难以全面了解，风险过度集中。因此，可以由各家银行联合建立一个信贷平台，采用银团贷款的形式对地方政府融资平台进行授信。这样不仅能够避免风险过度集中，而且有利于实现信息共享，更易于规范银行系统的资金向地方政府融资平台的流入，易于实现对融资平台信贷授信的监管。资本市场上的投资主体也可以据此信息作出合理的投资安排，实现风险与收益的一致性，从而更好地控制融资平台的债务规模。

（五）加强债务管理问责

一直以来对地方政府进行考核时，过分强调 GDP 在考核指标体系中的核心地位，导致地方政府片面强调地方经济增长数量，忽视经济增长质量，大搞政绩工程，在预算内资金不能满足需要时，在预算管理制度外变相融资。

首先，完善地方政府领导干部考核评价体系，将地方政府债务管理水平纳入政绩考核硬指标。要杜绝地方政府在预算外，通过其他途径变相融资。因此在考核债务规模及偿还情况时，不仅要考虑纳入预算的地方政府债务，还要考虑融资平台公司的债务情况，然后进行综合考评。其次，健全责任追究机制。新《预算法》第94条对地方政府举债行为过程中的违法责任规定的过于笼统，没有明确的问责主体、责任主体、问责程序以及责任类型。因此，需要通过立法赋予人大或审计机关问责权，明确责任主体，制定问责程序，细化违法举债行为的法律责任。针对地方政府违法举债、担保行为、违规使用债务资金行为，不仅直接责任人要承担法律责任，地方政府也要承担相应的法律责任。同时为了确保地方政府债务举债、使用、偿还的可持续性，防止地方政府官员在任期内盲目扩大债务规模，要实行"谁举债，谁负责"的权责相一致的终身问责制，避免举债主体和偿还主体不一致而产生的道德风险。再次，将地方政府债务状况纳入领导干部任职经济责任审计。改变以往对领导干部任职经济责任审计时，对地方政府债务审计不做硬性规定的现状，既可以在领导干部任期时进行审计，也可以在离任时进行审计，解决领导干部任期和债务期限不匹配而导致的"现任领导举债，下一任领导还债"这种举债权力和偿债责任不一致的问题。

结　语

地方政府融资平台债务风险防控的二元化法治路径

新《预算法》实施后，关于融资平台债务问题在立法上有了新动向，对融资平台举债融资行为的法律规制也发生了根本性转变。《预算法》在制度上彻底剥离了融资平台为政府融资的职能，融资平台不得再为地方政府举借债务。辅之以债务清理甄别程序，融资平台债务被划分为地方政府债务和企业债务，明确划清了这两种债务的偿还责任。地方政府债务和企业债务风险在成因、表现形式、风险管理机理等方面存在显著差异，因此在法治框架下，对融资平台债务风险防控必须采用二元化路径。

一　预算管理框架下地方政府债务风险防控的法律途径

将地方政府债务纳入预算管理，对债务举借、债务资金支出、债务偿还进行规范和约束，是运用财政法治原则规制地方政府债务的制度选择。目前，在已经将地方政府债务分门别类地纳入全口径预算管理的基础上，通过以下途径实现对地方政府债务风险的有效防控。

(一) 制定《地方政府债务管理法》

要改变目前地方政府债务管理立法中内容规定分散、效力层级低的现状，应该由全国人大制定专门的《地方政府债务管理法》，对地方政府举债融资行为进行全面、系统性的法律规制。该法具体规定：地方政府债务管理的基本原则；地方政府债务预算管理（包括地方政府债务预算管理口径、预算管理内容及程序、预算编制的方法、预算会计管理制度等内容）；地方政府债务种类；地方政府债券的发行制度（包括地方政府债券主体、发行规模、发行期限、发行程序）、信用评级制度、增信方式、债券信息披露制度、债券交易机制、债券偿还方式及债券违约处置机制等内容。

(二) 赋予市县级政府发债权

目前，地方政府债务的法定主体是省、自治区、直辖市政府，不包括市、县、乡镇级政府。如果市县级政府确需举借债务，可以由省级政府代为举借，虽然省级政府和市县级政府签订地方政府债券代发和转贷合同，但是市县级政府自身没有发行地方政府债券的法定主体资格，更不是地方政府债务的法定主体。而乡镇级政府缺少由省级政府代为举借债务的法定资格，即便乡镇级政府预算内资金无法满足其资金需求，也不能通过省级政府代为举借。新《预算法》将地方政府债务法定主体限定为省级政府，是为了防止发债权下移而造成发债权滥用，从而导致对债务规模无法达到有效控制。但是在各级地方政府中，市县级政府支出责任最多，对资金的需求量最大。如果不赋予其发债权，在其财政资金不足的情况下，市县级政府仍然会通过其他形式变相举债。此外，市县级政府由省级政府代为举借债务的过程中，由省级政府对市县政府代为举借的债务如果发生违约，其责任主体仍然是省级政府，省级政府需要对债务承担偿还责任,举债主体和偿还主体不一致会导致法律风险。虽然在债务限额制度设计上,省级政府可以控制市县级政府的债务规模,事实上也构成了省级政府向市县级政府举债隐性担保,增加了市县级政府的风险偏好。因此,可以在省级政府限制市县级地方政府债务规模的前提下,在法律中赋予市县政府发债权,由市县政府以自己的名义发行债券,并独立承担偿还责任,使市县政府的债务权责相一致。

(三) 划清政府债务和或有债务的责任界限

应划清地方政府性债务中政府债务和或有债务的责任界限。地方政府性债务分为三类:政府负有偿还责任的债务、政府负有担保责任的债务及政府可能承担一定救助责任的债务。其中,只有政府负有偿还责任的债务才属于地方政府债务,该部分债务应该纳入预算管理,任何情况下,地方政府都需以财政资金进行偿还。政府负有担保责任的债务和可能承担一定救助责任的债务属于或有债务,是地方政府性债务而不是地方政府债务。在债务人无法偿还的情况下,地方政府基于担保责任或基于保护社会公共利益而代为履行偿还责任。对于或有债务,必须明确担保责任和承担救助责任的范围,强调地方政府不再无条件兜底,包括上级地方政府不再对下级地方政府的债务以及地方政府对融资平台的债务承担偿还责任。即便出现某些事由,地方政府应代为履行偿还责任,也必须按照法定程序承担偿还责任,保留对原债务人的追偿权,并由原债务人承担相应的财政责任,严肃财政纪律。

(四) 规范政府举债行为

首先,要彻底剥离融资平台的政府融资职能,明确企业债务和地方政府债务的责任界限。目前仍有许多融资平台的融资职能尚未被彻底剥离，继续为地方政府进行融资。因此必须要落实中央政策、执行相关法律法规，严格限制地方政府新设融资平台公司，彻底剥离融资平台的融资职能，禁止融资平台公司作为地方政府债务的主体。2015年1月1日以后，融资平台举借的债务完全属于企业债务，在任何情况下都不能被认定为政府债务，只能由融资平台以其独立财产承担偿还责任。地方政府仅以出资额为限承担有限责任。如果融资平台所承担的公益性项目确实不能通过市场化方式融资，可以向其主管财政部门提交资金使用申请，由省级财政部门在债务限额内予以考虑，通过发行政府债券获得债务资金后，再按计划划拨给融资平台使用。

其次，坚决禁止地方政府及其所属部门为融资平台违法提供担保。除中央转贷外，地方政府为融资平台以任何方式提供担保的行为都应该被认定为违法行为，按照无效担保处理，解除担保合同，消除地方政府的担保责任，同时对非法提供担保的地方政府及责任人追究其法律责任。

（五）依法偿还存量债务、严格控制增量债务

化解存量债务和控制增量债务是相辅相成的。积极化解存量债务可以降低债务风险，为增量债务腾出更多空间。严格控制增量债务，可以预防债务风险积累。在继续推行地方政府债券置换计划的同时，应该通过多渠道偿还地方政府存量债务，降低存量债务规模。在财政资金无法全覆盖债务本息的情况下，可以通过股权市场或招拍挂处置地方政府资产，用于偿还债务。前期地方政府虽然过度融资形成了一定的债务风险，但也形成了一些优质资产，因此可以通过设立基础设施融资交易平台或推行基础设施资产证券化，增强地方政府固定资产的流动性及变现能力，用以偿还到期债务。

控制地方政府增量债务，应该严格执行限额规定，当年本地区

新增债券规模和置换债券规模之和不能超过财政部下达的债券发行规模上限。如果当年本地区置换债券的发行规模减小，在新增债务总限额的规定下可以发行地方政府债券。对于增量债务规模总量的确定和限额逐级下达，应该充分考虑各地区 GDP、财政收入、财政支出、债务偿还、债务风险等因素，力求科学合理分配、统筹兼顾。如果遇到特殊情况，需要增加或减少地方政府新增债务限额的，地方政府无权进行调整，必须由国务院制定调整方案报全国人大常委会审批，防止各级地方政府肆意改变本地区新增债务限额或在限额之外进行举债融资。

（六）构建地方政府债务风险预警体系

第一，构建风险预警指标体系。将总债务的负债率、或有债务代偿率、一般债债券和专项债券分别的债务率、新增债务率、偿债率、逾期债务率、综合债务率等作为指标构建风险预警指标体系。2017 年，建立权责发生制政府综合财务报告制度后，还要将资产负债率、利息负担率等纳入指标体系。第二，设置风险阈值。在指标体系中选取一定的指标，根据风险程度设置风险阈值，在不同的风险区间内，采用不同的处置措施。一旦进入高风险区间，主管部门应该约谈相关责任人，责令该地方政府立即准备紧急预案，说明风险成因，提供风险处置方案。目前，我国还没有明确的风险阈值，建议可以对一般债务率和专项债务率加权计算出总债务率，以总债务率 100% 作为风险警戒线。第三，完善风险预警信息披露制度。将地方政府债务信息及风险指标纳入政府应当主动公开的政府信息，搭建地方政府债务的专业信息平台，由主管部门定期披露有关地方政府债务的各项指标。如出现债务违约、风险指标突破阈值等重要信息，应该及时向公众披露。

(七) 完善债务问责机制

首先，完善地方政府领导干部考核评价体系，将地方政府债务管理水平纳入政绩考核硬指标。要杜绝地方政府在预算外，通过其他途径变相融资。因此在考核债务规模及偿还情况时，不仅要考虑纳入预算的地方政府债务，还要考虑融资平台公司的债务情况，然后进行综合考评。其次，健全责任追究机制。通过立法赋予人大或审计机关问责权，明确责任主体，制定问责程序，细化违法举债行为的法律责任。针对地方政府违法举债、违法提供担保的行为、违规使用债务资金的行为，不仅直接责任人要承担法律责任，地方政府也要承担相应的法律责任。为了确保地方政府债务的可持续性，防止地方政府官员在任期内盲目扩大债务规模，要实行"谁举债，谁负责"的权责相一致的终身问责制。再次，将地方政府债务情况纳入领导干部任职经济责任审计。改变以往对领导干部任职经济责任审计时，对地方政府债务审计不做硬性规定的现状，既可以在领导干部任期时进行审计，也可以在离任时进行审计，解决领导干部任期限和债务期限不匹配而导致的"现任领导举债，下一任领导还债"这种举债权力和偿债责任不一致的问题。

二 公司治理框架下企业债务风险防控的法律途径

对融资平台进行市场化改造，使融资平台成为具有现代企业制度、具有经营能力、可以自负盈亏的企业法人。在公司治理框架下，通过债务处置、兼并重组、拓宽融资渠道、加强融资平台内部风险管理等法律途径防控融资平台中的企业债务风险。

(一) 按照市场化原则进行债务处置

依据《公司法》、《破产法》、《证券法》、《合同法》等相关法律法规，妥善处置违约债务，保护债权人合法权益，防止融资平台恶意逃废债务。如果不能偿还到期债务，融资平台应该积极制定债务处置方案，对于有抵押、质押的债券，可以通过对担保物的处置用于偿还债务。对于有保证的债务，可以要求保证人承担保证责任。针对只有融资职能，没有投资职能，缺乏经营能力，丧失清偿能力的融资平台，应该通过破产程序，以公司财产清偿债务。同时以征信系统为基础，及时披露融资平台的财务、银行贷款、债券兑付等情况，对恶意逃废债务行为，要依法追究其法律责任。此外严格区分企业债务和政府债务，禁止地方政府对融资平台债务提供担保或兜底的行为，要及时切断风险源，防止债务风险加重与扩散。

(二) 推动融资平台兼并重组

积极引导融资平台兼并重组，整合融资平台资源，以此降低融资平台资产负债率，化解债务风险。兼并重组应当遵循市场经济规律，以企业并购、协议转让、联合重组、控股参股等多种形式进行，鼓励证券公司、资产管理公司、股权投资基金以及产业投资基金等参与兼并重组。

积极稳妥地推进融资平台债务重组，化解企业债务危机。对于融资平台应该区别对待，针对资产可以全覆盖、基本覆盖债务的融资平台，虽然面临短期流动性风险但依然有一定偿债能力的，应当积极推进债务重组，通过调整债务期限、还款方式等措施，缓解融资平台流动性风险。针对资产不能覆盖债务的融资平台，在妥善处置债务的前提下，要按照市场化方式促使其市场退出，坚决防止地方政府利用这种融资平台继续为政府融资或运用财政资金帮融资平台偿还债务。

（三）拓宽融资渠道，优化资产负债结构

建立多层次融资渠道，可以改变企业资产负债表与债务结构，从而降低融资平台的杠杆率，优化融资平台债务结构，防控债务风险和结构性风险。首先，积极推动融资平台股权融资。可以吸引民间资本用优质资产向融资平台注资，改变融资平台单一的股权结构，增强融资平台风险抵御能力。其次，大力推行PPP模式。通过PPP模式，吸引社会资本进入基础设施领域，使社会资本和政府建立长期稳定、共担责任的合作，缓解地方政府财政压力。在PPP模式中，一方面，经过市场化转型，具有完善法人治理结构和具有盈利能力的融资平台可以成为社会资本一方参与PPP项目。另一方面，融资平台可以代表政府与金融资本合作，通过设立PPP政府投资基金的方式参与PPP项目。但在融资平台参与PPP项目过程中，要明确禁止地方政府为融资平台以任何方式提供担保或财政兜底，同时还要避免地方政府以承诺回购、固定收益等明股实债的方式变相举债。

（四）加强融资平台内部风险管理

以《公司法》为依据，完善融资平台公司治理结构，加强融资平台内部风险管理。首先，完善融资平台管理中的各项规章制度，发挥公司章程在公司治理中的宪法作用。通过完善公司章程，约束融资平台融资行为。其次，加强融资平台"三会"对融资方案的管理职能。将融资平台的融资行为全方位纳入"三会"管理之中，发挥股东会对融资方案的审议职能，发挥董事会对融资方案的决策、执行职能，发挥监事会对融资方案的监督职能，以此提高融资平台融资的合规性及资金使用效率。对于不当的融资行为，做到及早发

现、及时处置，防止因不当融资行为引发债务风险。再次，在融资平台内部建立风险内控制度。融资平台应该从财务报告、举债审批、风险预警、风险处置等方面构建一套完整的风险内控制度。财务部门应当定期将本公司的财务状况向股东会、董事会、监事会报告；公司的举债行为，应当按照不同的举债额度进行不同层次的审批。同时，充分运用财务指标对公司的债务状况进行风险评估，及时识别风险，防范债务风险的发生。

附 录

美国 50 个州宪法关于政府债务管理的规定[*]

州名	法律规定
亚拉巴马州 Alabama	**实体性规定：** 第 13 条　第 224 款 　　负债超过资产评估价值 3.5% 的政府，不得再发行新的债券。低于 3.5% 的政府可以在现有债务的基础上，新增资产评估值 1.5% 的债务规模。 第 13 条　第 225 款 　　除以下列举的情况外，人口不足 6000 人的市、地区以及市政公司，新增债务不得超过资产估值的 5%。（例外，关于自来水厂建设、燃气、电力、污水、街道改善的项目），新增的债务不得超过其可能创造价值的 3%。这样的限制不影响那些经法律授权而举借的债务以及依靠税收偿还的 1 年期临时贷款，但是，这两项债务的规模不得超过该地区年均财政收入的 1/4。人口数超过 6000 的地区，以及 Gadsden、Ensley、Decatur、New Decatur，在此处获得举债的授权，其新增债务规模不得超过资产评估价值的 7%。 宪法修正案 342 　　债务规模超过资产评估值 5% 的县政府不得新增债务，包括发行债券或通过基金等现有法律允许的途径举债。
阿拉斯加州 Alaska	**实体性规定：** 第 8 条 　　除以下情形外政府不得举债：经法律授权进行的政府资产改进项目、经法律授权向退伍军人发放家庭贷款。除此之外，政府举债需要得到州多数合格选民的投票支持。

---

[*] 根据美国 50 个州宪法翻译与整理。

续表

州名	法律规定
	第9条 州政府的各部门不得发行债券，除非进行资产改进，并且经过其管理机构授权，同时在该问题上得到州大多数合格选民的投票支持。 第10条 州政府及其分支机构可以通过举债来满足在预期财政收入下应达到的财政拨款规模，但通过此种方式举借的债务都必须在下一个会计年度结束前偿还。 第16条 根据联邦法律规定的指标，除用于阿拉斯加永久基金分红的拨款、收益债券的拨款、要求用于支付一般责任债券本金及利息的拨款以及来自非国有来源信托的拨款之外，包含来自本州一个公共公司或国营企业的收益债券收入在内，财政部在一个会计年度的财政拨款累计不得超过2.5亿美元。根据这一限制，至少1/3的财政收入应使用在资本项目或者贷款支出上。 任何法案只能对同种类的资本项目超限额拨款，并且应当根据法律规定告知选民该项目的建设与维护成本。对于未支出的余额，州长应当将其投资，保证国有资产拥有灵活的市场收益率。 程序性规定： 第8条 在下列情形下政府举债不需要经过批准：抵御入侵、镇压暴动、保卫国家、突发自然灾害、偿还债务。 第16条 如果对于资本项目或永久基金的支出经过了州长的批准或者是经过3/4的成员进行了表决，或选民以法律的形式进行了批准，那么立法机关就可以给予资本项目或者永久基金超过以上限额的财政支出额度，而不管其债券是否具有可持续性。
亚利桑那州 Arizona	实体性规定： 第9条　第2款 政府债务，即，经证实属于亚利桑那州及其市县及政府部门的债务，依法免税。 第9条　第3款 立法机关应当以法律的形式确定该年度需要的财政收入，以保证每个会计年度必要的财政支出。 如果该地区存在政府债务的话，出于偿还债务的目的，立法机关应当征收足够的税收来偿还该年度应当偿还的债务本息，并确保在举借最后一期债务后的25年内清偿全部债务。

续表

州名	法律规定
阿肯色州 Arkansas	第9条　第5款 州政府可以基于弥补赤字或满足预算外支出的目的发行债券，但是所有的债务，包括直接债务、或有债务，不同时期基于不同法律规定而举借的债务，其总和不得超过35万美元，并且该类债务收入必须用于特定的用途。除以上发行债券的有限权力之外，州政府还可以为抵御入侵、镇压暴动或者是保卫国家而举债，由此筹集的资金必须用于被授权的贷款或者是偿还因此产生的债务。 第9条　第8款 任何县、市、镇、学区或其他市政公司发行债券超过其可征税财产的6%时，应经过拥有合格选民身份的财产纳税人中的大数人的同意。可征税财产的价值决定了各州县发行的债券额度。同时，在市、乡镇的评估中应当建立在对上一年财政状况评估的基础上。 在任何情况下，所有县一级学区的债务余额都不得超过可征税财产的15%，可征税财产根据上一年度的政府征税名册确定。 实体性规定： 第16条　第1款 除根据1987年宪法授权而发行的债券以外，州政府以及该州内的市县、镇或者其他自治区，在任何情况下都不得出借其信用，任何县、城镇、直辖市不得发行付息债券。 宪法修正案62 市、自治区在举借任何由房地产税收或个人财产税收作为担保的债务时，这样的债务可以是无偿的，关于该部分债务的限制，根据第2部分的规定，除了为工业发展而发行的债券之外，其总和应当等于所在县上一年可征税财产总评估价值的10%，或者是所在自治区该值的20%。自治区不需要支付债务时，可以随时暂停征税。 宪法修正案65 根据州议会通过的法律，为了改善公共设施，保护、开发工业或农业，或基于其他任何公共目的可能得到国会授权的项目，任何政府部门都可以发行债券。州议会可以以投票的方式允许此种债券的发行，但是任何人不得强制或要求议会通过此议案。 程序性规定： 宪法修正案20 除经过选民多数票同意，不得发行政府债券。（为偿还现存债务而发行的拯救性债券或为改善道路而发行的地方债券除外）

续表

州名	法律规定
加利福尼亚州 California	实体性规定： 第 16 条　第 1 款 　　除抵御战争、镇压暴动或已获得相同法律的授权，立法机构在任何情况下，各个类型的债务总和不得超过 30 万美元。法律在授权时，应当明确规定债务的举借方式、偿还该债务的资金来源，在债务合同期内的 50 年内，应当清偿债务的主要部分，并且在主要部分清偿之前，该合同是不可撤销的，该法律应当确定一个偿债基金，以保障债务的主要部分在举债后的一段期限得到清偿，这个期限不得超过债务期限的 1/4。基于这样的法律举借的债务必须用于特定的事项或者是用于偿还因此产生的债务。立法机关可以在选民通过该法律后的任何时间减少法定的债务限额，但不得少于合同规定的金额，或者当该期间内不存在债务时，可以撤销该法律。 第 16 条　第 1 款 　　第 3 项：基于第 1 款的目的，所谓的"特殊目的项目"，对于这样的项目，根据第 1 条第 4 款的规定，立法机构可以创建总计不超过 30 万美元的债务，包括累积的政府财政赤字，这样的政府支出必须是根据 2004 年 3 月的全州初选，经过选民的同意而做出的。 程序性规定： 第 16 条　第 1 款 　　关于债务授权的法律只有经过两会议员的 2/3 通过，并且在大选或直接初选中获得大多数选民的支持或反对。 　　在选举之前，应当向每一个选民寄出有关投票事项的选举小册子，在小册子中载明拟表决的议案的全文，以及关于该问题的争论，并且告知选民其参加的选举的程序，以及该法律公布的唯一要求都应当在州长命令发行的小册中列明。如果之前或之后经人民投票授权的国家一般债券已经开始销售但尚未售完，不管本宪法其他条款的规定或者任何其他与之不同的债券行为，只要经过由选举产生的议会的 2/3 多数通过，立法机构就可以通过提高最高利率来提高那些获得授权但尚未售罄的一般债券的利息，不管该债券是否已经开始出售。
科罗拉多州 Colorado	实体性规定： 第 11 条　第 3 款 　　除为应对偶然的收入不足、修建公共建筑、镇压暴动或战争时期保卫国家之外，州政府不得以任何形式举借债务。为弥补收入不足而订立的债务，总额不得超过该州当年单位应税财产估值的 1/4，基于以上目的的债务总额，在任何

续表

州名	法律规定
	时候都不得超过单位评估价值的3/4,除非估值达到1000万美元,并且之后的债务不得超过10万美元。 第11条 第4款 在现有债务清偿完毕之前,除非基于不可撤销的法律,不得举借之上一条提及的各类债务。法律应当规定该部分财政支出的用途,并规定足够的税收以在法律规定的期限内偿还债务本息,还款期限也可以在公共建设合同书和提供财政赤字时列明,该期限不得低于10年,不得高于15年。基于税收收入建立的基金,其支出不得用于法律规定的具有同等税收征收水平的其他事项。当因此产生的债务需要被清偿时,这些税收应当停止,如果有债务余额的话,应当立即转为该州一般政府基金的债务。 第11条 第6款 州以下的各级政府不得举借任何形式的一般责任债务,除非基于债务存续期间内持续有效的法律的授权,同时该法律应当规定债务资金的用途,偿还债务本息的足额税收。 除非自治市、县、镇另有规定,举借这样的债务必须经大多数合格纳税人表决通过。"合格纳税人"一词由法规规定。 除自治市、县、镇另有规定外,举借债务必须遵守有关政府细分部门权力的限制性规定。
康涅狄格州 Connecticut	实体性规定: 已经发行此类债务的州,以州政府一般基金税收收入偿还的债务,包括债券、贷款等,不得获得州议会的授权或发行,除非: a. 该债务不计算在经州议会授权由一般基金税收收入偿还的债务中。b. 已发行部分与未偿还部分的此类债务总额超过该宪法效力范围内并已发行此类债务的州本年全部一般基金税收收入的十分之一到十分之六。
特拉华州 Delaware	实体性规定: 第8条 第3款 除非根据议会的一项法案(经过两会成员的3/4多数通过),州政府或代表州政府的机构不得举借债务。为了应对偶然性的财政不足或抵御入侵、镇压叛乱、在战时保卫国家、偿还现有债务。任何对州政府举债或代表州政府进行举债的行为进行授权的法律,必须明确债务的举借目的以及债务资金的用途,若债务资金不能用于特定的用途,或者债务资金出现剩余的时候,必须按照法律规定进行处置。

续表

州名	法律规定
	第8条　第10款 对税率和许可证费用率增加的限制；根据信托和信用承诺履行义务的例外；如果收入不足不能兑现承诺，则分配公共资金以满足此类义务。 （a）国家征收的任何税收或牌照费的有效税率不得增加，除非经过两院议员的3/5同意。 （b）在州的每个会计年度开始前，大会应用州的适当收入来支付以其信用作为担保的债务的利息，在该年度应支付利息里面拨付，并支付在该年度内，应该支付的该等债务的本金，无论其是否到期。如果州政府的收入不足，无法偿还到期的应付债务本息，则此后收到该州的第一笔公共资金应予以搁置，用以支付该类债务的本息。当不能偿还本期应付债务本息时，州议会可以提高税率或费用，此种行为不受（a）项的限制。
佛罗里达州 Florida	实体性规定： 第3条　第11款 （b）在制定关于其他对象类别的一般法律时，行政机构或其他政府实体只能在法律对象合理的相关基础上加以分类。 第8条　第11款 （a）州政府发行的信用债券，只能用于：为本州的经过法律授权的固定资本支出项目进行融资或再融资；经过选民投票的偶然事件；根据本款目的发行的州政府债券，可以在较低的净平均利息成本率下，无须投票表决而进行赎回。根据本款发行的州政府债券的未偿还本金总额，不得超过前两个会计年度州总税收收入的50%，不包括根据本宪法规定而持有的信托收入。 （b）法律应当规定拨付足够的款项，用以偿还州债券的债务本息。 （c）根据本款或本宪法的任何其他条文的规定，发行的州政府信用债券，应当符合出售债券的目的。 （d）州或其代表机构，可以不经过投票表决发放收入债券，为经过法律授权的州固定资本支出项目进行融资或再融资，以及用于与此相关的附带性事项。该类债务应当由与此直接相关的基金进行偿还，税收收入不作为偿债资金。 （e）州政府可以按照一般法律规定的方式发行全部或者部分以税收收入作为担保的债券，用于为以下项目进行融资或再融资：收购和改善土地，水域以及相关财产利益和资源的保护，户外娱乐，水资源开发，自然生态系统的恢复和历史遗迹的保护。 （f）使用根据本款规定发行的收入债券进行融资或再融资的项目、建筑或

续表

州名	法律规定
	设施，应当首先在财政拨款或一般法律中得到议会的支持与肯定。

第8条　第12款

有征税权的乡村、学区、市政当局、特别行政区和地方政府，可以发行债券，负债证明书或其他任何形式的税收预期证明，须从计价税税收中支付，并在发行后的12个月内到期。

（a）进行融资或再融资项目资本金由法律授权，并且只有当其中不完全免税的所有者选举人投票批准时，才可以通过。

（b）以较低的净平均利息成本率，偿还那些未偿还的债券及其利息或赎回溢价。

第8条　第14款

（a）此类债券不应被发行，除非根据相关法律设立的州财政机构已经确定，在任何的会计年度内需要发行的债券与其他以税收收入作为担保的债务都不超过担保收入的70%。

第8条　第15款

（b）根据本条款项下设立的基金中的利息资金，不需要在任何会计年度支付未偿还的收益债券，或为维持准备金账户支付债务服务，可用于被法律或其他相关目的的法律规定所确定的合格学生，提供教育贷款。

第8条　第16款

（c）除了根据法律设立的财政机构确定在任何会计年度的债务服务需求发行的债券以及其他债务凭证，与具有相同收入担保的债券总额不超过法定的可获得的用于支付该类债务的担保收入。否则不得再发行任何债券。

第8条　第17款

（c）除了根据法律设立的财政机构确定在任何会计年度的债务服务需求发行的债券以及其他债务凭证，与具有相同收入担保的债券总额不超过法定的可获得的用于支付该类债务的担保收入的90%。

就本款而言，"担保收入"指的是保证支付债务服务的所有收入，但不包括任何州政府的信用担保。

第12条　第9款

（c）每个学区，包括正在增设的教学组织或者公共大学区域中，代表州委员会发行的债券，以及根据本法修正案将产生足够收入的机动车驾驶许可证收入预期证书，将相等于根据本法修正案发行的将在该年度到期，且到期所有债券或汽车许可证收入预期证书的本金总额和利息总额的112%（1.12倍），计算方式由法律规定，或由州委员会批准。 |

续表

州名	法律规定
佐治亚州 Georgia	实体性规定： 第7条　第4款 第2项：州政府一般责任债券和收入债券的限制。 (a) 本款第2项和第3项中，"年度债务服务需求"是指在任何会计年度里即将到期的本金与利息总和。 (c) 当债务期限超过25年时，不得产生本条第一项（c）和（d）所提及的债务。 (e) 因教育目的而未偿还的保证收入债务总和不得超过1800万美元，针对教育目的贷款安全而购买、存贷，由此产生的收益债券总和不得超过7200万美元。 第3项：州政府一般责任债券和收入债券；发行条件；偿债基金和储备基金。 (2)（A）州议会应拨款建立"佐治亚州一般责任债务偿债基金"，旨在在一般责任债务基础上，偿付年度债务服务需求。偿债基金的资金只能用于偿还一般责任债务。 当偿债基金的资金不足以偿付一般责任债务时，州财政官可以适当的方式扩大税收力度，并由财政官将部分收入存入偿债基金中。 (3) 当收入类债务偿债资金不足时，应从财政官员拨款的共同储备基金中予以支付。在所有未偿付的收入债务被允许作为基金的收益时，共同储备基金贷款量至少应相当于最高年度债务服务需求的总和。如果在州会计年度末，基金超过需要的量，依法上任的州财政官员，应将超过的部分转化为州可自由支配的普通基金。 第5项：根据1976年宪法第9条第2款第1款（a）项的第2目规定，在合同安全的情况下，州可以通过债务去融资或再融资，或者通过债务发行去融资或再融资，进而产生一般责任债券和收入债券。为了所谓的融资或再融资而发行这些债务，应服从这项第Ⅱ（a）目（类似规定在本项第一项下债务产生）10%的限制；但是，债务融资或再融资方面，年度债务服务需求和年度合同支付剩余债务时不入账。除了通过联合大会和债券得以融资，或再融资后的拨款，这两者可通过佐治亚州的财政局和投资审议委员会完成此类债券发行，债券发行在这种融资或再融资之间应伴随或产生债券发行的利益。根据1976年宪法第9条第6款第1（a）项第2目以及第7条第4款第5项规定，除了在合同安全保证的情况下，债券发行的融资或再融资使一般责任债务得以产生外，在这种融资和再融资之间产生债务应是州议会的最初授权过的。

续表

州名	法律规定
	根据宪法，在融资或再融资中，就像拨款会伴随和产生债券发行的利益一样，债券融资或再融资最初得以发行是因为一般责任债务得到了授权。依据本项，融资和再融资条款不应扩大到超过原始债务条款，并且在发行中融资或再融资利息总计不能超过此类原始债务所需支付的利息总和。在此类融资和再融资中的债务发行本金时，为了支付溢价融资或再融资本金量，可以适当扩大。 第4项：州信用债券以税收收入偿还，此类债务在法律规定的方式下，通过公平程序得以评估。评估结果具有终局性。 （b）尽管有上述（a）所述的情形，但来自一般责任债券发行的收入［这些一般责任债券发行的目的是，本条第1款（e）项的规定，当地政府为水、污水处理设施系统、区域或跨区域的废物回收、废物处理设施系统而去贷款］可以通过法律规定实施此类活动的联邦政府或州权力机关得以偿付或转移至管理或投资中。 第8项：除非宪法规定，州信誉不得抵押或为任何个人、企业、团体和社团做抵押担保。州不能成为任何个人、企业、社团和团体的共同所有人或股东。
夏威夷州 Hawaii	实体性规定： 第13款 第1项：规定此类债券在发行时，在当前或任何会计年度里，此债券和一切未偿付的一般责任债券的应付本息和，不得超过以下数额：1982年6月30日之前，不得超过3个会计年度中州政府一般基金收入平均值的20%；1982年6月30日之后，不得超过3个会计年度里州政府一般基金收入平均值的18.5%。 第13款 第2项：根据过去的依法形成的税额评定表，可设立总数相当于每个政府细分部门不动产税率目的的评估值的15%，这是政府部门长期债券应当遵守的债务限制，任何时候未偿还债券都不得超过这一限制。 第13款 第3项：在限定州政府发行一般责任债券或者根据12款规定的政府部门长期债券时，以下债券除外： 1. 已到期的债券，或者在当前会计年度到期的。 2. 收入债券，对于公共设施、公共的改进和公共系统的使用和服务，如果

续表

州名	法律规定
	发行人有法定义务提高税率、租金和费用，或贷款项目收益或贷款依据或提高用户税，或者增加租金、费用，用户税的比例，足够支付运行、维护和修理费用，公共设施、公共的改进和公共系统，或者贷款项目和贷款依据的花费。（债券收入能够支付项目的各项费用） 6. 为了一项公共设施、公共的改进和公共系统可发行的可赎回一般责任债券，经之前会计年度的数据显示，事实上由纯收入、用户净税收入或者两者共同偿还，不需要一般基金进行补偿性支出。 7. 由州政府对于其他政府细分部门发行的可赎回一般责任债券，无论发行在此款生效之前或之后，应当排除，除非法律规定政府细分部门应通过退还的方式就此类债券向州政府偿还本息；债券在本条生效日期之后发行的，政府细分部门的债务容量应当先被纳入限额管理；此类债券被政府排除期间，未偿还的债务本息应当归为政府细分部门的基金债务。 8. 借款形成的债务以及州政府或政府细分部门担保的或有负债。但仅限于此债务的本金数未超过未偿还一般责任债券本金数的 7%，除此之外的不排除。州政府或政府细分部门应针对经州政府或政府细分部门通过法律授权的未偿还债券，建立并维持一个适当比例的数量储备。 程序性规定： 第 13 款 　　一般责任债券通常由州政府发行；1980 年 7 月 1 日生效的规定，立法机关应当在每一部对一般责任债券进行授权的法律中公布债券本息的总额。评估此种债券以及获得授权但尚未发行的所有债券，计算所有未偿还债券，确保在债券发行时，债务未超过限额。立法机关关于授权本金和利息总额的一般责任债券发行的法律（对于这种债券和所有被授权但未发行的债券，以及所有已发行但未偿还的债券预估）不会导致在发行时超过债务限额。当州长宣布处于紧急状态时，州政府可以在限额外举债，但必须经过两院议员的 2/3 投票通过。为了本款的目的，州政府的一般基金收入不包括以下资金：从联邦政府获得的拨款，以及通过任何可赎回债券获得的赎回金。（经本条授权的除外） 第 13 款 　　所有期限超过两年的一般责任债券，应当按顺序（偿还），通过各期偿还等额本金的形式，或各期偿还等额本息的形式进行分期偿还。采取第一种分期偿还方式的一般责任债券和可赎回一般责任债券应当在发行之日起 5 年内偿还。最后一期一般责任债券，从其发行以及最后一期一般责任债务出售给联邦政府之日起不超过 25 年到期。

续表

州名	法律规定
	可赎回一般责任债券和由借款构成的债券、州政府或政府细分部门担保的或有债务，自发行之日起35年内到期。 一般责任债券的本息应根据具体情况先由州政府或政府细分部门的一般基金支付。
爱达荷州 Idaho	实体性规定： 第8条　第1款 　　立法机构不得以任何形式创建任何债务或者承担任何负债责任，除非发生战争，抵御入侵、镇压暴动的情况。对于一些个别事项或工作，应该有详细规定的法律进行授权。这类法律必须规定除贷款以外的融资方式，支付到期债务或负债利息，从签约之日起20年内必须清偿这些债务的本金。直到债务的本金和利息已经清偿完毕，上述法律才可废除。 　　这些法律授权筹集的全部资金只能应用于该法规定的事项或者偿还由此产生的债务上。 　　如果这些法律得到选民支持之后没有因此订立任何合同、产生任何债务，则立法机构可以随时废除该法。 　　本条款不适用一般运营费用形成的负债，也不适用于本会计年度结束前所应偿还的债务或负债。 　　无权征税的主体或政府一般基金的独立公共团体和政治实体的债务或负债不属于爱达荷州的债务或负债。 　　本条的规定不应使1998年11月3日及之前的非法的金融交易种类合法化。 程序性规定： 第8条　第1款 　　这些法律应该在大选中提交给选民，并且要在选举中得到选票中的多数赞成票或反对票，这些法律才可生效。这些法律应该在提交给选民审议的大选前，以宪法修正案的方法进行公示。
伊利诺伊州 Illinois	实体性规定： 第8条　第1款 　　(a) 公共基金、资产或贷款仅应被用于公共目的。 　　(b) 州、当地政府、学区单位仅在法律法规授权时承担偿还公共基金债务的义务。

续表

州名	法律规定
	（c）报告和记录的义务，根据法律规定，州、当地政府单位和学区使用的公共收据和记录应该进行公示，以供公众监督检查。 第8条　第2款 （a）州长应该在法律规定的时间内拟定并向州议会提交下一会计年度的州预算。该预算应载明会计年度初始预计的平衡可用资金的财政拨款、预算收入，还应在本会计年度内制订一份关于州每个部门、机构、公共企业（public corporation）、准公益事业公司（quasi-public corporation），每个州的大学、学院以及州所设立的公共机构的会计支出和债务计划，但并不包括当地政府单位和学区。预算还应载明州的债务、或有债务情况以及法律规定的其他信息。提议的会计支出不应超过预算所载明的当年会计年度所估计的可用资金。 （b）州议会应依法制定州公共资金的全部会计支出的拨款。一个会计年度的财政拨款不得超过当年州议会估计的可用资金。 第8条　第3款 （a）州议会应该依法审查州的债务，收入和公共基金的使用状况。两院各达到3/5的选民票数时，州议会应该任命一名审计长，如果因故需罢免该审计长时，需要通过类似的表决。审计长的任职期限为10年。任职期间内他的工资应该依法制定，不能被削减，但可以增加。 （b）审计长应该管理本州公募基金的审计工作，还应在州议会的指挥下进行额外的报告和调查，并及时将其发现与建议汇报给州议会和州长。 第8条　第4款 州议会应该构建会计工作、审计工作，债务、收入以及公共基金使用情况报告的制度体系。该体系可以被所有的当地政府单位和学区所使用。
印第安纳州 Indiana	实体性规定： 第10条　第1款 （a）州议会应该依法制定统一、平等的资产评估率和税率，还应该制定规则对包含不动产和动产在内的所有资产的税收固定一个恰好的赋值。 州议会可以免除以下分类中的财产的财产税：（1）用于市政的、教育的、科学的、宗教的以及慈善目的的财产；（2）除在常规交易中用于售卖的动产、用于产生收益进行使用和消耗的动产或用于投资的动产之外的有形的动产；（3）无形的动产。 （b）州议会可以免除任何机动车辆、活动板房、飞机、船舶、拖车或其他类似财产的财产税，用消费税来代替相对应的财产税。

续表

州名	法律规定
	第10条　第2款 在州议会的指导下，所有来源于州市政工程的收益，年度净收益，任何时期的财政盈余收入，以及在支付了政府一般费用和市政债券的利息，不包括银行债券的利息出于政府目的而征收的税款，通常被用于偿还公共债务（public debt）的本金。 第10条　第3款 除了根据法律规定的拨款可以从财政部取得外，任何资金不得从财政部取得。 第10条　第4款 关于公共资金的收入和支出的准确描述（statement），应该在州议会例会（regular session）的法律中公示。 第10条　第5款 除以下情形外，任何法律不得授权代表（on behalf of）州产生（contract）债务：弥补税收临时赤字，偿还公共债务利息，抵御入侵，镇压暴动，如果遭遇战争威胁提供公共防御。 第10条　第6款 任何县不得认购股份有限公司（incorporated company）的股本，除非当时所用资金是同类资金；任何县也不得为任何股份有限公司进行信用担保；也不得向这类公司持股借贷；州议会不得代表州承担任何县、市、区、镇的债务；市议会也不得在任何情况下承担此类债务。
爱荷华州 Iowa	实体性规定： 第7条　第2款 州不得以任何形式为个人、社团、公司提供信用担保。除非战争时期为了州的利益，州不得承担或对个体、社团、公司的债务或负债负责。 州可以基于弥补财政赤字、弥补税收短缺或者支付其他费用的目的签约产生债务。无论是根据州议会的一个或多个法案在任何时期签约的直接债务或者或有债务的总数不得超过25万美元；而且这种债务所产生的资金应该被用于当初签约时取得或偿付的目的，不得用于其他目的。 由于通货紧缩、管理不善、代理人和政府官员在管理和控制上的欺诈所造成的州永久性学校基金（permanent school fund）的损失应该接受州权力机关的审计。被审计的州的永久基金的债务，应该设立单独的基金来承受损失，并且要支付不少于6%的年息。由此产生的负债不应计入本条第2款（1）规定的债务范围。

续表

州名	法律规定
	除了上述限制签约产生债务之外，州可以在战争时期为抵御入侵、镇压暴动、保卫国家而签约产生债务；但是由该债务所筹集的资金应该用于筹集的目的或者是偿还这类债务，不得用于其他目的。 　　除了本条之前规定的债务，之后不得代表州订立任何债务，除非有某些法律进行了特别授权；而且这些法律应该规定强制征收直接的年度税收，在债务到期时，足额偿还这类债务的利息，另需规定从债务签约之日起20年内偿还或置换（discharge）这类债务的本金；直到将这类法律在普选上提交给选民，并且获得了选票的多数赞成或反对，这类法律才可生效；这类法律授权所筹集的资金应该被用于法律所规定的特定事项，或者用于偿还由此产生的债务；在普选提交给选民前的3个月，该法律应该公布在州每个县的至少一家报纸上公示3个月。 　　在选民通过该法律后，如果没有根据该法产生任何债务，立法机构可以在任何时间废除该法；而且立法机构可以在任何时期禁止根据该法产生更多的债务或负债；但是根据该法所征收的税仍然要逐年征收，根据该法所产生的债务或负债仍然有效，并且不可废除，直到本金和利息得到足额偿还。
堪萨斯州 Kansas	实体性规定： 　　第11条　第6款 　　基于支付临时费用和从事公共基础设施建设的目的，州可以举借公共债务；除了下文中提及的债务外，其他债务总额不得超过100万美元。任何债务必须是基于法律规定的目的才可产生，该议案需要得到两院全体议员的大多数票通过，而且必须是法律规定的具备必要性的债务。而且每部关于政府债务的法律都应规定征收足额年度税收来偿还债务的年度利息以及到期后的本金；应该专门拨税款来偿还债务本息；无论税收延期还是削减，拨款在债务本息完全清偿前不得撤销。 　　第12条　第7款 　　除了下文的规定，州不得举借任何债务。首先应在大选上将规定发债的法案提交给直接选举的选民；如果大选上该法案被多数票表决通过，那么在大选结束后，立法机构就有义务来颁布法律，创建债务，这类法律的制定应该参考本条前款的规定和限制。 　　第13条　第8款 　　州政府举债。州政府可以为抵御入侵、镇压暴动或在战时保卫国家而举债。但是，举债的资金必须用于经授权的项目或用于偿还此类项目产生的债务。

续表

州名	法律规定
肯塔基州 Kentucky	实体性规定： 　　第 11 条　第 157 款 　　B 项：市、县、税收区财政采取预算管理的模式，政府的支出不得超过本会计年度的预算收入。 　　第 11 条　第 158 款 　　债务限额。不同主体的举债限额，根据举债前一年评估的可征税财产价值确定，不得高于以下数值：人口数超过 15000 的市，10%；人口少于 5000 但多于 3000 的市，5%；人口少于 3000 的市，3%；县、税收区，2%。出现紧急情况或为了保障公共安全的不受此限。州议会有权在该限额上再增加限额，有权规定市、县、税收区的举债条件。 　　第 11 条　第 159 款 　　任何获得举债授权的市、乡镇、县、税收区或其他政府细分部门，在对其进行授权时，应当规定每年征收足够的税收以偿还前述的债务利息，同时，应当建立偿债基金保证在 50 年内偿还债务本金。 　　第 19 条　第 49 款 　　州政府可以举借债务以应对收入不足或财政赤字，但是此种债务直接或偶然、单独或合计，在任何情况下不得超过 50 万美元。通过贷款获得的资金只能用于举债目的或偿还此类债务州议会可以举债以抵御入侵、镇压叛乱或在存在战争威胁时，保障公共安全。 　　第 19 条　第 50 款 　　除了第 49 款规定的目的以外，州议会不得对任何代表公共财富的举债行为进行授权，除非存在规定要求每年征收足够的税收以偿还规定的利息，并且 50 年内清偿债务。这样的行为不产生效力，除非已经在普选中提交给了人民，并且经过了大多数选民的表决。州议会可以举债偿还州政府的债务，不需要向人民提交，也不需要在确定还债本息的税收议案中进行规定。
路易斯安那州 Louisiana	实体性规定： 　　第 11 条　第 6 款 　　为支付公共服务及公共产品的费用，州可以设立公共债务；但这种债务总计不能超过 100 万美元，下文另有规定者除外。此类债务应得到法律基于一些特定的目的授权，该授权法律需要由两院所有成员的多数投票制定和通过；当债务到期时，此类法律应规定每年征收的足够的税收以偿还此类债务的利息；并为支付这些资本和利息特别进行拨款；在这些债务的利息和本金已经完全支付之前，不得撤销拨款、推迟或减少税收。

续表

州名	法律规定
	第11条 第33款 一般责任债券。(A) 授权。由州债券委员会或其继任者批准，一般债券经过多数选民投票选举的授权，方可发行。因未偿的债务而以相同或较低的利率发行的债券，即使是按照税收的价格单独的到期应付债券，不需要在选举中授权。(B) 以政府信用作为担保的一般责任债券，根据本宪法、法律或程序进行支付。 第11条 第34款 有担保的负债限制。立法机关通过法律根据该行政机构征收的税款，对其能够担保的债务额度进行调整。 程序性规定： 第11条 第35款 (A) 选举异议。时间限制。任何纳税人因选举的合法性，对发行债券或税收的授权或任何原因产生异议的，在结果公布的六十天之后，任何人有权因任何原因对选举的规则性、形式或合法性、税收规定或债券授权提出异议。若不能在60日内提出，应当将该法律认定为有效，并且法院无权质询这些问题。 (B) 异议条例或决议；时间限制。每个条例或决议授权发行的债券或其他债务的应在该行政机构的官方杂志上至少公布一次，或者如果没有官方杂志，在报纸上公示。在出版后的30日内，任何纳税人可以对条例或决议的合法性和其中任何条款的安全和支付的债券产生异议。30日后，无论任何原因，不得采取任何行动来检验其规则性、形式合法性以及决议的有效性。之后，应当明确地认为，每一个法律要求发行的债券或其他债务，包括一切有关于选举授权的债券或其他债务（如果有的话）都必须遵守。法院无权过问。
缅因州 Maine	实体性规定： 第9条 第14款 A. 1. 在任何情况下，州政府不能直接或间接出借其信用，除非出现规定在14-A、14-B、14-C和14-D条款中的情形。2. 立法机关不得代表州政府举债债务，今后任何时间产生的债务与先前产生的债务合计不得超过200万美元。以下情形除外：用于镇压暴动、击退入侵或为战争目的；以当年税收收入偿还的短期贷款；在普选或关于该议案的专门选举中，经两会议员的大多数通过，认定该项目具有必要性。同时无论何时，选民通过投票的形式批准债券的发行，对保证债券发行的有效性是至关重要的。提交给选民的议案

续表

州名	法律规定
	中，应当附有关于州政府未偿还的债券总额、被授权的和未发行的债券总额的说明。由税收筹集的资金支付的临时贷款金额，总的来说，在任何会计年度内都不得超过本会计年度的 10%，立法机关从未支付收入到一般基金和支付收入到高速公路基金的所有拨款、授权和分配资金，从出售债券的专项收入或支出，或大于总估值的 1%，缅因州以较小者为准。 B. 为了提高本州的公共学校建设水平，州议会可以通过相关法案在 600 万美元的额度内，保证缅因州学校建设机构的为本州内的学校建设项目而发行的收入债券的支付。 程序性规定： 　　第 9 条　第 14 款 　　1. 如果两院的 2/3 议员认为确有必要，由大多数选民在一般性或特别性选举中投票同意，立法机关可以代表州授权在以上期限和数额内发行债券，但是这不能解释为现有货币或联邦政府存放在本州的货币，也不得被解释为州政府对债务的担保，或是州政府控制的基金的担保，联邦政府对该债务不承担责任。 　　2. 任何债券授权需要选民的批准，如果没有在批准日期的 5 年内发行，该债券不得再发行。在该 5 年期间届满后 2 年内，立法机构可以通过多数表决通过再延长 5 年的期限，或者取消对发行该债券的授权。 　　3. 对于 1984 年 11 月 6 日存在的任何债券授权，批准后的 5 年期间届满后，除非立法机关于 1986 年 11 月 6 日重新授权，否则由多数投票决定是否发行债券。在另外的 5 年期间内在授权下未能成功发行的债券将被视为作废。
马里兰州 Maryland	实体性规定： 　　第 3 条　第 52 款 　　州长向议会提交的预算和预算法案中应该包含所有拟拨款的数额总计，以及可用于支付拨款的所有预算收入的总额，并且拟拨款总额不得超过总预算收入。 程序性规定： 　　第 3 条　第 52 款 　　在州长或议会修订预算案条例草案时，在任何一次修订中都不能将建议拨款总额规定为超出总预算收入的数额，在预算案条例草案中，总预算收入总是大于或等于拨款总额。

续表

州名	法律规定
马萨诸塞州 Massachusetts	实体性规定： 第 63 条　第 2 款 　　预算应该由普通法院根据法律规定的形式进行安排，或在默认情况下，由州长决定。为了编制预算，州长有权要求任何董事会、委员会、官员或部门向他提供其认为确有必要的任何资料。 程序性规定： 第 63 条　第 2 款 　　由普通法院在 3 个星期内召集会议，州长应该向其提交一份预算，预算包含该会计年度的所有联邦预算支出（包括法律已经授权的开支）以及所有税收、财政收入、贷款和其他以这种方式支付的费用。
密歇根州 Michigan	实体性规定： 第 4 条　第 14 款 　　下一财政期间的预算拨款项目应由两院通过或否决，除了通过所有的非预算项目的拨款账单以外，还有补充拨款为当前会计年度的业务。任何需要拨款执行其目的的法案都应被视为拨款法案。立法机关通过的一般拨款法案应包含一项按照主要来源在随后的财政期间的每个运营基金中的预估收入报表，其收入总额不得少于每个基金在一般拨款法案中获得的拨款总额。 第 9 条　第 14 款 　　为履行根据任何会计年度的拨款所产生的义务，立法机关可根据法律授权州政府发行其全额信用票据，在这种情况下，它应承诺在同一会计年度内用收到的非专用收入偿还。任何会计年度的此类债务不得超过该州在上一会计年度收到的非专用收入的 15%，这些债务应在收到此种认捐的收入时偿还，但不得迟于同一会计年度结束。 程序性规定： 第 9 条　第 15 款 　　州可以为特定用途借款，金额由两院议员 2/3 多数通过，由多数在任何大选投票的选民批准。提交给选民的议案应说明借款金额、资金的具体用途和偿还方式。 第 5 条　第 18 款 　　州长应在法律规定的时间向立法机关提交随后财政期间的预算，该预算详细规定所有经营资金，州拟议支出和估计收入。任何基金的拟议支出不得超过其预估收入。在同一天，州长应向立法机关提交一般拨款法案，列明拟议

续表

州名	法律规定
	的支出和任何必要的法案，以提供新的或额外的收入来支付拟议的支出。在上一财政期间任何基金产生的任何盈余或赤字的数额，应作为一个项目列入预算和拨款账单。州长可以在审议该院的账单时，提交任何议院提供的拨款账单的修正案，并提交账单以弥补当前拨款中的不足。 第5条　第20款 州长经参议院、委员会批准，每当财政期间的实际收入低于该期间拨款的预计收入时，应减少授权拨款的支出。减少支出应按照法律规定的程序进行。州长不得减少立法和司法部门的支出，也不得削减宪法规定的专门用于特定目的的资金。
明尼苏达州 Minnesota	实体性规定： 第11条　第7款 债券。除第6条所授权的债务以外的公共债务，应当通过发行政府债券予以抵销。根据本条发行的所有债券，自发行之日起计不超过20年，而授权发行债券的每一项法律规定须明确说明其用途以及每个项目批准的最高金额。每个独立而特定的州债务基金应在官方手册和登记簿上保留记录。 第11条　第7款 在任何一年征税前，根据实际收到的拨款金额应用于减少需要另外征收的税款。当州为债券提供信用担保时，州审计师每年应对本州内的所有应税财产征收足够的税额，该基金的余额将在随后的一年内用于偿还根据本条发行的债券的本息。
密西西比州 Mississippi	实体性规定： 第5条　第115款 州政府或其任何机构，债务总额不得超过收入总额的1/2。税收收入总额根据前四个会计年度中最高值为准。
密苏里州 Missouri	实体性规定： 第3条　第37款 1. 议会无权出借或授权出借州的信用，或发行债券，以下情形除外：（1）偿还现存债券。偿还的债券自到期日起不超过25年；（2）根据州长的建议，由于不可预见的紧急或暂时性收入不足而招致的临时法律责任，任何1年不超过100万元，并须在5年内支付。（3）当负债超过100万美元时，议会根据宪法修正案或人民的倡议，也可以提交举借债务的议案，包含负债的数额、目的和

附录 美国50个州宪法关于政府债务管理的规定 / 273

续表

州名	法律规定
	条款，如果该措施在选举中经过合格选民的多数票通过，议案生效，就可能产生负债，并且为此发行的债券必须在自其发行之日起不超过25年的期间内偿还。在根据本条发行任何债券前，议会须就支付债务本息的足够资金作出规定，并为所有应税财产规定足以实现该目的税率。 第3条　第37款 州长可以通过拨款或其他方式控制拨款期间的拨款比率，并可在实际收入减少时，根据预计收入，将国家或其任何机构的开支减少到拨款水平以下。 程序性规定： 第3条　第37款 州长应在每届议会召开后30天内向议会提交随后拨款期间的预算，其中包括州的预计收入以及州和所有机构拟支出的完整和逐项计划。
蒙大拿州 Montana	实体性规定： 第8条　第9款 立法机关的拨款不应超过预期收入。
内布拉斯加州 Nebraska	实体性规定： 第13条　第1款 1. 国家可以为了应对临时赤字而举借债务，债务总额不得超过十万美元，除了为了击退入侵，压制叛乱或捍卫国家的目的，不得在战争中承担更大的债务，并须就每年支付利息作出规定，支付利息的资金来自与此相关的基金，而该等须缴付的利息须法律规定为不可减免，直至该等债务获得清偿为止。 2. 内布拉斯加州大学董事会，内布拉斯加州立大学的董事会和国家教育委员会可以发行收入债券，以构建、购买或以其他方式获得资金用于扩展、增加、改造、修理、提供和装修宿舍、单个或多个住宅单元或其他设施，用于单身或已婚的学生、教师或其他雇员居住，用于以运动为目的的建筑物和设备；学生会或活动中心，以及学生的医疗保健和体育和活动，以及停车场的建筑物或其他设施，这些债券应仅根据使用建筑或获得的建筑物和设施的收入、费用和其他付款支付，包括以前或以后建造或获得的建筑物和设施，并从其他收入债券的收益中支付，而所收取的收入，费用和付款不需要由立法机关拨款，任何此类收入债券由委员会授权，批准和验证。为新的建筑物发行的债券应首先经立法机关批准。

续表

州名	法律规定
	程序性规定： 第 13 条　第 1 款 1. 以下事项需要立法机构通过其成员的 3/5 多数通过：（1）出于在该州建设高速公路的需要，采取这种行动，可以授权发行用于这种建造项目的债券，以及支付利息和偿还债券，则它可以将高速公路收费或其他与此密切相关的收费进行抵押或质押，例如机动车燃油税或机动车驾驶执照费。（2）为用水和管理目的建造保水和蓄水结构将促进州的一般福利，可以授权发行这种建筑的收入保证金，为了支付利息和偿还债券，可以将此种建筑产生的全部或部分收入进行抵押。
内华达州 Nevada	实体性规定： 第 9 条　第 3 款 州政府可以举借债务，但是，债务规模（除利息外）不得超过州可征税财产评估价值的 2%。政府举债应当获得法律的授权；每一部这样的法律均应当规定征收足够的年度税收以偿还半年期利息，以及该法通过后的 20 年内的债务本金。应当将以上税收收入用于偿还上述本金及利息。 第 9 条　第 9 款 州宪法规定，州一般责任债务占州评估价值的比例，不得超过 2%。
新罕布什尔州 New Hampshire	州政府发行债券不存在宪法上的限制，也不要求州政府在举借债务之前进行全民投票。
新泽西州 New Jersey	实体性规定： 第 8 条　第 2 款 不考虑本宪法中关于税收的限制，此类法律应当规定除贷款以外的方式与途径，以偿还债务利息以及举借 35 年之内的应偿债务本金。
新墨西哥州 New Mexico	实体性规定： 第 9 条　第 7 款 州政府的债务不得超过 20 万美元，以应对偶然的财政赤字或收入的损失以及必要的花费。州政府也可以举债抵御入侵，保障公共安全。 第 9 条　第 8 款 第 1 项：除前款规定的债务之外，州政府不得举借债务，除非经法律特别授权。这样的法律必须规定足够的年度税收以支付利息，并规定偿债准备基金以偿还 50 年内的债务本金；这样的法律只有获得本选区大多数合格选民的

续表

州名	法律规定
	同意后，才能生效；这样的法律必须在至少一家报纸上公布，每周一次，在投票之前连续公布4周。除区域债务之外，如果债务总数超过上一期一般评估中确定的州应税财产估值的1%，州政府不得举借债务。 第9条　第8款 　　第2项：出于本部分以及第4条第29款的目的，进行的不动产租赁或买卖，根据州政府融资协议而减少价格的，不属于债务，除非：州政府没有法律义务继续租赁或购买；合同规定，如果没有足够的拨款以满足当前的条件，租赁将被终止。
纽约州 New York	实体性规定： 　　第7条　第9款 　　州政府可以以预期的税收收入及其他财政收入，通过直接或间接的方式举债。此种债务必须按照法律规定的方式发行，并且应当用前述的税收收入等在1年期内偿还。 　　州政府也可以基于预期的债券收入而举债，规模在获得授权的债券额度之内，以此举借的债务，应当在2年内以债券收益偿还本息，除非本宪法第8条授权的目的而发行的债券。 第7条　第10款 　　除以上对举债权的限制外，州政府可以举债以抵御入侵、镇压起义或在战时保卫国家、应对森林火灾而举借债务。但是，举借的债务必须用于当初列明的用途，或者是偿还此类债务，不得挪作他用。 第7条　第11款 　　除本法9、10、13条的规定外，州政府之后不得举借任何债务，除非该债务基于法律授权的特定目的而举借。这样的法律只有在普选中获得大多数通过票才能生效。 第7条第12款 　　除9、10、13条的债务外，州的任何债务必须符合以下规定： 　　A. 每笔债务或债务的每一部分必须按照每年均额的方式分期付款偿还，或者经法律授权，以各期均额的方式偿还。或者，计入偿债基金应当偿还的额度内。 　　B. 当同一债务的某些部分需要分期偿还，而其他债务需要计入偿债基金时，整个债务应当被重组，以使每年分期偿还的本金和计入基金的本金等于该债务本年应当偿还的数量。

续表

州名	法律规定
	C. 当债务的利息不是按年分期偿还时，应当建立按年偿还的准备基金，从而使余额，包括支出收益在内，从支出做出之日起的累积的待偿还债务，如果存在偿债基金债务的话，减去未来需偿还的债务本金总和，如果是分期偿还的债务，则支付本金。 D. 应用于偿还债务的第一个年度分期付款或第一次向偿债基金的付款，不得超过1年。最后一期不得超过举债之日起40年。
北卡罗来纳州 North Carolina	实体性规定： 第5条　第3款 州政府举债的限制 （1）获得授权的用途；2/3 的限制。 州政府举债必须获得合格选民的大多数投票通过，以下情况除外： A. 偿还合法有效的现存债务。B. 应对非预期的财政赤字 C. 以预期税收收入借款并且在下一个会计年度偿还，举债额度不超过该州税收收入的50%；D. 镇压暴乱或抵御入侵；E. 应对由州长书面确定的危及公众安全的紧急事件；F. 基于其他合法目的，在下一个两年内州未偿还债务应减少数额的 2/3 之内举借。 （2）州议会在任何情况下，不得将州政府的信用出借给任何个人、机构、企业（州政府控制税收的除外），除非该议案经过州选民直接投票，并获得大多数赞成票。 （3）定义。本条所指的债务是州政府借款。本条所指的信用担保是税收权的担保。本条的信用贷款是指州政府举债或通过其他方式保证个人、企业的债务。 （4）被禁止的债务。州议会不得承担或支付援助对美国的暴动或叛乱而发生的任何债务。 第5条　第4款 地方政府举债的限制 （1）举债的管理。州议会应当颁布与县、市、村镇、特区以及其他部门、地方政府机构的信用担保债务以及其他债务相关的一般法律。 （2）授权目的；2/3 的限制。州政府只有在获得选民大多数投票通过的情况下，才能够授权县、市、特区或其他地方政府的部门举债。以下情况除外： A. 偿还有效的现存债务； B. 应对非预料性的财政赤字；

续表

州名	法律规定
	C. 基于预期的税收收入举债、在本会计年度内偿还，债务不得超过此种税收的50%； D. 镇压暴乱； E. 经过州长书面确定，应对危及公共安全或健康的紧急情况； F. 基于全国统一适用的一般法律中授权的目的，在下一个会计年度应减少的债务数额的2/3内举债。 （3）信用贷款的规定。任何县、市、镇、特区或其他地方政府部门不得为个人、企业、组织出借其信用，除非为了一般法律中授权的公共目的，并且获得大多数合格选民的投票支持。 （4）被禁止的特定债务。任何县、市、城镇或其他政府部门不得为针对美国的暴乱提供资助，因此产生的债务是被禁止的。 （5）定义。本条所指的债务是县、市、镇、特区或其他政府部门、地方政府机构的借款。本条所指的信用担保是税收权的担保。本条的信用贷款是指县、市、镇、特区或其他政府部门、地方政府机构将其债务与个人、机构或私人企业的债务进行置换。 （6）未偿还债务。除了第4部分的规定，本条内容不得被解释无效或减少1973年7月1日以来授权的债务。

北达科他州
North Dakota
	实体性规定：
	  第10条　第8款
	  州政府可以举债并且保证偿还债务的本息。当主要的收入来源不足以偿还债务时，州政府可以使用州以外的收入来偿还债务。每一次信用担保或税收担保债务的授权，均应当获得两院3/5多数通过。除本宪法另有规定外，偿还债务的税收及规定，在债务偿还之前不得撤销。
	  第10条　第9款
	  任何政府部门举借的债务都不得超过本地区应税财产价值的8%。经过本地区60%以上的选民投票通过，可以提高债务限额，增加7个百分点。
	  本款中的债务限额不适用于主要依靠税收收入以外的其他收入偿还的债务。不管该债务上是否存在发行人的信用担保。本款中的"评估价值"应当通过法律规定的方式测算。任何政府部门在举借债务之前或举借债务时，应当规定按年征收的足额税收以偿还债务的本息。所有与偿债相关的规定、条例在债务清偿之前不得撤销。

续表

州名	法律规定
俄亥俄州 Ohio	实体性规定： 　　第 8 条　第 1 款 　　州政府可以举借债务应对偶然的财政赤字或满足其他没有支撑的支出；但是，此种债务的总数（所有阶段、所有举债行为所产生的债务）不得超过 50700 美元，因此产生的债务职能用于特定用途，或偿还该用途的债务，不得用于其他目的。 　　第 8 条　第 2 款 　　除了以上的限制外，州政府可以举债抵御入侵、镇压起义或在战时保卫国家以及偿还未清偿的债务。这些债务收入只能用于特定的目的，或偿还该类目的的债务，不得用作其他用途。 　　第 8 条　第 7 款 　　州政府偿还债务的保证，建立偿债基金，该基金应足以支付债务的利息，并能够逐年支付本金。基金的资金不得少于 10 万美元，并以每年 6% 的增长率增加。基金应包括国家拥有的公共工程和股票的年净收入，或者是经法律规定，包括应当偿还债务的税收收入。
俄克拉荷马州 Oklahoma	实体性规定： 　　第 1 条　第 4 款 　　俄克拉荷马州的债务由此处规定，由州政府支付。 　　第 10 条　第 23 款 　　除了根据本款或 24、25 款以及本宪法的第 5 条的规定以外，州政府在任何时候不得创建或授权创建债务或基金，或者进行对州政府或任何政府及其部门、机构不利的支付行为，不论其组织形式与资金来源为何。 　　剩余基金或资金应当通过州审计委员会的逐项评估计入州一般财政基金中。 　　自 1985 年 7 月 1 日开始，产生的所有剩余资金应当被置换为州财政设立的宪法储备基金，直到此基金的数量达到上述会计年度一般收入基金财政的 10%。宪法储备基金的拨款应当视为专项拨款。 　　当下一年度的州审计委员会债务证明少于本会计年度时，本会计年度开始时，上述基金（剩余基金）余额的 1/2 应结算入下一会计年度。 　　在州长声明的紧急状态下，经过参议院与众议院 2/3 投票通过，上述基金的 1/2 可用于拨款。或，在参议院主席或众议院议长宣布的紧急状态下，经两院议员 3/4 投票通过。

续表

州名	法律规定
	每一会计年度结束时的此拨款，如果超过了实际的财政收入与分配到本年的收入，超过部分无效。州财政保管的由一般收入基金或专项基金信用产生的收入，除偿还公共债务本息外，应当按月分配给每个部门、机构、委员会或者来自每一基金本年度的专项拨款，并且，发行的任何债务证明不得超过以上配置的数额。根据财政收入相关法规规定，依靠财政运行的任何组织、机构或州政府部门，其产生的债务不得超过未支付的现金余额。 第 10 条　第 23 款 立法机关应当提供拨款的途径，根据每月每季度的方式进行拨款，从而防止将要举借的债务超过预期的财政收入。除本法另有规定外，立法机关应当规定，拨款应当用其产生的收入偿还。如果债务缺口在本部门的债务限额范围之内，州长可以在其决定中为州财政发行债务证明。州财政部门可以在获得州长授权的情况下，发行债务证明已偿还债务，此种债务应当计入公共债务，由立法机构的合法拨款偿还。 进一步而言，在任何情况下，任何会计年度此种债务空缺总数不得超过 5000 万美元。州财政应当作为偿债基金的托管人，并且为上述基金的信用提供担保，用来偿还州担保债务的本息。在获得州长及首席检察官授权的情况下，州财政部可以将偿债基金的资金投资于美国联邦政府的债券或股票。获得以上授权的情况下，财政部也可以将上述股票出售为偿还州债务提供资金。 第 10 条　第 24 款 除了上述的债务限制外，州政府可以举债用于击退入侵、镇压暴动、保卫国家，但所得款项应当用于举借时明确的支出或者偿还此类债务，不能用于其他目的。 程序性规定： 第 10 条　第 23 款 为了保障年度的财政预算平衡，包括以上限制在内，对程序作出以下规定： A. 在立法机关每届例会召开前的 35—45 天，州审计委员会应当确定上一年度的由立法机构直接拨款成立的一般基金与专项基金的财政资金总量，并且应当进一步确定可获得的拨款，在确定时应当根据按照以下规定的程序及法律规定作出的决定，分别确定下一会计年度这些基金各自信用能够产生的收入。

续表

州名	法律规定
	B. 以上规定中确定的,每个基金可获得的拨款应当是州审计委员会逐笔评估的95%,该评估中应当包括每个基金下一会计年度所有的资金来源。联储基金的拨款应当进行全口径统计。评估应当考虑预期经济变化带来的任何财政收入的增加或减少。 立法机构在每一会计年度的拨款,除为第4款而进行的特定支出外,总额不得超过前一会计年度所有基金拨款的总数。如果前一年度存在通货膨胀的话,增加12%。此处的限制应当根据基金调整。拨款的增长速度应当由州审计委员会确定。
俄勒冈州 Oregon	实体法规定: 　　第9条　第2款 　　立法议会应规定增加的财政收入以支付每一年度的州政府开支,以及偿还州债本息。 　　第9条　第5款 　　立法议会、镇以及市应当限制其税收权力、借出资金、举债以及出借其信用。 　　第9条　第7款 　　在任何情况下,州议会出借州政府的信用,或者是以其他方式举借的债务,与包括之前的债务合计,不得超过5万美元,除非是为抗战、抵御侵略或镇压暴动;任何超过以上限制的州债务或代表州政府举借的债务无效。 　　第9条　第8款 　　州政府不得替县、乡镇或其他企业等举借债务,除非为战时保卫州安全或镇压暴动、抵御入侵。 　　第9条　第10款 　　任何县的债务总计不得超过5000美元,除非是为镇压暴动、抵御入侵,但是,在该宪法生效时已经存在的债务,不计入限额内。
宾夕法尼亚州 Pennsylvania	实体法规定: 　　第8条　第7款 　　除非法律或本条另有规定,不得举借债务或代表联邦: 　　(1)为镇压叛乱、恢复受自然灾害或人为灾害影响的地区或实施本条之前规定的选民批准的为实施的权利,产生的债务不受限制。

续表

州名	法律规定
	（2）州长、州财政部长以及审计长可以在联合的情况下： A. 发行 1 年期内的预期税收票据，并使用同年的财政收入偿还；B. 如果存在到期无法偿还的债务时，可以举借债务以偿还。 （3）如果举债已经得到了大多数选民的同意，则根据法律中列明的目的，该债务不受限制。 （4）如果债务的发生不会造成所有未偿还债务净值超过过去 5 个会计年度经审计长核实的税收收入的 175%，该债务可以不经过资本预算中列明的特别项目的选民投票通过。
罗得岛州 Rhode Island	实体性规定： 第 6 条　第 16 款 州议会在未获得人民授权的情况下，举借的州政府债务不得超过 5 万美元，在战时或在侵略、暴动的情况下除外；并且，在未获得此种授权的情况下，不得以州政府的信用为其他任何主体的债务提供担保。本部分的内容不得被解释为州政府保管的联邦政府的钱款。 第 6 条　第 17 款 尽管存在以上的规定，州议会仍可以通过法律的形式规定州政府在任何会计年度内，以预期的税收收入举债，壁垒债务的规模不得超过下一会计年度税收收入的 20%，追加的债务总额不得超过其他来源收入的 10%；所有借款的总额不得超过上述会计年度实际税收收入的 30%。此类债务必须在 1 年期内偿还，存在未偿还债务时，不得举借债务。
南卡罗来纳州 South Carolina	实体性规定： 第 10 条　第 13 款 （1）在满足本款规定的条件下，州政府有权就以下事项举债：a. 一般责任债务；b. 仅靠收益性项目或（9）中的特定来源偿还的债务。 （2）"一般责任债务"是指以州政府的全部或部分信用未担保的债务。 （3）一般责任债务只能因公共目的而举借，所有的一般责任债务应在举债之日起 50 年内清偿。 （4）在对举借一般债务进行授权的行为中，州议会应当按年拨付足够的税收收入以偿还债务本息。在应付债务本息不能得到支付时，州审计长、国库司司长应当立即对应税财产征收计价税，用以偿还一般性债务的本息。 （5）如果一般责任债务由（a）州议会两院议员的 2/3 多数授权，或者是

续表

州名	法律规定
	(b) 在州议会召开的全民投票中，获得了合格选民的多数票支持，那么，此时的举债行为不受相关条件的限制，除非限制性规定产生债务，以及（3）款的规定产生的债务。 (6) 一般性债务也可以根据法律规定的下列情况下举借：（a）公路用途的一般责任债券（公路债券），如果这种债券应当来自本款规定的项目等的收益进行担保；每年高速公路的债务额，不得超过下一会计年度收入来源所得收益的15%。就本款而言，"收入来源"一词指州议会为州高速公路目的而使用的任何收入，以及所有的对个人或车辆征收的税收或许可证。（c）可发行用于任何公共目的的一般责任债券，包括（a）和（b）所述目的；但以后州政府所有一般债务（不包括公路债券、国家机构债券、税务预期票据和债券预期票据）担保的最高年偿债务不得超过下一年州政府一般收入预算的5%（不包括授权为州公路债券和州机构债券认捐的收入）。 (7) 在满足州议会在法律中规定的条件下，一般责任债务可以在州税收预算中举借。这种预期票据应以税收收入或州政府对该税收的征税权作为担保。所有税务预期票据应在发出票据的会计年度结束后 90 天内到期。 (8) 一般债务票据可在满足州议会通过从法律的形式确定的条件时，合法化发行。这种债券预期票据应以债券收益作为担保，同时以预期发行债券预期票据和州信用作为担保。债券预期票据应在发行日期后不迟于一年内到期，但如果大会依法授权，债券预期票据可能会被赎回或续期。 (9) 州议会可授权州政府或其他任何机构，对任何纯粹基于公共目的的项目承担债务，该类项目不产生任何税收，可包括为使用任何长途桥、收费道路或隧道而支付的费用。这种债务可能是州议会根据法律规定的条件举借的。根据本款的规定发生的所有债务，应在举债时说明还款的资金来源。 [1976（59）2217；1977（60）90；1985 Act No.10]

南达科他州
South Dakota
	实体性规定：
	  第 13 条　第 1 款
	  1. 出于发展资源、改善本州的经济设施的目的，州政府可以从事内部改进工作，可以拥有或经营特有的企业，可以为该类公司提供贷款或者是州政府的信用担保。任何此类公司均应当遵守规则并通过法律的形式受州政府的控制。
	  2. 州政府的拨款或本条的债务的产生，必须经过议会所有分支成员的 2/3 投票通过。州政府还可以承担战时保卫国家而产生的债务。

续表

州名	法律规定
	3. 为支付非经常性费用或公共改善，或弥补短期的财政赤字，州政府可以举借债务，举借的债务数额与之前的债务合计不得超过 10 万美元。除了为了镇压暴动或在战时保卫国家，并以法律的形式规定按年偿还债务利息外，债务数额不得超过以上规定的限制。 4. 县、城市、乡镇的债务，不得超过当年应税财产估值的 5%，学区的债务，不得超过当年应税财产价值的 10%。自测算市政公司或政府部门能够举借的债务时，本宪法实施之前产生的债务应当被包括在内。为了向家庭提供生活用水以及污水处理，县、市政公司、区或其他政府细分部门可以举借追加债务，不得超过当年应税财产价值的 10%。在人口超过 8000 的城市，为了建设电车道及照明设施，可以举借不超过下一年应税财产价值的 8% 的债务。州政府基于本条规定的目的而举借的债务，不得超过本州资产估值的 0.5%，并且不得付息，除非获得立法机构各分支成员 2/3 投票通过。 5. 国家提供的住房贷款不适用债务限制。 第 13 条　第 18 款 立法机关应当被授权为退伍军人、曾参加战争的士兵等提供贷款，这样补偿可以使用州政府的信用，由此产生的债务不计入宪法规定的债务限额内，但出于此目的而举借的债务数额不得超过 600 万美元。
田纳西州 Tennessee	实体性规定： 　　第 11 条　第 7 款 　　州议会应当规定债务利息，并规定债务利率的上限。如果尚不存在相关法规的话，适用 10% 的上限。
得克萨斯州 Texas	实体性规定： 　　第 3 条　第 49 款 　　如果产生的年度债务偿还超过本款所规定的限制，立法机构不得授权追加债务。一般政府基金债务的年度偿还额不得超过一般政府基金前 3 个会计年度内平均收入的 5%。 　　除以下情况外，州政府不得举债，其他主体也不得代表其举债： 　　(1) 为应对偶然性的财政不足，每次不得超过 20 万美元。 　　(2) 为抵御入侵、镇压起义或保卫国家。 　　(3) 本宪法授权的其他形式。 　　(4) 7 款进行的授权。

续表

州名	法律规定
	立法机关可以在任何常会上或者在州长制定的特别会议上选举立法机关，选举应按照法律规定的形式自每个州进行。议案必须明确说明举债数量与该债务的还款来源。 程序性规定： 第3条　第49款 立法机关经过2/3以上两院成员投票通过，可以逐次向选民提交一个或多个议案，授权立法机关举借债务，受州债务目的的限制。每次选举与议案必须满足4、5的规定。
犹他州 Utah	实体性规定： 第14条　第1款 为了应对偶然的赤字与财政失衡以及出于公共目的而建立公共建筑物的必要支出、偿还由州政府举借的地方性债务，州政府可以负债，但是任何一次举借的债务都不得超过州政府最终预算中财产税价值的150%。 除本法14条第2款规定的情况外，国家在任何情况下承付的债务都不得超过这一数量，由此授权而举借的贷款必须用于指定项目。 第14条　第2款 国家可以因抵抗入侵、镇压起义、保卫国家而举借债务，由此产生的债务收入必须用于该类特定领域。 第14条　第3款 除具有特定目的的债务之外，市、乡镇、学区以及其他政治机构的债务不得超过税收收入。 任何由市、县、学区以及其他政府机构发行的债务，以及直接由发行者偿还并且由发行人征收的从价财产税担保的债务，不得超过当年的税收收入。除非创建该债务的议案已经按照法律规定的方式合格的选民投票，并且其中多数人投票赞成该议题。 本部分规定的债务，仅限于与市、县、城镇、学区等政治机构职能直接相关的项目。 第14条　第4款 市、县、乡镇、学区可以享有更高的债务限额 （1）A. 任何县根据本法第3条举借的债务，包括现有债务在内，都不得超过本县可征税财产价值的2%。 B. 任何市、城镇、学区以及其他市政公司的债务，包括现有债务在内，不得超过本地区可征税财产价值的4%。

续表

州名	法律规定
	（2）就第1款的债务而言，在举借债务之前，必须在本州、市目的的最终评估中确定可征税财产的价值。 （3）第1层级、第2层级的政府，满足本法第3条的条件时，可以获得更高的债务限额，但不得超过4%，其他市或乡镇增加的不得超过8%，为了满足本地区的供水、照明、下水道等由市政当局控制的公共项目。 第14条　第5款 由州政府或其他任何政府机构举借以及这些政府部门代表举借的债务，其款项必须用于授权该贷款的法律中规定的特定目的。 第14条　第6款 州政府不承担县、市、镇、学区的债务或其他任何责任，第10条第5款规定的情形除外。第10条第5款规定的为州学校基金与联邦学校基金。本法中的任何内容，不得被用于缩小或增加本法之前举借的债务（不溯及）。
佛蒙特州 Vermont	无
弗吉尼亚州 Virginia	实体性规定： 第7条　第10款 第1项：任何市、镇发行的债券或其他计息债务，包括现有债务在内，不得超过该市、镇最后一次税收预测中列明的不动产评估价值。在确定市或者乡镇政府债务限额时，不应包括以下类别的债务： A. 基于下一年财政收入预期而发行的政府债券或其他债务，在1年期内偿还，并且不超过该年的财政收入。 B. 由根据本条第7条通过的法规授权的市、镇政府，为提供用水或其他可以获得财政收入的项目，经过合格选民对该问题的投票，以其信用为保证发行的债券。但是，自做出决定的一段期限内（选举后不超过5年），只要该项目带来的财政收入不能偿还特定的管理与项目运营费用，不能支付人身与财产的保险费用，不能满足当年应当存入债券偿付基金的金额时，所有为该项目发行的未偿付债券都应纳入限额管理。 C. 由财政收入或者供水等特定收入、由政府部分负责的能够获得财政收入的项目单独或与其他财政收入共同偿付的债券。 D. 为区域性项目而举借的超过1年期的市、镇债务，如果该项目获得了州际的合同授权或者是州议会通过州法律或其他特定行为对该项目进行了特别授权。

续表

州名	法律规定
弗吉尼亚州 Virginia	第7 第2项： 除州议会通过一般法律外，任何机构不得为代表为县、区、地方政府举债。
华盛顿州 Washington	实体性规定： 第7条 第1款 州政府可以举借债务，其举借的债务本金必须在30年之内清偿。 1. 根据财政部的核算，在举借债务之时，州政府的债务总规模不得超过由司库核实的最近6个会计年度内偿还债务本金与利息的适当比例的一般预算收入的上限。 2. "适用的百分比限制"是指：自2014年7月1日至2016年6月30日为8.5%；自2016年7月1日至2034年6月30日为8.25%；2034年7月1日至之后为8%。"会计年度"只是从本年的7月1日至下一年的6月30日的周期。 3. 本条中的"州一般财政收入"是财政部通过各种方式获得的州政府收入，包括州政府征收的从价税以及每个会计年度存放在一般基金中的资金。但不包括以下资金：a. 从其所有或经营的企业、项目中获得的费用或其他收入；b. 从联邦政府或其任何部门、司、局及其所有的企业或其他个人、公众公司或私人公司获得的礼品、捐赠、帮助、援助等，当这些捐赠需要申请，并且该资金用于非一般公共目的的支出时。C. 向退休基金支付或从退休基金收取的资金、绩效债券及存款。D. 与信托基金及其他州政府永续基金有关的收入与支出，但不包括债券赎回基金。E. 基于特定目的征收、需要投向特定目的基金的税收。F. 债券及其他债务收入。 4. 在计算当其应当用于偿还债务本息的财政资金额时，债务应当被理解为包括通过债券、票据、其他债务凭证所代表的债务，这些债务由州政府的信用担保或者由州政府直接或间接性地由州政府一般财政偿还，并且，这些债务由州政府、政府部门、公共公司或其他州政府的准公立公司、州立学校或其他任何由州政府设立的公共机构。但不包括由县、乡镇、学区，或者其他市政公司设立的机构。不包括州政府经常性支出，也不包括根据本条第3款、本条（g）条款举借的担保债券、债券或票据的本金预期由华盛顿建设部门偿还的债务。除此之外，为了计算应当用于偿还债务的支出金额，本款b（2）项以及本项中的"利息"应当减去预期联邦政府向州政府支付的债券或其他债务收益。 5. 在议会授权的情况下，州政府可以用全部的信用、税收权力来保证获得

续表

州名	法律规定
	纳税人支持的学区一般债务。任何此种保证都不能免除学区的债务责任，都不构成州政府的债务。 6. 州政府可以在但不限于在到期时或之前向任何现有债务或根据本法第1、2、3条举借债务提供资金或全部清偿，包括与此相关的任何溢价及利息。或者在到期日或之前，为根据本项规定或由其而产生的债务提供资金或全部清偿。 7. 在本条中，支付的溢价与利息不应视为政府债务。 8. 尽管 b 款有限制，州政府可以以其信用、税收权力为由为以下资金偿还的债务担保：a. 州政府收取的机动车牌照费。b. 国家对汽车燃料的销售、分销或使用征收的消费税。c. 永久性统一学校基金的收益，立法机构在任何时候都应当保证足够的此种收入来源，以支付该来源应当承担的债务本息。 9. 华盛顿州建筑部门根据本修正案而举借的债务，由财政部负责人保管的基金不得支付。 10. 立法机构应当明确规定关于债务举借的及偿还的各类事项，包括：举借债务的目的；在该目的下预举借的各类债务总额，两会议员的 3/5 投票通过；州政府举借可以采用的形式，债券、票据或其他债务凭证；财政部部长应以何种方式确定除举借规模与举债目的之外的事项，并向立法机构或其他与适当机构或官员提供相关咨询意见。 11. 华盛顿州的所有信用、税收权力都可以用于偿还依据本条规定而举借的州债务，立法机构应当根据拨款的规定，分期偿还应付的债务本金，但是在任何情况下，案件所在法院都可以强制执行。 12. 为了应对临时性财政失衡或者为了维持州政府在管理各政府部门、机构中获得的最佳收益，州政府可以发行必要的债务凭证，这样的凭证只是临时性措施，必须在发行之日起 12 个月内清偿。 13. 根据本法的规定，华盛顿发行或出售的债券、票据或其他债务在任何情况下不得无效，不管出现任何缺陷或不正常情况，在其买手或持有人手中的债券都是有效的。
西弗吉尼亚州 West Virginia	实体性规定： 第 10 条　第 2 款 第 4 款：除为了弥补临时性的财政赤字、偿还之前的州政府债务、镇压暴动、战时保卫州安全之外，州政府不得举借债务。但是，除日常消费外的债务支出必须在近至少 20 年内平均分配。

续表

州名	法律规定
	第 10 条　第 8 款 不管出于何种目的、通过怎样的途径，任何县、市、学区或市政公司，包括现有债务在内的债务总额不得超过应税财产价值的 5%，超过时不得举债。应税财产价值采取最近一次对州和县的税收评估中的结果。同时，对所有应税财产征收直接年度税，按照本条第 1 款规定的种类确定比例，所有税额应当在 34 年内足以支付债务本金与利息。该等税收如果在数量上足以支付任何学区发行的债券，并且，总数不得超过评估价值的 3%，则可以在本条第 1 款规定的限制以外征收；不得根据本条举借任何债务，除非与债务相关的问题已经获得了 3/5 选票的同意。
威斯康星州 Wisconsin	实体性规定： 第 1 条　第 4 款 除以下列举的情况外，州政府不得举债：为非经常性费用而承担的公共债务；税收。 第 1 条　第 6 款 为支付特别开支，州政府可以举借公债（但该类公债的数量不得超过 10 万美元），每项该等债务均须由法律授权，为了其中列明的特定目的。这样的法律必须获得通过大多数选民的投票通过。每项该等法律均须规定征收足以在法律通过后 5 年内支付每年债务本息的税收，并且应当特别规定用以偿还债务本息的税收，并且，不得废止这样拨款，也不应推迟或减少税款，直至这些债务的本息已全部清偿。 第 1 条　第 7 款 立法机关可以为抵御侵略、镇压起义或在战时保卫国家，所筹集的款项只能用于该特殊目的。以下情况下，可以举借债务： 州政府可以举借债务以偿还由其全部信用、税收权力负担的债务。为获得、建造、开发改善以下设施：土地、水域、资产、高速公路、铁路、建筑以及基于公共目的的设备设施；为退伍军人住房贷款提供资金。 州政府基于以上目的发行的任 1 年债务总数不得超过以下各项中的较小值： A. 本州应税财产价值的 75%。 B. 州应税财产价值的 5% 减去以下各项的总和：根据本款举借的截至本年 1 月 1 日未偿还的政府公债减去足以偿还这些债务的准备基金；d 项所述类型的全部主体举借的由国家财政偿还的债务。

州名	法律规定
	C. 为偿还根据 A 项举借的债务，州政府可以不受限制地举借债务，包括为其支付溢价以及累积的利息，或将 D 项所述类别的任何实体（包括就该等款项支付的任何溢价及累积的利息），于 1972 年 1 月 1 日前发生的全部或部分欠款予以清偿。 D. 1971 年 1 月 1 日以后与以下主体签订的租赁、转租或其他协议，不得从财库中支付款项。威斯康森州立建筑公司、威斯康森州立大学公司、威斯康森州立公共建筑公司、威斯康森校舍建筑公司等类似主体或其他设立于运营目的类似的非营利性公司，或者其他由财政负担，为州政府、部门、机构等提供设施的企业。 E. 立法机构应当明确规定与 A 项相关债务相关的所有行为，包括：a. 举借该债务的公共目的；b. 通过立法机构每两会选举的代表的大多数投票通过，公共债务的数量可以达到任何水平；c. 州政府需要偿还的公共债务或其他债务；d. 州政府发债可以采取的债券、票据以及其他债务证明的种类；e. 州应税财产总价值的确定方式。 F. 州政府的全部信用、税收权力是州负担的所有公共债务的担保。立法机关应当提供足够的资金偿还本期的债务利息于债务本金。在任何案例中，都可以通过诉讼强制此种付款。 G. 在 1972 年 1 月 1 日以后的任何时候，通过立法机关两院议员的多数票通过，立法机关可以宣布处于紧急状态，并向人民获得授权，根据该授权举借特定目的的债务，此种不受 B 项中债务限额的限制。任何授权如果获得了以上投票通过，应当是有效的。根据该授权而举借的债务，等同于根据 A 项而举借的债务，但是，不管是公共债务还是用于偿还公共债务而举借的债务，都应当纳入 B 中规定的政府债务限额管理。任何两年期内该授权不得超过一次。
怀俄明州 Wyoming	实体性规定： 第 16 条　第 1 款 怀俄明州在任何情况下，州政府的债务数量不得超过最后一次税收评估预测中显示的州应税财产评估价值的 1%，除非为了镇压暴动或为保护公共安全。 第 16 条　第 2 款 在怀俄明州，不得以任何方式举借超过本年税收的债务，除非举借此种债务经过人民投票并且获得他们的支持。为镇压暴动或保卫公共安全除外。

续表

州名	法律规定
	第16条 第3款 县债务的限制。本州的任何县以任何方式举借的债务总数不得超过最后一次，一般评估中显示的应税财产价值的2%，本州的各县、市、乡镇、村或其他政府部门可以为该宪法生效时存在的债务提供担保，担保的总数不得超过本地区最后一次税收评估中显示的应税财产价值的4%。 第16条 第4款 本州的县政府及其细分部门、市、乡镇、村或者他们的任何细分部门举借的债务都不得超过本年的税收收入，除非经过本地区人民的投票，并且得到他们的支持。 第16条 第5款 任何市、乡镇的债务不得超过应税财产价值的4%，除非超过该限制的部分债务是为了污水处理而举借，为城市或乡镇提供用水产生的债务不在此限。 任何县的债务不得超过应税财产价值的2%。 任何学区，基于获得土地或者建立、扩大学校、为学校提供装备的目的而举借的债务，不得超过应税财产价值的10%。 第16条 第6款 不管是州政府，还是县、市、乡镇、学区或者其他政府部门，其贷款、提供的信用或做出的捐赠，给予个人、机构、企业的援助，除为贫困群体提供的必要帮助外，不得持有任何企业、机构的股份，除非公共雇员退休基金和怀俄明州的常设基金可以在立法机构规定的条件下投资于该股票。州政府不得进行任何内部改进，除非获得2/3以上选民的投票授权。 第16条 第7款 除非根据法律或有关官员的批准，否则不得从国库中支付款项，关于州、县或其他任何政治部门的法案、索赔或者是不利要求，只有存在完整的书面陈述才可以进行审计，经证实受到伪证处罚的，应当向一个或多个审计人员提出。 第16条 第8款 任何州政府债券或其他债务证明在满足以下条件时是有效的：经审计人员及州长的签字，证明该债务的发行是合法的且在债务限额内时。任何县或其他政府部门的债券或其他债务证明在满足以下条件时有效：获得县审计师或其他法律授权的签署该类证明的官员的签字，证明符合法律规定且在限额内。

续表

州名	法律规定
华盛顿哥伦比亚特区 Washington, D. C.	实体性规定： 第5条　第1款 　　第1项：哥伦比亚特区可以通过发行一般责任债券的形式举借债务，用以偿还特区的债务，为支付各种市政项目的债务，包括该特区在其领域内承担的交通项目。此种债券是付息的，根据第2款的规定，在区长认为有必要时，可以以市场化的形式发行。 　　第2项：哥伦比亚特区保留了在债券到期之前将其赎回的权利，赎回的价格主要由区长通过之前的发行价格进行确定。 　　第3项：本款所称的"市政项目"是指：所有的公共物质条件改善项目、永久性产权的收购或者是设备、供给的购买。 第5条　第2款 　　州长应当将债券的有关问题，至少在一个本州公开发行的报纸上进行公示，公示的内容包括该债券的有效期或者是之前的关于债券合法性的委托。 第5条　第3款 　　在州议会授权发行一般责任债券的行为生效之后，州长可以发行一般责任债券。 　　一般责任债券通过每年分期付款的形式进行偿还，在债券发行后的3年内开始偿还，在债券发行30年之内完全清偿。 第5条　第6款 　　哥伦比亚特区的信用债券用以偿还一般责任债务的本息或根据本条发行的债务票据。 第5条　第8款 　　州议会可以通过法案或决议的形式，授权发行收益债券、票据或其他形式的债务，为以下项目进行融资或再融资：住房、医疗、交通、高等教育、教育贷款等。 第5条　第9款 　　任何会计年度预计发行的一般责任债券，都不得使应偿债务本息总额超过特区预算收入的17%。

参考文献

著作类

曹小武：《中国地方政府债券发展研究》，湖北人民出版社2012年版。

陈共、昌忠泽：《美国财政政策的政治经济分析》，中国财政经济出版社2002年版。

[德] G. 齐美尔：《货币哲学》，许泽民译，贵州人民出版社2007年版。

高铁梅、王金明、梁云芳、刘玉红：《计量经济分析方法与建模》，清华大学出版社2009年版。

高旭东、刘勇：《中国地方政府融资平台研究》，科学出版社2013年版。

郭维真：《中国财政支出制度的法学解析——以合宪性为视角》，法律出版社2012年版。

敬志红：《地方政府性债务管理研究——兼论地方投融资平台管理》，中国农业出版社2011年版。

李东兴：《地方政府融资平台债务风险管理研究》，中国社会科学出版社2014年版。

李冬梅：《中国地方政府债务问题研究》，中国财政经济出版社2006年版。

李力：《信用评级》，知识产权出版社 2010 年版。

李萍、许宏才、李承：《地方政府债务管理：国际比较与借鉴》，中国财政经济出版社 2009 年版。

李燕、曾康华、姜爱华：《公共支出分析教程》，北京大学出版社 2010 年版。

李扬、张晓晶、常欣：《中国国家资产负债表 2015——杠杆调整与风险管理》，中国社会科学出版社 2015 年版。

厉以宁：《中国经济双重转型之路》，中国人民大学出版社 2013 年版。

林毅夫：《供给侧结构性改革》，民主与建设出版社 2016 年版。

刘剑文：《财税法学前沿问题研究——依宪治国收入分配与财税法治》，法律出版社 2015 年版。

刘立峰：《地方政府融资研究》，中国计划出版社 2011 年版。

刘琍琍：《地方政府债务融资及其风险管理：国际经验》，经济科学出版社 2011 年版。

梅建明：《地方政府融资平台债务风险及可持续发展研究》，经济科学出版社 2015 年版。

[美] 安瓦·沙：《公共支出分析》，任敏、张宇译，清华大学出版社 2009 年版。

[美] 保罗·萨穆尔森、威廉·诺德豪斯：《宏观经济学》，萧琛等译，华夏出版社 1999 年版。

[美] 大卫·N. 海曼、张进昌：《财政学理论在当代美国和中国的实践应用》，北京大学出版社 2011 年版。

[美] 华莱士·E. 奥茨：《财政联邦主义》，陆符嘉译，译林出版社 2012 年版。

[美] 理查德·A. 马斯格雷夫、艾伦·T. 皮考克：《财政理论史上的经典文献》，刘守刚、王晓丹译，上海财经大学出版社 2015

年版。

［美］理查德·A. 马斯格雷夫、佩吉·B. 马斯格雷夫：《财政理论与实践》，邓子基、邓力平译校，中国财政经济出版社2003年版。

［美］詹姆斯·M. 布坎南、戈登·塔洛克：《同意的计算——立宪民主的逻辑基础》，陈光金译，中国社会科学出版社2000年版。

［美］詹姆斯·M. 布坎南：《公共财政》，赵锡军、张成福、袁振宇译校，中国财政经济出版社1991年版。

［美］詹姆斯·M. 布坎南、理查德·A. 马斯格雷夫：《公共财政与公共选择：两种截然不同的国家观》，类承曜译，中国财政经济出版社2000年版。

［美］詹姆斯·M. 布坎南：《民主财政论——财政制度和个人选择》，穆怀朋、朱泱译校，商务印书馆1993年版。

茹少峰：《宏观经济模型及应用》，科学出版社2014年版。

时红秀：《财政分权、政府竞争与中国地方政府的债务》，中国财政经济出版社2007年版。

［世界银行］桑贾伊·普拉丹：《公共支出分析》，蒋洪、魏陆、赵海莉译，中国财政经济出版社2000年版。

唐云锋：《地方治理创新视角下的地方政府债务危机防范研究》，中国言实出版社2014年版。

滕泰、范必等：《供给侧改革》，东方出版社2015年版。

田江南：《地方政府如何融资》，当代中国出版社2010年版。

王铁军、黄恒学：《中国地方政府融资22种模式成功案例》，中国金融出版社2008年版。

王雍君、黄占俊等：《地方政府投融资研究——基于庆阳的探索》，经济科学出版社2009年版。

王永钦：《中国地方政府融资平台的经济学》，格致出版社、上海人民出版社 2013 年版。

熊伟:《财政法基本问题》,北京大学出版社 2012 年版。

杨忠孝:《破产法上的利益平衡问题研究》,北京大学出版社 2008 年版。

[英]大卫·斯塔萨维奇:《公债与民主国家的诞生》,毕竞悦译,北京大学出版社 2007 年版。

张雷宝:《公债经济学——理论·政策·实践》,浙江大学出版社 2007 年版。

章江益:《财政分权条件下的地方政府负责——美国市政公债制度研究》,中国财政经济出版社 2009 年版。

赵晔:《现阶段中国地方政府债务风险评价与管理研究》,西南交通大学出版社 2011 年版。

《中国地方债务管理研究》课题组:《公共财政研究报告——中国地方债务管理研究》,中国财政经济出版社 2011 年版。

《中国地方政府融资平台研究》课题组:《中国财税发展研究报告——中国地方政府融资平台研究》,中国财政经济出版社 2011 年版。

钟晓敏:《地方财政学》,中国人民大学出版社 2005 年版。

周刚志:《财政分权的宪政原理——政府间财政关系之宪法比较研究》,法律出版社 2010 年版。

周刚志:《论公共财政与宪政国家——作为财政宪法学的一种理论前言》,北京大学出版社 2005 年版。

周孝华、周青:《地方政府投融资平台风险管理——基于重庆市投融资平台的实证研究》,经济管理出版社 2011 年版。

周沅帆:《城投债——中国式市政债券》,中信出版社 2010 年版。

论文类

《财政部有关负责人就发行地方政府债券置换存量债务有关问题答

记者问》,http://www.mof.gov.cn/zhengwuxinxi/caizhengxinwen/201503/t20150312_1201705.htm.2015-03-12/2016-12-20。

安春明:《关于地方政府债务风险生成机理的探讨》,《社会科学战线》2009年第2期。

白钦先、董亮:《我国地方政府融资平台的风险及治理研究》,《辽宁大学学报》(哲学社会科学版)2012年第4期。

白艳娟:《地方政府融资平台的财政支持与风险防范》,《北京行政学院学报》2011年第6期。

鲍韵、胡佳男:《地方政府融资平台风险应对——以中部某省为例》,《求实》2013年第1期。

财政部财政科学研究所:《我国地方政府债务风险和对策》,《经济研究参考》2010年第14期。

蔡书凯、倪鹏飞:《地方政府债务融资成本:现状与对策》,《中央财经大学学报》2014年第11期。

曹大伟:《关于地方政府融资平台公司融资的分析与思考》,《商业研究》2011年第4期。

曹朴:《我国地方政府债务风险防控分析》,《经济问题》2014年第5期。

曹文炼、董运佳:《当前地方政府存量债务置换的优化方案及相关建议》,《经济理论与经济管理》2016年第6期。

常飞:《地方公债:风险防范与制度完善——基于对上海、浙江等地自行发债的考察》,《福建论坛》(人文社会科学版)2012年第5期。

陈键夫:《立宪主义视野下的地方政府债务化解思路》,《四川师范大学学报》(社会科学版)2013年第1期。

陈杰、顾巧明:《美国市政债券市场监管的经验与启示》,《海外之窗》2013年第2期。

陈柳钦：《规范地方政府融资平台发展的思考》，《地方财政研究》2010年第11期。

陈甦：《商法机制中政府与市场的功能定位》，《中国法学》2014年第5期。

陈骁：《分税制、地方政府竞争与地方政府债务》，《中国行政管理》2014年第11期。

陈怡西：《政府间财政关系视角下的地方债法律规制路径》，《财会月刊》2013年第10期。

成涛林：《地方政府融资平台转型发展研究——基于地方债管理新政视角》，《现代经济探讨》2015年第10期。

成涛林：《基于地方债管理新政视角的中外地方政府债务管理比较研究》，《经济研究参考》2015年第39期。

成学真、胡春兰：《发展我国市政债券市场的可行性分析》，《宁夏社会科学》2005年第5期。

程俊杰、唐德才：《地方政府融资平台成因与对策研究》，《现代管理科学》2011年第6期。

程燕婷：《我国地方政府债券发行长效机制的构建研究》，《税务与经济》2010年第1期。

崔兵、邱少春：《地方政府债务置换：模式选择与制度绩效》，《理论月刊》2016年第7期。

崔国清：《当前我国发行市政债券融资的策略选择及实施路径》，《财贸经济》2009年第6期。

戴传利：《我国地方政府融资平台公司监管对策研究》，《华东经济管理》2014年第6期。

戴传利：《我国地方政府债务融资监管立法模式选择问题研究》，《江淮论坛》2014年第3期。

戴毅：《地方债制度化变革问题研究》，《财政研究》2010年第

9期。

邓淑莲、于洪、马国贤：《关于中国〈预算法〉修订的若干重大问题研究——基于预算纵向关系视角的研究》，《财政研究》2009年第9期。

邓晓兰、谢平、武永义：《地方公债制度约束机制的博弈分析》，《财政研究》2010年第1期。

邱晶鑫：《防范地方政府隐性债务风险的途径》，《贵州社会科学》2011年第5期。

刁伟涛、徐匡迪：《我国地方政府存量债务化解与债务可持续性分析》，《地方财政研究》2016年第3期。

丁世国：《地方政府融资平台的贡献及缺陷》，《经济研究参考》2010年第30期。

丁晓峰：《影子银行发展路径与地方融资平台投融资模式转变》，《财政金融》2014年第3期。

杜娟：《债务政府危机》，《中国改革》2009年第12期。

冯果、李安安：《中央代发地方债券的经济法分析——兼论政府间财政关系的法治化进路》，《广东社会科学》2011年第4期。

冯进路、刘勇：《从国际比较和我国政府债务化解的历史经验看当前地方政府债务问题》，《金融理论与实践》2012年第5期。

冯进路、刘勇：《当前及"十二五"时期我国地方政府债务风险问题分析》，《金融理论与实践》2012年第2期。

冯兴元、李晓佳：《论城市政府负债与市政债券的规则秩序框架》，《管理世界》2005年第3期。

伏润民、缪小林：《地方政府债务权责时空分离：理论与现实——兼论防范我国地方政府债务风险的瓶颈与出路》，《经济学动态》2014年第12期。

龚强、王俊、贾珅：《财政分权视角下的地方政府债务研究：一个综述》,《经济研究》2011 年第 7 期。

辜胜阻、刘伟、庄芹芹:《新〈预算法〉与地方政府债务风险防控》,《社会科学战线》2014 年第 10 期。

谷亚光、谷牧青:《应对我国地方政府债务风险的新思路》,《中州学刊》2014 年第 10 期。

顾宁:《化解我国地方政府债务风险的对策研究》,《经济纵横》2011 年第 1 期。

郭剑鸣:《从"硬发展"到"硬扩权":我国地方政府债务膨胀的政治逻辑与风险》,《社会科学战线》2011 年第 10 期。

郭文英、李江波:《我国发行市政债券的必要性分析》,《生产力研究》2008 年第 24 期。

韩立岩、牟晖、王哲兵:《市政债券的风险识别与控制策略》,《管理世界》2005 年第 3 期。

韩立岩、王哲兵:《市政债券的风险与监管》,《经济导刊》2004 年第 1 期。

韩增华:《刍议分税制改革与中国地方政府债务风险之关系》,《现代财经》2011 年第 4 期。

韩增华:《地方政府债务风险治理:以资源税改革为契机》,《税务与经济》2010 年第 6 期。

何德旭、姚战琪:《发展地方债券市场促进西部经济开发》,《财政研究》2005 年第 8 期。

何婧、王修华:《发行两型社会建设市政债券的思路》,《求索》2011 年第 5 期。

洪昊:《地方政府债务置换的国际经验、方案评述和推进建议》,《货币时论》2016 年第 4 期。

侯思贤:《"城投债"中应收账款质押担保问题及建议》,《证券市场导报》2013 年第 3 期。

呼显岗：《关于开放我国地方公债市场的思考》，《西北大学学报》（哲学与社会科学版）2004年第4期。

胡朝晖：《建立适应我国城镇化发展要求的地方公债制度》，《宏观经济管理》2011年第7期。

胡欣然、雷良海：《地方融资平台债务违约了，地方政府该救助吗——基于成本—收益理论的分析》，《经济纵横》2016年第2期。

湖北省荆门市财政局课题组：《地方政府债务现状、成因与化解对策——对湖北荆门市地方政府债务问题的调查与思考》，《经济研究参考》2010年第4期。

湖南省财政科学研究课题组：《应对地方政府债务威胁需把好土地这根"弦"》，《经济研究参考》2013年第17期。

扈大成：《后危机时期发达国家公共债务问题探讨》，《国际问题研究》2012年第2期。

华国庆：《中国地方公债立法研究》，《安徽大学学报》（哲学社会科学版）2010年第4期。

华国庆、汪永福：《论我国中央与地方财政关系的法治化——以地方债发行为视角》，《安徽大学学报》（哲学社会科学版）2016年第5期。

黄飞鸣：《地方政府融资平台债务扩张的金融约束分析》，《经济体制改革》2014年第3期。

黄思明、王璟谛：《国外发达国家地方债经验借鉴》，《经济研究参考》2015年第53期。

黄燕芬、邬拉：《地方债务风险：现状、成因及对社会的影响》，《经济研究参考》2011年第23期。

黄喆：《地方政府融资平台贷款风险透析》，《经济研究参考》2010年第66期。

霍敬裕：《我国地方政府举债行为法治化研究》，《学术界》2010年第1期。

吉伦奇：《金融视角下以信用组合管理强化地方政府融资平台风险管控研究》，《经济研究参考》2013年第10期。

季燕霞：《我国地方政府债务膨胀的体制文化分析》，《社会科学战线》2009年第2期。

江俊龙、邹香、狄运中：《我国地方政府债务及其风险控制研究》，《经济问题》2011年第2期。

蒋先玲：《我国发行市政债券可行性的分析》，《经济问题》2006年第3期。

考燕鸣、王淑梅、马静婷：《地方政府债务绩效考核指标体系构建及评价模型研究》，《当代财经》2009年第7期。

孔德明：《地方政府债务风险预警评估分析及对策研究——以河北省为例》，《经济与管理》2013年第4期。

类承曜：《我国地方政府债务增长的原因：制度性解释框架》，《经济研究参考》2011年第38期。

类承曜、吕蒙：《关于"准市政债券"的现实和理论思考》，《财政研究》2009年第9期。

李春明：《我国地方政府融资平台的新制度经济学分析》，《学术交流》2014年第9卷第9期。

李东：《地方政府投融资平台公司风险及持续发展研究》，《经济研究参考》2014年第53期。

李冬梅：《我国发行地方公债的新制度经济学分析》，《财经问题研究》2005年第2期。

李红霞、张世鹏：《地方债风险化解路径探析》，《经济研究参考》2014年第45期。

李虹含：《新〈预算法〉下中国地方政府债务的监管探讨》，《财政监督》2016 年第 7 期。

李慧俊:《论政府融资平台的经济法主体定位》,《华东师范大学学报》(哲学社会科学版) 2012 年第 4 期。

李佳琦、王志扬:《地方政府债务管理长效机制建设》,《内蒙古社会科学》(汉文版) 2013 年第 2 期。

李建强、张淑翠:《完善地方政府债务融资机制》,《中国金融》2014 年第 22 期。

李金龙、章彤:《国际经验视域下我国赋予地方政府举债权的可行性探讨》,《武汉大学学报》(哲学社会科学版) 2012 年第 4 期。

李经路、母景平:《地方政府融资平台:现状、机理与对策》,《管理现代化》2014 年第 3 期。

李经纬:《新预算法及其配套政策法规实施背景下的地方融资平台转型与发展》,《中央财经大学学报》2015 年第 2 期。

李经纬、唐鑫:《地方政府债务风险演进机制分析——一个基于网络嵌入的博弈视角》,《社会科学家》2013 年第 1 期。

李娟娟:《当前地方政府债务融资的问题与对策》,《开放导报》2011 年第 2 期。

李军杰:《从收入类市政债券入手探索地方政府债券融资渠道》,《宏观经济管理》2007 年第 5 期。

李骏:《发行市政债券对促进城市基础设施建设的分析》,《财经科学》2010 年第 7 期。

李淼焱:《中国城投债风险防范对策研究》,《经济研究参考》2012 年第 59 期。

李琦、王亮:《地方政府破产与财政重建的一般过程分析》,《社会科学战线》2011 年第 5 期。

李蕊:《论我国地方政府融资平台公司二维治理进路》,《法商研究》2016 年第 2 期。

李晓新:《试论地方政府债务的破产法律解决机制》,《学海》2012年第6期。

李燕:《地方政府性债务期待规范化、透明化管理》,《中央财经大学学报》2009年第12期。

李永刚:《地方政府债务规模影响因素及化解对策》,《中南财经政法大学学报》2011年第6期。

李永刚:《中国地方政府债务负担及化解对策》,《上海财经大学学报》2011年第2期。

李湛、刘苡丹、周俊宏:《我国地方政府债券和城投债的比较研究》,《农村金融研究》2010年第12期。

李振:《我国地方政府债务置换风险研究》,《财经问题研究》2016年第6卷第6期。

廖红:《化解地方政府债务风险的会计改进研究》,《经济研究参考》2014年第23期。

廖家勤、宁扬:《防范地方政府债务风险的预算平衡机制创新研究》,《当代财经》2014年第9期。

林晓宁:《基于财政视角下我国地方政府债务危机再探讨》,《东北师大学报》(哲学社会科学版)2013年第1期。

刘红忠、许友传:《地方政府融资平台存量债务整改及其有条件重构》,《复旦学报》(社会科学版)2016年第4期。

刘佳丽、谢地:《西方公共产品理论回顾、反思与前瞻》,《河北经贸大学学报》2015年第5期。

刘蓉、黄洪:《我国地方政府债务风险的度量、评估与释放》,《经济理论与经济管理》2012年第1期。

刘雪松:《地方政府债务风险问题思考》,《财经问题研究》2014年第5期。

刘颖:《地方政府投融资平台与地方政府债务》,《经济研究参考》

2010年第47期。

刘忠、汪仁洁：《当前地方政府债务所蕴藏的金融风险及其预防》，《云南社会科学》2014年第2期。

卢炯星：《地方政府债务风险的宏观调控法规制》，《法学》2012年第10期。

卢炯星：《地方政府债务风险的宏观调控法规制》，《法学》2012年第10期。

路军伟、林细细：《地方政府融资平台及其风险成因研究——基于财政机会主义的视角》，《浙江社会科学》2010年第8期。

路振家、闫宁、范嘉琛：《化解我国地方政府债务风险的现实思考与政策选择》，《经济研究参考》2015年第40期。

罗志红、朱青：《地方债务风险化解的国际经验：比较与借鉴》，《经济研究参考》2012年第52期。

马广珺、孙森：《基于风险特殊性的"城投债"信用评级指标体系》，《开发研究》2011年第6期。

马海涛、崔运政：《地方政府债务纳入预算管理研究》，《当代财经》2014年第6期。

马海涛、马金华：《解决我国地方政府债务的思路》，《当代财经》2011年第7期。

马金华、李国锋：《我国地方政府债务监管中存在的问题及对策分析》，《中央财经大学学报》2010年第7期。

马毅鹏：《地方政府融资平台转型路径：透视水利行业》，《改革》2015年第3期。

毛寿龙：《市政债券与治道变革》，《管理世界》2005年第3期。

梅建明、雷同：《地方政府债务风险管理及控制的国际经验》，《经济研究参考》2011年第23期。

梅建明、詹婷：《地方政府融资平台风险与"阳光融资"制度之构建》,《中南民族大学》(人文社会科学版) 2011 年第 4 期。

孟繁瑜:《公共不动产证券化:城市建设融资新模式——对重庆市政债券的理论基础和实务运作解析》,《财经科学》2010 年第 9 期。

牟放:《化解我国地方政府债务风险的新思路》,《中央财经大学学报》2008 年第 6 期。

倪刚:《市政债券融资方式参与体育基础设施建设的研究》,《成都体育学院学报》2006 年第 3 期。

潘君瑜:《金融危机背景下开放我国地方债券市场可行性探究》,《中国国情国力》2010 年第 1 期。

潘文轩:《防范与化解地方政府投融资平台运行风险的对策措施》,《经济研究参考》2010 年第 42 期。

彭雷请:《工业化进程与流通渠道层级变迁的关系研究——以美国为例》,《财政研究》2006 年第 12 期。

祁永忠、栾彦:《地方政府融资平台风险及其治理》,《理论探索》2012 年第 2 期。

秦德安、田靖宇:《我国地方融资平台运行风险及控制研究》,《扬州大学税务学院学报》2010 年第 3 期。

邱晶鑫:《化解地方政府债务风险的对策选择》,《国家行政学院学报》2010 年第 4 期。

冉富强:《我国地方政府性债务困境解决的法治机制》,《当代法学》2014 年第 3 期。

任文、邓鸿志:《中国地方政府债务管理制度研究》,《经济研究参考》2012 年第 23 期。

沈朝晖:《公债和民主》,《中外法学》2012 年第 6 期。

石亚军、施正文:《建立现代财政制度与推进现代政府治理》,《中国行政管理》2014 年第 4 期。

时炜、王大树：《地方政府债券的经济影响分析》，《财经理论与实践》（双月刊）2009年第3期。

宋琳、程烨：《化解我国地方政府债务问题的对策》，《经济研究参考》2012年第24期。

孙玲玲：《国外市政债券银行的运作及启示》，《统计与决策》2006年第3期。

孙南萌：《地方公债与地方政府债务风险》，《理论前沿》2003年第24期。

孙万欣：《城投债风险研究与分析》，《财会通讯》2011年第24期。

孙晓娟：《我国地方政府融资平台的风险和对策》，《经济研究参考》2011年第47期。

孙晓羽、支大林：《地方政府债务风险防范与监控》，《宏观经济管理》2014年第7期。

唐洋军：《财政分权与地方政府融资平台的发展：国外模式与中国之道》，《上海金融》2011年第3期。

唐玉兰：《地方政府债务管理与风险应对的思考——以株洲为例》，《湖南科技大学学报》（社会科学报）2011年第4期。

涂盈盈：《城投债的发展与风险控制》，《中国金融》2010年第7期。

汪伟：《我国城投债的信用风险分析》，《中国商贸》2013年第3期。

王长江、李松玲：《政府融资过程中政府和银行间的信号博弈》，《审计与经济研究》2011年第5期。

王国刚：《关于"地方政府融资平台债务"的冷思考》，《财贸经济》2012年第9期。

王冀宁：《我国地方政府融资平台的风险控制预警体系与市场化运作研究》，《现代管理科学》2010年第11期。

王冀宁：《我国地方政府融资平台的利益演化均衡的理论与实践探索》，《现代管理科学》2010年第12期。

王劲松：《对我国发行市政债券若干问题的思考》，《财政研究》2009年第5期。

王坤秀：《资金信托型市政债券：市政建设融资的新渠道》，《证券市场导报》2002年第10期。王全兴、管斌：《市场化政府经济行为的法律规制》，《中国法学》2004年第1期。

王修华、刘灿、金洁：《地方政府融资平台风险测算与规范发展研究》，《财经理论与实践》2011年第1期。

王雅龄、王力结：《地方债形成中的信号博弈：房地产价格——兼论新预算法的影响》，《经济学动态》2015年第4期。

王遥、杨辉：《中国地方债务的债券化与发行市政债券的挑战》，《财贸经济》2007年第12期。

王晔：《地方政府融资平台的法律审视》，《湖湘论坛》2012年第1期。

王蕴、胡金瑛、徐策：《我国地方政府债务性融资模式选择》，《经济研究参考》2012年第2期。

王治、毛志忠：《地方政府融资平台扭曲式发展的内在机理分析》，《经济研究参考》2016年第6期。

吴鹏飞：《地方政府债券法律问题之反思》，《上海金融》2009年第8期。

吴涛：《地方政府债务管理的国际经验及启示》，《金融理论与实践》2013年第5期。

伍毅荣、魏劢琨：《中国城投债现状、风险与机遇》，《银行家》2013年第1期。

武彦民、张丽恒：《我国地方政府融资平台债务风险的现状与治理研究》，《青海社会科学》2012年第6期。

夏颖：《地方政府债务风险与地方财政可持续性研究》，《东岳论丛》2010年第8期。

萧端、刘新荣：《市政债券与城市环境污染的治理》，《城市问题》2010年第5期。

谢恒、张韧、李雅菲：《河北省城市基础设施建设市政债券融资问题研究》，《河北学刊》2009年第6期。

谢平、邓晓兰：《地方公债融资管理的制度经济学分析》，《西安交通大学学报》（社会科学版）2012年第5期。

谢清河：《地方融资平台和市政债券与地方债务风险管理研究》，《经济研究参考》2010年第52期。

熊伟：《地方债券制度中的政府间财政关系》，《法治文明》2012年第3期。

熊伟：《地方债与国家治理：基于法治财政的分析径路》，《法学评论》2014年第2期。

熊伟：《公共财政、民主政治与法治国家》，《财税法论丛》2004年第3期。

熊伟：《预算管理制度改革的法治之轨》，《法商研究》2015年第1期。

许梦博、张岩：《地方政府债务问题的国际比较及启示》，《求实》2009年第10期。

许鸣：《我国发行地方债券面临的新问题及对策分析》，《经济纵横》2009年第8期。

薛菁：《地方政府融资平台债务风险的防范》，《财政金融》2011年第9期。

闫屹、张明阳：《对地方政府自行发债的认识和思考》，《金融理论与实践》2012年第5期。

杨灿明、鲁元平：《我国地方债数据存在的问题、测算方法与政策建议》,《财政研究》2015 年第 3 期。

杨大楷、汪若君、夏有为:《基于竞争视角的地方政府债务研究述评》,《审计与理论研究》2014 年第 1 期。

杨飞虎、孟祥慧:《地方政府融资平台典型模式研究》,《江西社会科学》2015 年第 9 期。

杨辉:《地方债券发行的约束条件及政策建议》,《北京工商大学学报》(社会科学版) 2005 年第 4 期。

杨慧声、何德旭、姚战琪:《西部地方债券市场:模式选择与制度设计》,《经济学家》2006 年第 3 期。

杨建:《我国地方政府债务融资体制改革思路浅析》,《理论与现代化》2013 年第 3 期。

杨胜刚、张润泽:《政府信用评级与市政债券发债规模探讨》,《现代财经》2011 年第 5 期。

杨松、张永亮:《地方政府融资平台的发展方向》,《法学》2012 年第 10 期。

杨雅琴:《中国地方政府债务形成机制及风险——从财政联邦主义视角对西部少数民族省份 A 的研究》,《公共经济与管理》2012 年第 6 期。

杨燕英、刘栓虎:《规范地方政府融资平台有序发展的路径探析》,《中央财经大学学报》2011 年第 1 期。

姚梅芳、贾乐乐:《基于文献分析的地方政府融资平台研究》,《情报科学》2011 年第 6 期。

姚绍学:《构建地方财政运行分析系统的思考》,《经济研究参考》2004 年第 47 期。

仪垂林、黄明晴:《国外市政债券银行的运作及启示》,《税务与经济》2006 年第 1 期。

弋代春、樊纲治:《地方政府融资平台的土地市场参与研究》,《宏观经济研究》2015年第10期。

殷剑峰、费兆奇、范丽君:《地方政府债务置换选择》,《经济观察》2015年第9期。

尹芳:《我国地方政府债务风险防范研究》,《山东社会科学》2011年第9期。

游宇:《可持续的经济大跃进？——重庆高速增长的财政解析》,《公共行政评论》2012年第4期。

余子良:《地方政府融资平台的来龙去脉与风险规避》,《改革》2013年第1期。

岳彩申、王旭坤:《规制地方政府发债的几点立法建议》,《法学》2011年第11期。

詹向阳、郑艳文:《地方政府债务置换的影响》,《专家论坛》2015年第20期。

张建丰、郭佳良:《论地方政府融资平台与地方官员经济激励》,《中南大学学报》(社会科学版)2012年第4期。

张建伟:《地方债治理的宪政经济学分析》,《法学》2012年第10期。

张洁梅、张玉平:《基于风险社会理论的地方政府融资平台风险治理研究》,《学术论坛》2016年第5期。

张力毅:《美国地方政府债务清理的法制构建及其借鉴——以〈美国破产法〉第九章地方政府的债务调整程序为中心》,《北京行政学院学报》2014年第1期。

张美文:《地方政府融资平台的风险及其防范》,《统计与决策》2010年第23期。

张平、张丽恒:《"十二五"时期我国地方投融资平台债务的治理路径》,《当代财经》2011年第8期。

张秋冬:《地方政府投融资平台的运作机理、存在问题及法律治理》,《上海金融》2012 年第 1 期。

张宇润:《地方债券化解地方政府债务结构风险的法律思考》,《江淮论坛》2016 年第 1 期。

章江益:《美国财政联邦制条件下州和地方政府的债务控制》,《财政研究》2007 年第 3 期。

章志平:《中国地方政府债务风险灰色评估和预警》,《统计与决策》2011 年第 15 期。

赵利明、吴赢赢、朱仰军、茆英娥:《地方政府债务的会计核算:现实问题与改革思路》,《财经论丛》2012 年第 9 期。

赵云旗:《地方政府债务研究》,《经济研究参考》2011 年第 38 期。

郑春荣:《中国地方政府债务的真正风险:违约风险之外的风险》,《公共行政评论》2012 年第 4 期。

中国工商银行城市金融研究所课题组:《商业银行拓展地方政府融资平台业务的前景与策略》,《金融论坛》2010 年第 5 期。

中国工商银行投资银行部课题组:《地方政府债务风险的衡量、分布与防范》,《金融论坛》2011 年第 1 期。

周华、韩立岩:《美国市政债券的发行和监管及对我国的启示》,《经济与管理研究》2003 年第 6 期。

周赛、刘岩:《马克思主义经济学与西方经济学政府职能理论的比较》,《金融经济》2013 年第 22 期。

周小付、黄圣:《〈地方财政平衡法〉视角下的地方债风险防控》,《湖南社会科学》2013 年第 6 期。

周晓明:《地方债:中国式的"次贷危机"》,《金融论坛》2013 年第 9 期。

朱大旗、李蕊:《经济法治视阈下政府与市场的协同联动》,《江西社会科学》2015 年第 7 期。

朱文蔚、陈勇:《地方政府性债务与区域经济增长》,《财贸研究》

2014年第4期。

祝小宇：《地方投融资平台公司金融风险防范与化解》，《经济体制改革》2014年第1期。

左伟、赵保国：《关于发展我国市政债券市场的思考》，《中央财经大学学报》2003年第5期。

外文参考文献

Abha Prasad, Rajan Goyal, Anupam Prakash, *States' Debt and Debt Relief*, Economic and Political Weekly, 2004.

Alexander Barges, *Growth Rates and Debt Capacity*, Financial Analysts Journal, 1968.

Alexander Chudik, Kamiar Mohaddes, M. Hashem Pesaran, Mehdi Raissi, *Is There a Debt-threshold Effect on Output Growth?*, IMF Working Paper, 2015.

Alexander J. Karjeker, *The municipal bond federal tax exemption and national credit conditions*, Washington. DC: The Graduate School of Arts and Sciences of Georgetown University, 2012.

Alexandru Minea, Antoine Parent, *Is High Public Debt Always Harmful to Economic Growth? Reinhart and Rogoff and some complex nonlinearities*, Etudes et Documents, 2012.

Andrea Pescatori, Damiano Sandri, John Simon, *Debt and Growth: Is There a Magic Threshold?*, IMF Working Paper, 2014.

Anthony J. Makin, Julian Pearce, *How sustainable is sub-national public debt in Australia?*, Economic Analysis and Policy, 2014.

A. M. Hillhouse, *American State Debts by B. U. Ratchford*, Journal of Political Economy, 1942.

Balázs Égert, *Public debt, economic growth and nonlinear effects: Myth or reality?, Journal of Macroeconomics, 2015.

Beverly S. Bunch, *The Effect of Constitutional Debt Limits on State Governments′ Use of Public Authorities*, Public Choice, 1991.

B. U. Ratchford, *A Formula for Limiting State and Local Debts*, The Quarterly Journal of Economics, 1936.

Carl S. Shoup, *Debt Financing and Future Generations*, The Economic Journal, 1962.

Carmen M. Reinhart, Kenneth S. Rogoff, *Growth in a Time of Debt*, NBER Working Paper, 2010.

Chris Brune, Pu Liu, *The contagion effect of default risk insurer downgrades: The impact on insured municipal bonds*, Journal of Economics and Business, 2011.

Christian Dreger, Hans-Eggert Reimersc, *Does euro area membership affect the relation between GDP growth and public debt?*, Journal of Macroeconomics, 2013.

Chuanglian Chen, Shujie Yao, Peiwei Hu, Yuting Lin, *Optimal government investment and public debt in an economic growth model*, China Economic Review, 2016.

Clayton P. Gillette, *Can Public Debt Enhance Democracy?*, William And Mary Law Review, 2008.

Columbia Law Review Association, Inc, *Power of Municipality to Exceed Debt Limit*, Columbia Law Review. http://www.jstor.org/stable/1111007, 2016.12.10.

Cristina Checherita, Philipp Rother, *The impact of high and growing government debt on economic growth: an empirical investigation for the euro area*, Frankfurt am Main: European Central Bank, 2010.

David C. Nice, *The Impact of State Policies to Limit Debt Financing*,

Publius, 1991.

David Hauner, *Public debt and financial development*, Journal of Development Economics, 2009.

David Stasavage, *Public Debt and the Birth of the Democratic State: France and Great Britain*, Cambridge: Cambridge University Press, 2003.

David C. Nice, *State Support for Constitutional Balanced Budget Requirements*, The Journal of Politics, 1986.

Dwight V. Dension, Merl Hackbart, Michael Moody, *State Debt Limits: How Many Are Enough?*, Public Budgeting & Finance, 2006.

D. Andrew Austin, *The Debt Limit: History and Recent Increases*, CRS Report for Congress, 2015.

Ehtisham Ahmad, Maria Albino-War, Raju Singh, *Is There a Debt-threshold Effect on Output Growth?*, IMF Working Paper, 2005.

Emanuele Baldacci, *Debt Reduction, Fiscal Adjustment, and Growth In Credit-Constrained Economies*, Journal of Applied Economics, 2015.

Emerson P. Schmidt, *Private versus Public Debt*, The American Economic Review, 1943.

Emily D. Johnson, Ernest A. Young, *The constitutional law of state debt*, Duke Journal of Constitutional Law & Public Policy, 2012.

George G. Daly, *The Burden of the Debt and Future Generations in Local Finance*, Southern Economic Journal, 1969.

Giovanna Bua, Juan Pradelli, Andrea F. Presbitero, *Domestic public debt in Low-Income Countries: Trends and structure*, ScienceDirect, 2014.

Godson Dinneya. Democracy, *External Debt and Growth in Nigeria: An Impact Analysis under a Narrow Definition of Debt-Led Growth*, Canadian Journal of Political Science/Revue canadienne de science politique, 2006.

Goohoon Kwon, Lavern McFarlane and Wayne Robinson, *Public Debt, Money Supply, and Inflation: A Cross-Country Study*, IMF Staff Papers, 2009.

Gustavo Adler, *Essays on Public Debt and Financial Crises in Developing Countries*, Los Angeles: University of California, 2004.

Horace Secrist, *Constitutional Restrictions on Municipal Debt*, Journal of Political Economy, 1914. H. J. Cooke and M. Katzen, *The Public Debt Limit*, The Journal of Finance, 1954.

Ian Lienert, *Should Advanced Countries Adopt a Fiscal Responsibility Law?*, IMF Working Paper, 2010.

I. S. Gulati, *Tackling the Growing Burden of Public Debt*, Economic and Political Weekly, 1993.

Jaejoon Woo, Manmohan S. Kumar, *Public Debt and Growth*, Economica, 2015.

Jagdeep S. Bhandari, Nadeem Ul Haque, Stephen J. Turnovsky, *Growth, External Debt, and Sovereign Risk in a Small Open Economy*, Staff Papers (International Monetary Fund), 1990.

Jaime Coronado Quintanilla, *Public Finance Sustainability In Subnational Governments*, London: Debt Relief International Ltd, 2009.

James L. McIntire, *Certification of the Debt Limitation of the State of Washington*, Washington State Treasurer. http://www.tre.wa.gov/documents/debt_cd2016.pdf, 2016.12.10.

James L. McIntire, *Debt Affordability Study*, Olympia: State of Washington Office of the Treasurer, 2016.

James M. Buchanan, *Public Principles of Public Debt: A Defense and Re-

statement, Indianapolis: Liberty Fund, Inc, 1958.

James M. Buchanan, Richard E. Wagner, *Public Debt In A Democratic Society*, Washington, D. C.: American Enterprise Institute For Public Policy Research, 1967.

James R. Elliott, *The Burden of the Public Debt: Comment*, The American Economic Review, 1961.

James W. Martin, *American State Debts by B. U. Ratchford*, Southern Economic Journal, 1941.

Janice K. Brewer, David Raber, *Fy 2013/14 Report of Bonded Indebtedness*, Phoenix: Arizona Department of Revenue, 2014.

Jennifer Weiner, *Assessing the Affordability of State Debt*, Boston: New England Public Policy Center, 2013.

Jia-Hai Yuan, Jian-Gang Kang, Chang-Hong Zhao, Zhao-Guang Hu, *Energy consumption and economic growth: Evidence from China at both aggregated and disaggregated levels*, Energy Economics, 2008.

JL Reck, ER Wilson, *Information transparency and pricing in the municipal bond secondary market*, Journal of Accounting & Public Policy, 2006.

John A. Dove, *Credible commitments and constitutional constraints: state debt repudiation and default in nineteenth century America*, Const Polit Econ, 2012.

John Irons, Josh Bivens, *Government Debt and Economic Growth: Overreaching Claims of Debt "Threshold" Suffer from Theoretical and Empirical Flaws*, Epi Briefing Paper, 2010.

Lawrence L. Durisch, *Publicly Owned Utilities and the Problem of Municipal Debt Limits*, Michigan Law Review, 1933.

Linda K. Kowalcky, Lance T. LeLoup, *Congress and the Politics of Stat-*

utory Debt Limitation, Public Administration Review, 1993.

Lucian Croitoru, *Democracy*, *Political Competition And Public Debt*, Iasi: University of Iasi, 2015.

Mabel Newcomer, *Analysis of the Nature of American Public Debts*, *Federal*, *State*, *and Local*, The American Economic Review, 1937.

Manmohan S. Kumar, Jaejoon Woo. Public Debt and Growth. IMF Working Paper, 2010.

Markus Eberhardt, Andrea F. Presbitero, *Public debt and growth: Heterogeneity and non-linearity*, Journal of International Economics, 2015.

Marta Gomez-Puig, Simon Sosvilla-Rivero, *The causal relationship between debt and growth in EMU countries*, ScienceDirect, 2015.

Mehmet Caner, Thomas Grennes, Fritzi Koehler-Geib, *Finding the Tipping Point—When Sovereign Debt Turns Bad*, Policy Research Working Paper, 2010.

Melvin D. Brockie, *Debt Management and Economic Stabilization*, The Quarterly Journal of Economics, 1954.

Michael J. Barclay, Clifford W. Smith, Jr, Erwan Morellec, *On the Debt Capacity of Growth Options*, The Journal of Business, 2006.

Michael L. Lemmon, Jaime F. Zender, *Debt Capacity and Tests of Capital Structure Theories*, The Journal of Financial and Quantitative Analysis, 2010. Elisa Faraglia, AlbertMarcet, AndrewScott, *In search of a theory of debt management*, Journal of Monetary Economics, 2010.

NASBO, *Bugdet Processes In The States*, Washington, D. C. : National Association of State Budget Officers, 2015.

Office of Policy and Research, *Debt Reporting Guidelines And Instructions For Fy* 2016, The Arizona State Treasurer's Office. http://

www. aztreasury. gov/bids/fy2016/templates/FY-2016-Instructions. pdf, 2016. 12. 10.

Otaviano Canuto, Lili Liu, *Subnational Debt, Insolvency, and Market Developmene*, Economic Premise, 2013.

Paul Beckerman, *External Debt and Growth: The "Debt-Stabilizing" Real Growth Rate*, The Journal of Developing Areas, 1994.

Paul G. Farnham, *Re-Examining Local Debt Limits: A Disaggregated Analysis*, Southern Economic Journal, 1985.

Pawel Galinski, *Determinants of debt limits in local governments: case of Poland*, ScienceDirect, 2015.

Peter J. Montiel, *Public Debt Management and Macroeconomic Stability: An Overview*, The World Bank Research Observer, 2005.

Richard Michael Salsman, *The Political Economy of Public Credit*, Durham: Duke University, 2012.

Richard Wagner, *Balanced Budgets, Fiscal Responsibility and the Cnstitution*, Cato Institute, 1982.

Robert E. Looney, P. C. Frederiksen, *Defense Expenditures, External Public Debt and Growth in Developing Countries*, Journal of Peace Research, 1986.

Robin Harris, *California Constitutional Debt Limits and Municipal Lease Financing*, League Conference, 2002.

Roy Bahl and William Duncombe, *State and Local Debt Burdens in the 1980's: A Study in Contrast*, Public Administration Review, 1993.

Rudiger Dornbusch, Jose Vinals, Richard Portes, *Mexico: Stabilization, Debt and Growth*, Economic Policy, 1988.

Sandy Brian Hager, *Who Rules the Debt State?*, University of California Press. http://www. jstor. org/stable/10. 1525/

j. cttlffjnfn. 10,2016. 12. 10.

Satu Kahkonen, Sudarshan Gooptu, *Subnational Debt Management and Restructuring*, World Bank Group. http://documents. worldbank. org/curated/en/814051468001487842/pdf/102612-WP-P154694-PUBLIC-Box394846B. pdf,2016. 12. 10.

Sergio Sola, Geremia Palomba, *Sub-nationals' risk premia in fiscal federations: Fiscal performance and institutional design*, Journal of International Money and Finance, 2016.

Shehu Usman Hassan, Aliyu Mamman, *External debt and economic growth: evidence from nigeria*, International Journal of Economics, Business and Finance, 2013.

Shuanglin Lin, *Government Debt and Economic Growth in an Overlapping Generations Model*, Southern Economic Journal, 2000.

Steven Maguire. *State and Local Government Debt: An Analysis*, CRS Report for Congress, 2011.

Stuart M. Turnbull, *Debt Capacity*, The Journal of Finance, 1979.

Sweder van Wijnbergen, *Debt Relief and Economic Growth in Mexico*, The World Bank Economic Review, 1991.

S. P. Gupta, *Debt Crisis and Economic Reforms*, Economic and Political Weekly, 1994.

The Harvard Law Review Association, *Constitutional Law—Separation of Powers—Congress Delegates Power to Raise the Debt Ceiling. —Budget Control Act of* 2011, Pub. L. No. 112-25, 125Stat. 240, Harvard Law Review. http://www. jstor. org/stable/41349895, 2016. 12. 10.

The Harvard Law Review Association, *Legislation*, Harvard Law Review. https://www. jstor. org/stable/1331987, 2016. 12. 10.

The Michigan Law Review Association, *Debt Limit: Constitutional Inhi-*

bition, Michigan Law Review. http://www.jstor.org/stable/1276256, 2016.12.10.

The National Association of State Budget Officers, *The Fiscal Survey of States*, Washington, D.C.: Spring, 2016.

The Yale Law Journal Company, Inc, *Municipal Corporations. Finance. Debt Limit*, The Yale Law Journal. http://www.jstor.org/stable/790021, 2016.12.10.

The Yale Law Journal Company, Inc, *Profit-Producing Enterprises. Constitutional Debt Limits*, The Yale Law Journal. http://www.jstor.org/stable/790390, 2016.12.10.

Thomas O. Enders, Richard P. Mattione, *Latin America's Financial Crisis*, The Brookings Review, 1984.

Tito Cordella, lucaantonio Ricci, Marta Ruiz-Arranz, *Debt Overhang or Debt Irrelevance?*, IMF Staff Papers, 2010.

Ugo Panizza, Andrea F. Presbitero, *Public debt and economic growth: Is there a causal effect?*, Journal of Macroeconomics, 2014.

Walter F. Stettner, *Sir James Steuart on the Public Debt*, The Quarterly Journal of Economics, 1945.

William G, Bowen, Richard G, Davis and David H. Kopf, *The Public Debt: A Burden on Future Generations?*, The American Economic Review, 1960.

World Bank Group, *International Debt Statistics*, Washington, D.C.: World Bank Group, 2016.

W. Bartley Hildreth, *State and Local Governments as Borrowers: Strategic Choices and the Capital Market*, Public Administration Review, 1993.

Yaxuan Qi and John Wald, *State Laws and Debt Covenants*, The Journal of Law & Economics, 2008.

Yilin Hou, *Local Government Budget Stabilization: Explorations and Evidence*, New York: Springer, 2015.

Yuqian Wang, *Essays On U. S. Public Debt*, Dallas: The University of Texas, 2013.

后　记

　　《地方政府融资平台债务风险防控法律机制研究》一书是我主持的国家社科基金项目的最终成果。在课题研究期间，我国地方政府债务管理制度发生了重大变革，地方政府融资平台的发展也历经了历史转折点。《关于加强地方政府性债务管理的意见》（国发〔2014〕43号）和新《预算法》实施后，地方政府融资平台被彻底剥离了为政府融资的职能。将地方政府债务纳入预算管理后，地方政府只能通过省级政府以发行地方政府债券的形式举借债务，地方政府性债务规模快速增长得到了有效的遏制。在此背景下，国家开始大力推广政府和社会资本合作（PPP）模式。在PPP模式中，将政府支出责任纳入预算管理，并列入年度预算和中期财政规划，可以实现当代人和后代人之间的代际公平，有效解决了当期财政投入不足的问题，有利于减轻财政支出压力，平滑年度间财政支出波动，防范和化解政府性债务风险。

　　PPP模式历经了四年的快速发展，截至2017年12月末，全国PPP综合信息平台中PPP项目共14424个，总投资额18.2万亿元，其中管理库项目7137个、投资额10.8万亿元，落地率38.2%。从2018年开始，很多落地项目进入履约支付期，地方政府需要开始履行支付责任，集中支付可能会造成地方政府出现流动性问题。同时，由于立法不完善、规则不统一、操作不规范，一些地方政府利用PPP模式变相举债，形成地方政府隐性债务，这些问题如果处理不当可能会引发财政金融风险。因此，在当前经济形势和政策背景下，PPP模式中的政府性债务风险问题成为地方政府债务研究领域的新课题，具有重要的学术价值与现实意义。我在原有的研究基础上，又相继主持了司法部国家法治与法学理论研究项目、博士后科学基金面上资助项目、中国法学会部级法学研究课题、陕西省社会科学基金项目等多项省部级项目，就PPP模式中有关法律问题开展了研究。在今后的科研方向上，我会继续以地方政府债务中的法律问题为主线，重点研究PPP模式中的地方政府性债务问题，希望通过研究可以规范PPP模式运作，有效控制地方政府性债务规模，防范财政金融风险，最大限度地发挥PPP模式在公共产品和公共服务领域中的重要作用。

在书稿付梓出版之际，感谢我的博士后合作导师西北大学经济管理学院院长任保平教授给予我的学术指导。感谢西北大学法学院杨丽珍教授、王鸿貌教授、张炜达教授、王思锋教授等人给予的修改意见以及书稿出版过程中给予的帮助。感谢我的小伙伴们，邱洪华副教授、李奕霏副教授、傅强博士、崔玲玲博士、闵凯博士、高杨博士多年来对我的关心与支持。感谢陕西金控大岳咨询有限公司总经理马莉女士在课题调研过程中给予的协助，并不断激励我奋力前行。感谢我的学生，牛天宝、兰婉臻、石希希、邵士博、杨婧、董越佳在书稿校对方面给予的帮助。最后，感谢我的家人一直以来对我生活上的关照与工作上的支持。

参与本书撰写的分工情况如下：绪论、第一章：刘蕾；第二章：刘蕾、邱洪华；第三章：刘蕾、刘京京；第四章：刘蕾；第五章：刘蕾、李颖；第六章、第七章、结语：刘蕾；附录：刘蕾、李颖。

刘 蕾

2017年12月于日本福冈